JN092347

ライブラリ経済学基本講義 ⑨

基本講義 労働経済学

阿部 正浩 著

BASIC ECONOMICS

9

新世社

編者のことば

　大学教育も，これまでのエリート主義，アカデミズム重視から汎用性ある知識を持つ職業人の養成へと徐々にシフトしている。そのような中，最近の経済学各科目のシラバスをみると，かつてに比べ教科書を指定しない傾向が見受けられる。PC によって教授者の教え方に合わせたレジメ作成が容易になっており，そうした自作資料を主にした授業も盛んである。しかし，指定テキストを置かずに行う講義でも，当該テーマの全体像を説き明かし，講義を別視点から補強するテキストの存在は依然重要であり，学生にとっても自習用，試験前の確認用として冊子体のテキストは有用といえよう。

　こうした経済学を学ぶ学生の資質・志向の変容と教育形態の状況を鑑み，上記のような教育環境下においても存在価値あるテキストを実現するために，本「ライブラリ経済学基本講義」を企画した。本テキストは，学習者にあった内容と教授者の利用しやすさを追求し，「テキストは補助に徹し，利用者（学生，教員）を重視する」という基本原則の下で，以下のような特色をもつ。

1. 直感理解重視で，背後にストーリーを透かすような流れを考え，目標や結果を先に伝えて，あとは説明でその理解を深めさせる解説スタイルを心がける。
2. 一文は比較的短めで重くならないように工夫し，軽く読み流せるものとし，箇条書きを適宜挿入する。
3. 図解を多用して理解を促す。
4. 現実例を示しながら，実際に役立つことも実感できる。
5. 定期試験対策等としても活用できるように，ポイントの確認がしやすく，「答」が見出しやすいものとする。
6. 基本的内容が一通り入っている網羅性を満たす。
7. 受講する学生の 7 割が理解できるレベルの内容設定で，理解力の底上げを主として，授業の不足分の補足ができるようにする。
8. デジタル時代の中で，冊子体である「本」の良さ（一覧性，閲覧・持ち運び容易性，ストーリー性など）が十分に活かされたものとする。

　以上，学生側，教授者の両者の視点を十分に考慮した重点方針の下，各巻独立したライブラリ形式の単行本として刊行する。各巻の内容・記述は統一性を重視して，原則として単著か，少人数の共著によるものとする。

　従来にない実践的で有用なテキストとして，本ライブラリが経済学の初心者に広く受け入れられることを期待している。

井堀　利宏

■はしがき

　本書は，労働経済学に興味のある学部学生やその授業を受講している学生の皆さんを対象に，基本的内容を自学できるようにしたものです。

　労働経済学は，労働市場で生じる様々な現象について，そのメカニズムを経済学的に明らかにしようとするものです。労働供給や労働需要がどのように決まるのか，労働者個人の賃金水準がどのように決まるのかといったミクロ的側面から，失業が発生する要因は何なのかといったマクロ的側面まで分析対象としています。さらに，雇用慣行や労働組合といった労働市場の制度的側面についても扱います。このため，本書だけでもそれぞれのトピックについて理解できるとは思いますが，マクロ経済学やミクロ経済学だけでなく，労働法などについても学ぶとより理解が深まると思います。

　本書では，架空の大学生ユウタ君に登場してもらって，彼を題材にそれぞれのトピックについて説明しています。このことで，読者の皆さんの労働経済学への親近感がより強まるかは分かりませんが，是非自分ごととして本書を読んでもらい，それぞれのトピックについてじっくり考えて欲しいと思っています。

　というのは，読者の皆さんもアルバイトなどの仕事をしていると思うのですが，その経験を通して，働くことや労働市場について疑問に感じた事柄を，本書によって客観的に考える訓練ができると思うからです。

　働くこと自体，ほとんどの人々が経験することです。それゆえ，働くことに対する考え方，あるいは労働市場に対する考え方は人それぞれです。たとえば，同じ会社で定年まで働けたほうが良いと考える人もいるでしょうし，自分に適した仕事があるなら転職してキャリアアップしていったほうが良い

と考える人もいるでしょう。そうした個々人の考え方は決して否定されるものではないのですが，社会全体の仕組みとして終身雇用制度が望ましいのかどうかを考えるとなると，個人的な経験や考え方だけから決めるわけにはいきません。ですので，皆さん自身の労働を客観的に捉えてもらい，社会全体にとっての労働を考えて欲しいと思っています。

ところで，経済学は仮定が多くて，現実の経済社会とは全く違うものを分析しているのではないかという人がいます。私自身も，学部学生のころは同じように思っていましたし，経済学を勉強して役に立つのだろうかとも思ったこともあります。しかし今の私は，現実社会を単純化することで，むしろ問題をクリアに分析できると考えています。

現実の労働市場は，大勢の人々や組織によって構成されていて，複雑に動いています。それを完全にコピーした労働市場のモデルを作ることは不可能ですし，仮にそれを作ることができたとしても分析したい問題を再現できるとは限りません。たとえば学校教育が賃金にどのような影響を与えているかを調べようとしたとしましょう。このとき，ある人々には学校教育を 16 年間行い，ある人々には学校教育を全く行わず，両者の賃金格差を比較すれば，学校教育の効果がある程度分かるかもしれません。しかし，こうした実験を行えるかというと現実的ではないでしょう。それゆえ様々な工夫，たとえば理論モデルを用いたり，既存のデータを計量分析したりして，問題の解を見つけようとしてきました。労働市場の現象を解明するために，どのように工夫できるかを考えることも，労働経済学の面白さの一つです。本書を通して，そうした労働経済学の面白さを見出してもらえたらと思います。

本書を読むにあたっては，必ずしも第 1 章から順番に読む必要はありません。第 1 章は学校教育の効果を扱っているため，第 11 章の前後に読んでも良いと思います。また，職探し理論を扱う第 3 章は，第 12 章の前後に読んだほうが良いかもしれません。それから，上でも触れましたが，マクロ経済学やミクロ経済学の教科書などを横に置きつつ本書を読むと，理解がより深まると思います。

最後に，本書の完成まで長い間にわたって辛抱強く支えて頂いた，新世社編集部の御園生晴彦氏と谷口雅彦氏に感謝したいと思います。

　2021 年 9 月

　　　　　　　　　　　　　　　　　　　　　　　　阿部　正浩

■目 次

第1章 どうして大学へ 行くの？

Outline

　労働経済学を学ぶにあたって，そもそも経済学がどのような視点や思考で物事を分析しているのかを，大学進学という事例から見ていきます。そして，以降の章で用いる経済学の基本的な考え方を学んでいきたいと思います。

1.1　大学進学の理由

●どうして大学に入ったんだろう

　4月に入ると，大学は大勢の新入生たちを迎えます。ユウタ君も新入生の一人です。彼は，中学・高校と部活に明け暮れていて，大学でどんな勉強をしたいのかとか，将来どのような仕事に就きたいのかとか，深く考えずに大学に入学したようです。入学直後のオリエンテーションで大学での生活について説明を受けても，大学で何をどのように勉強したら良いのかよく分かりません。どうして大学に入ったんだろうと，考える始末です。

　皆さんはどうだったでしょうか。入学した頃のことを思い出してみてください。どうして大学に進学したのでしょうか。そして，今の学部を選択したのはどうしてだったのでしょうか。

　図1.1は，大学に進学した理由についての調査結果を示しています。進学の理由として一番多かったのは，「将来の仕事に役立つ勉強がしたいから」です。次いで「専門的な研究がしたいから」や「幅広い教養を身につけたい

1

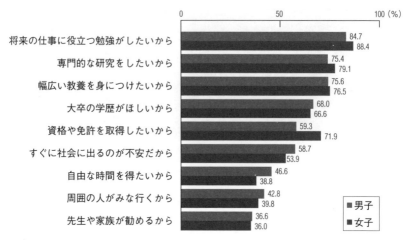

<table>
<tr><td>将来の仕事に役立つ勉強がしたいから</td><td>84.7
88.4</td></tr>
<tr><td>専門的な研究をしたいから</td><td>75.4
79.1</td></tr>
<tr><td>幅広い教養を身につけたいから</td><td>75.6
76.5</td></tr>
<tr><td>大卒の学歴がほしいから</td><td>68.0
66.6</td></tr>
<tr><td>資格や免許を取得したいから</td><td>59.3
71.9</td></tr>
<tr><td>すぐに社会に出るのが不安だから</td><td>58.7
53.9</td></tr>
<tr><td>自由な時間を得たいから</td><td>46.6
38.8</td></tr>
<tr><td>周囲の人がみな行くから</td><td>42.8
39.8</td></tr>
<tr><td>先生や家族が勧めるから</td><td>36.6
36.0</td></tr>
</table>

■男子
■女子

（注）　数値は「とてもあてはまる」と「ややあてはまる」の合計。
（出所）　「平成17年度経済産業省委託調査　進路選択に関する振返り調査——大学生を対象として」
　　　　（ベネッセ教育総合研究所，2005年）

図1.1　大学進学の理由

から」となっています。この結果を見ると，将来のキャリアを考えて進学している人が多いようですね。他方で，「周囲の人がみな行くから」や「先生や家族が勧めるから」といった消極的な理由で進学している人も少なからずいるようです。皆さんはいかがでしょうか。

　ところで，人々が大学などの高等教育に進学するのはなぜかについては，経済学者たちも多くの研究を行ってきました。最近では教育経済学という一分野が築かれており，多くの経済学者たちが教育の経済的効果について研究しています。この章では，皆さんが大学に進学した背景について経済学の立場から分析していきたいと思います。そして，どのような視点，思考で労働市場を経済学者が分析するのかについて，皆さんにも学んでもらおうと思います。

1.2 経済学的な視点から大学進学を考える

●経済学の視点

　皆さんの中には，経済学でどういうことを学ぶのか，経済学が私たちの社会にどのように役だっているのか，まだよく分からない人もいると思います。本書は皆さんに労働経済学を学んでもらうことを目的にしているわけですが，単に労働問題を学ぶことだけを望んでいるわけではありません。この本で学んで欲しいことは，経済学の視点から労働問題を皆さん自身が分析できるようになることです。

　そこでまず，経済学者がどのような視点から物事を捉えて，分析しているのかを学んでいきたいと思います。以下の 7 つは，これさえ理解できれば，経済学的な視点から労働問題を分析できると考えられるポイントです。

　第一のポイントは，

私たちがトレード・オフに直面しながら生きている

ということです。**トレード・オフ**とは，簡単に言うなら，あちらを立てればこちらが立たずということです。一例を挙げましょう。皆さんは今，この本を読んで労働経済学について勉強していますね。だとすれば，テレビを見るとか，部屋の掃除をするとか，他の事を同時には行っていないはずです。私たちは，何か 1 つのことを行おうとすれば，それ以外のことを犠牲にしなければなりません。同時に 2 つのことができれば良いのですが，そうはいかないからです。私たちは，こうしたトレード・オフに日々直面して様々な意識決定をしているのです。

　第二のポイントは，

あるものの費用はそれを得るために犠牲にしたものの価値に等しい

ということです。上で見たように，皆さんがこの本を読んでいるということは，テレビを見たり掃除をしたりするなど，他の事を犠牲にしたということです。このように，ある事を選択したために犠牲にする事の価値を経済学では**機会費用**と呼んでいます。では，なぜ皆さんは他の事を犠牲にしてこの本を読んでいるのでしょうか。それは，皆さんがこの本を読むことについて，他の事よりも大きな価値を見出しているからに違いありません。他の事を犠牲にしてもこの本を読んだほうが良いと皆さんが考えた結果，この本を読んでいるのです。皆さんはこの本を読むために，何を犠牲にしたでしょうか。その犠牲にしたものの価値が機会費用です。

　第三のポイントは，

私たちはインセンティブに反応して意思決定をしている

ということです。**インセンティブ**は刺激や励み（となるもの）の意味で，しばしば**誘因**とも訳されます。たとえば，皆さんがテストでより良い点を取りたいのはなぜかを考えてみてください。テストで良い点数を取ったとしても，すぐに何かが変わるということはありません。先生や親に褒められるとか，周囲の友人に一目置かれるとか，そういう類のことはあるかもしれませんが。もしかしたら労働経済学の成績が良いと就職活動中に良いことがあるかもしれませんが，そうした話はほとんど聞きません。でも，合格点を上回る点数を取らなければ進級や卒業することはできません。そうすると，進級や卒業がインセンティブとなって，皆さんはテストで良い点数を取らなければと考えているのではないでしょうか。

　第四のポイントは，

合理的な人々は限界的に考えて行動する

ということです。一般に経済学のモデルでは，合理的な人々を前提に問題が

分析されます。合理的な人々とは，「好きなものは好き，嫌いなものは嫌い」で，「無駄なことはしない」ような人々だと考えてもらっても差し支えないと思います。こうした合理的な人間が，あることを行うかどうかを考える際には，それを行うことによる**ベネフィット**（利益や利得，満足度）の増分と，それを行うことによって犠牲にする**コスト**の増分を比較して意思決定をします。たとえば，1時間追加して勉強したときのベネフィット（たとえば成績が上がることによる満足度の増分）とその場合のコスト（たとえばテレビを見られないことによる不満足度の増分）を比較します。そして，ベネフィットが大きければ勉強するし，コストが大きければ勉強はしないことになります[1]。

　第五のポイントは，

取引で人々はより豊かになる

ということです。現代社会は専門家の集まりと言っても過言ではありません。私たちの日々の生活を支えるために，様々な職業の人たちが働いています。もし生活に必要なことすべてを1人でやるとしたらとても大変です。現代社会では，人々は自分が得意な仕事をして，できたものを交換しています。自給自足の社会よりも，それぞれが専門性を発揮して支え合う社会のほうが，結局は豊かな社会になっていると言えます。たとえば，この本に書かれている内容を皆さんが1人で調べようとしたら大変な時間が必要となります。専門的な雑誌を読んで，労働経済学者たちのこれまでの研究成果をコツコツ調べなければなりません。それには膨大なコストと時間がかかるでしょう。その代わりにこの本を読めば，それよりも安く早く労働経済学の知見を手に入れられます。現代社会では，それぞれの専門家がそれぞれの専門分野で生産活動を行い，生産された財やサービスを取引することで，私たちはコストも時間も節約できているのです。

---

[1] なお，ベネフィットとコストそれぞれの総額を比較して意思決定をしても，それぞれの増分を比較して意思決定をしても，その結果は同じになります。

第六のポイントは，

経済活動をより良く組織できるのは市場だ

ということです。多数の専門家が互いに支え合う社会にするには，それぞれ
が作り出したモノやサービスを交換する場がなければなりません。それが市
場_{じょう} です。市場ではモノやサービスを買いたい人たちの人数やその量である
需要量と，売りたい人たちの人数やその量である供給量を，価格が調整して
います。買いたい人と売りたい人の人数や量を一致させるように，市場では
価格が上がったり下がったりするのですが，これが最も効率的な需給調整メ
カニズムだと考えます。もし，価格メカニズムが機能しなければ，割り当て
や配給，あるいは順番待ちといった方法で需給調整することになますが，欲
しいものが欲しいだけ手に入らなかったり，順番待ちで時間を浪費したりす
るなどの問題があります。

第七のポイントは，

市場が不完全な場合には介入によって効率化できる

ということです。価格による需給調整メカニズムが最も効率的であると言っ
ても，市場が上手く機能しない場合もあります。しばしば例に挙げられるの
は，市場独占や寡占です。他にも，情報が完全でない場合なども市場は非効
率になります。また，市場が効率的に機能していても，公害や地球温暖化な
ど外部不経済や，貧富の格差拡大などの問題が生じえます。これらが起きた
ときには，政府などが市場に介入して，問題を改善することができるように
なります。

以上のポイントを理解した上で本書を読んでもらえると，理解が一層深ま
ると思います。

●大学に進学するか，しないか

　人々が何らかの行動を起こそうとする場合，それをすることで得られるベネフィットと，それをすることで失うコストを比較して意思決定しているはずだと経済学では考えます。皆さんが何らかの意思決定をする場合はどうでしょうか。

　皆さんがこれまでにとってきた行動について振り返ってみましょう。たとえば，友達に遊びに誘われたけど，ちょうどその日に親との約束があったとしましょう。あなたなら，友達と遊びに行きますか，それとも親との約束を優先しますか。友達と遊びに行くのは楽しいはずですが，親との約束も大事です。親との約束が大事であるほど，友達の誘いを断わったほうが良いと判断するかもしれませんね。しかし，親との約束が大事ではなく，延期しても差し障りがないようなら，友達の誘いに乗るかもしれません。つまり，こうした状況で皆さんは，友達の誘いに乗ることで得られるベネフィットと，親との約束を反故にするコスト，この2つを斟酌してどちらを優先するかを考えるのではないでしょうか[2]。

　大学への進学行動についても同様の原理で考えることができます。いま，高校卒業後の進路が，就職か大学進学かのいずれかだとしましょう[3]。就職すれば大学進学はあきらめることになり，大学に進学すればその間の就職はできないというトレード・オフに直面することになります。もし就職すれば高卒としての所得を得ることができます。一方，大学に進学すれば費用はかかりますが，大学卒業後に就職すれば大卒としての所得を得ることができます。

---

[2]　先約を優先するなど，約束を履行するルールを持っている人もいるかもしれません。それはそれで，ベネフィットとコストの関係があるはずです。考えてみてください。

[3]　実際には短大や高専，専門学校など進学先としては大学以外にもあるのですが，ここでは単純化するために大学だけを考えています。なお，このように現実を単純化して経済モデルを作ることが多いのですが，それは議論を分かりやすくするためです。

したがって，人々が進学するかどうかは，高卒として得られる所得と，大卒として得られる所得から進学費用を差し引いた額とを比較して，どちらが大きいかで判断することになるでしょう。すなわち，

（高卒の所得）　≧　（大卒の所得）　－　（進学費用）　なら　就職
（高卒の所得）　≦　（大卒の所得）　－　（進学費用）　なら　進学

ということになります。

●大学進学の費用はいくら

では，大学進学に要する費用は現実にはいくらかかるでしょうか。文部科学省の調査によれば，入学金を合わせた在学4年間の学費だけでも，国立大で250万円程度，私立大なら400万円程度になります[4]。これに加えて，教科書代や通学費や，場合によっては下宿代，留学費用などが必要となります。

ところで，大学進学に要する費用はこれだけでしょうか。ここで第二のポイントを思い出してください。大学に進学したことで犠牲にしたことも進学に関わる費用です。もし大学に進学にしていなければ，高卒者として働いて所得を得たはずです。大学に進学したということは，その間の所得を犠牲にしていることになるので，高卒で働いて選られる所得が**大学進学の機会費用**になります。

日本で働いている人たちの賃金を詳細に調べている「賃金構造基本統計調査」（厚生労働省，2016年度）によれば，大学に進学している18歳から21歳までの高卒者の年間給与の4年間の合計額は約1100万円です。したがって，大学進学の機会費用は1100万円ほどということになります。そうすると，大学進学に要する費用は，機会費用を含めて，私立文系なら1500万円以上，国立文系なら1350万円以上になると考えられます。

---

[4] 文部科学省「私立大学等の学生納付金等調査結果について」，「国立大学の授業料について」などを参照してください。また，国立大と公立大はこれに施設費や実習費などが加わる場合があります。

●大学進学のベネフィット

皆さんが 1000 万円以上のコストをかけて大学に進学していることが分かったと思います。では，大学進学によるベネフィットはどうでしょうか。大学進学のベネフィットと言えば，高校までには得られないような高い教養が身についたり，専門知識を学べたりする，といったことがあるでしょう。また，高卒者に比べて，良い仕事に就けて高い賃金がもらえる，というベネフィットもあります。ここでは，大学進学の経済的なベネフィットに着目して，高卒者と大卒者の賃金（年収）を見てみたいと思います。

図 1.2 は，高卒者と大卒者の年収を年齢毎に比較したものです。縦軸に賃金，横軸に年齢をとっていますが，このような図を**年齢–賃金プロファイル**と呼んでいます。この図を見ると，高卒者に比べて大卒者の年収はどの年齢でも高く，確かに大学進学の経済的なベネフィットはありそうです。

しかし，大学進学をすべきかどうかは，進学コストと比べてみないと分かりません。そこで，高卒者と大卒者の賃金を計算して，進学コストと比べてみましょう。ここで注意しなければならない点が 2 つあります。

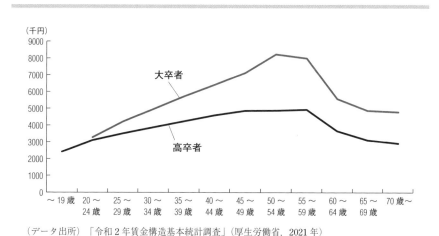

（データ出所）「令和 2 年賃金構造基本統計調査」（厚生労働省，2021 年）

図 1.2　高卒者と大卒者の年齢–賃金プロファイル（年収，2020 年）

一つ目の注意点は，その人が学校を卒業してから仕事を引退するまでに稼げる賃金は，労働生活を引退した時点でなければ厳密には分からないということです。いまこの本を読んでいる皆さんの一生にわたって稼げる賃金（生涯賃金）がいくらになるかということは誰にも分かりません。でも，それが分からないと進学コストと比較できなくなりますから，生涯賃金を推計する必要があります。どうやって推計するかというと，たとえば22歳で大学を卒業して65歳まで働くとすれば，22歳から65歳の人がいまの時点で稼いでいる平均賃金を合計すれば生涯賃金を推計できるはずです。この生涯賃金は現時点での期待値ですので，**期待生涯賃金**とも呼ばれます。

　もう一つの注意点は，進学コストは4年間だけのコストですが，一方の進学によるベネフィットである賃金は，学校卒業後から仕事を引退するまでの長期間にわたって稼ぐ所得であるという点です。高校を18歳，大学を22歳で卒業し，65歳で引退することを考えると，高卒者は47年，大卒者は43年にもわたって賃金を稼ぐことになります。4年分だけの進学コストと，40年以上にもわたって稼ぐ生涯賃金を比較してもあまり意味がありませんよね。そこで，生涯賃金を一括して今もらったらいくらになるかを計算して，これを進学コストと比較することにします。一括して今もらうといくらになるかを計算することを**現在価値に割り引く**と言い，その結果は**割引現在価値**と呼びます。

　では，実際に計算してみましょう。「賃金構造基本統計調査」（2016年度）を利用して計算してみると，大卒者の期待生涯所得の割引現在価値は約1億230万円，高卒者のそれは約7000万円となります。両者の差は約3230万円です。ただし，割引率を5％として計算しています。したがって，大学進学のコストは私立文系で約1500万円でしたから，平均的には進学による経済的なベネフィットはコストを上回っていることになります。

◆ KEY WORD 1　割引現在価値 ─────────────────────
　本文中では，進学コストと進学のベネフィットである期待生涯所得を比較しています。進学コストは大学在学中の4年間のコストの合計ですが，期待生涯

所得のほうは卒業して40数年分の賃金を合計しています。明らかに比較する年月が違っています。このように比較する年月が大きく異なると，直接に比較して良いのだろうかという疑問が生じます。

　たとえば，皆さんは今年の100円と来年の100円は同じ価値だと考えていますか。物価の上昇も貨幣価値には影響しますが，もう一つ時間割引という概念も価値に影響します。と言うのも，金利が年利10％だとすると，今の100円は1年後には110円（＝100×（100＋0.1））になるからです。つまり，物価上昇を抜きに考えたとしても，現時点で100円を使わずに銀行に預ければ来年には110円になっているのです。両者の差の10円は，今100円を使わないことのご褒美だと考えて良いでしょう。

　このことを逆に考えるとどうなるでしょう。つまり，来年の100円は今いくらになるでしょうか。金利が年利10％の場合，来年の100円は，逆算すれば良いので，

$$100 \div (1 + 0.1) = 90.9 \text{円}$$

となります。また，2年後と3年後の100円の割引現在価値は82.6（＝100 ÷ $(1 + 0.1)^2$），75.1円（＝100円 ÷ $(1 + 0.1)^3$），となります。したがって，n 年後の100円の割引現在価値は，

$$100 \div (1 + 0.1)^n$$

です。

◆ KEY WORD 2　名目と実質 ─────────────────────

　現在割引価値と同様に，**名目**と**実質**の違いも重要です。たとえば物価が年に10％上がっているとすると，今年100円で買えたものは来年になると110円になってしまうことになります。

　そこで，一般的には，賃金やモノやサービスの値段などを年や月ごとに比較するときには，物価指数で調整して実質化してから比較することになります。たとえば，今年と昨年の賃金を比較する場合には，それぞれを適当な物価指数で割って比較すると良いでしょう。

　なお，物価指数には，消費者物価指数や卸売物価指数，GNP デフレーターなどがあります。どの物価指数を利用するかは，実質化しようとしている変数やその目的が何かによって異なります。

1.3 どうして進学率は上昇しているのか

●生涯所得の推移から分かったこと

　ところで，日本の大学進学率は図1.3のように一貫して上昇する傾向にあります。最近はとくに女性の大学進学率が高まっています。では，この大学進学率の上昇を前節で説明した人々の大学進学行動で説明してみるとどうなるでしょうか。

　進学率が高まっているということは，大学に進学することによるメリットが進学する費用よりも大きくなっていると考えられます。つまり，高卒者よりも大卒者の生涯所得が相対的に高まって大学に進学するメリットが大きくなったか，大学に進学する費用が低くなっているか，のどちらかが起きていると考えられます。

　はたして大卒者と高卒者の生涯所得はどのように推移しているでしょうか。図1.4は期待生涯所得の割引現在価値の推移を示しています。だいたい1995〜96年あたりがピークで，それ以降の生涯所得は大卒者も高卒者も低下しています。大卒者と高卒者の生涯所得の差を，高卒者を100として計算してみると，男性の場合は112〜113，高いときで115ぐらい，女性の場合は130程度で推移しています。まとめると，次のようになります。

(1)　1996年をピークに高卒者も大卒者も生涯所得は低下傾向にある。

(2)　高卒者と大卒者の生涯所得の差はほとんど拡大していない。

(3)　男性に比べて女性のほうが高卒者と大卒者の差は大きかった。

　では，なぜ生涯所得の差がほとんど拡大していないにもかかわらず，大学進学率は高まっているのでしょうか。これには様々な理由が挙げられると思います。たとえば，人々が豊かになって大学に進学できるゆとりができたと

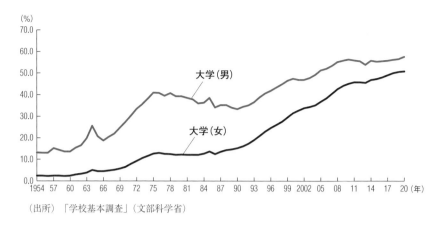

(出所)　「学校基本調査」（文部科学省）

図 1.3　大学への進学率

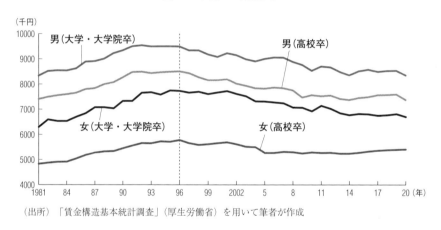

(出所)　「賃金構造基本統計調査」（厚生労働省）を用いて筆者が作成

図 1.4　高卒者と大卒者の期待生涯所得の推移

か，大学の数が増えたので入学しやすくなったとか，いろいろと考えられます。なかでも，大学に行かないと良い仕事に就けないという話はよく聞く理由の一つです。

●学校教育の機能——人材育成 or「シグナル」

　でも，なぜ大学に進学すると良い仕事に就けるのでしょうか。これには，大きく2つの考え方があります。

　一つは，大学教育が人々の能力を高め，質の高い人材を育成する場で，それゆえに大学に進学すれば良い仕事に就ける，という考え方です。したがって，大学進学は人材育成をするための一種の投資だということになります。この考え方は，上で見てきた大学進学行動の原理と同じです。大学教育に投資する費用を回収できるかどうかは，良い仕事に就けるかどうかで決まります。大学が人材育成に貢献していなければ，大学に進学する意味がありません。大学には人々の能力を高める機能があると期待するからこそ，人々は大学に進学すると考えられるのです。

　もう一つは，大学教育は人々の能力を高めているわけではなく，単に大卒というレッテルを貼るだけにすぎない，という考え方です。ただし，大卒というレッテルは良い仕事に就く上では大事なシグナルになります。

　なぜ大卒というレッテルが良い仕事に就く上で大事なシグナルになるのでしょうか。

◆ Technical 編　シグナルとしての学校教育

●2つのタイプの労働者

　まず前提として大学教育は人々の能力を高めないとします。教育は人々の能力を高めるものと信じたいところですが，実際のところ大学生の中には勉強せずに卒業する学生もいます。そうした学生を肯定するつもりは全くありませんが，ここでは大学教育は人々の能力を高めるのには役だっていないと仮定します。

　ここで，新たに従業員を採用しようとしている会社があるとします。そして，この会社は労働者には2つのグループがあるということを知っています。第一のグループは生産性の高い人たちのグループです。このグループをタイ

プ H と呼ぶことにします。もし会社がタイプ H の人を 1 人雇うと，1 ヶ月の売上を 30 万円だけ増やすことができるとします。他方，もう一つのグループは生産性の低い人たちのグループで，これをタイプ L と呼ぶことにします。会社がタイプ L の人を 1 人雇うと，1 ヶ月の売上を 20 万円だけ増やすことができます。つまり，タイプ H はタイプ L の 1.5 倍の売上を上げることができる生産性の高い人ということになります。

　しかし，この会社は応募してきた採用候補者がどのグループに属しているかについては分かりません。たとえば，4 年生になったユウタ君がこの会社の採用面接に来たとしましょう。会社としては，できる限りタイプ H に属する人を採用したいわけです。けれども，ユウタ君がタイプ H に属すのか，それともタイプ L に属すのかについて，この会社には分からないのです。会社にとってこの状況は，2 分の 1 の確率でタイプ H の労働者を採用できるが，2 分の 1 の確率でタイプ L の労働者を採用することになる，ということになります。

●採用における逆選択問題

　会社がユウタ君の能力を把握できず，タイプ H なのかタイプ L なのかが分からなければ，どういうことが起きるでしょうか。

　まず，会社は従業員を募集するにあたって，求人広告に給料を提示しなければなりません[5]。ここでは，会社が従業員に売上に等しい給料を支払うと考えることにし，従業員も自分の売上に等しい給料をもらえないと働かないとしましょう[6]。

　会社はできるだけタイプ H の労働者を雇いたいわけですから，最低でも

---

[5] ここでは，生涯にわたって同額の給料が支払われると考えることにします。

[6] この点については後に学ぶことになりますが，経済学では（実質）賃金は限界生産物に等しいと考えます。限界生産物は，会社が労働者を 1 人追加して雇ったときの生産物の増加分のことです。本文では，タイプ H を 1 人雇うと 1 ヶ月の売上が 30 万円増えるということですので，タイプ H の限界生産物は 30 万円と考えられます。したがって，タイプ H の賃金は 30 万円になります。同様に，タイプ L の限界生産物は 20 万円で，賃金は 20 万円になります。

30万円の給料を支払う必要があります。しかしこの場合，幸運にも会社がタイプHを雇えれば問題はありませんが，間違ってタイプLを雇ってしまうと10万円だけ損をすることになります。タイプLを雇うと，会社が30万円の給料を支払っても売上は20万円しか増やせないからです。つまり，給料を30万円支払うことにしてしまうと，2分の1の確率で会社は損をするかもしれないのです。

　では，会社が損をしたくないあまり，給料20万円という求人広告を出したとするとどうなるでしょうか。この場合には，そもそもタイプHの労働者は応募してこないので，タイプHを雇うことはできません。

　そこで，2分の1の確率でタイプHを雇え，2分の1の確率でタイプLを雇えるとしましょう。この場合，会社が期待できる売上の増加分は，

$$\frac{1}{2} \times 30\,万円 + \frac{1}{2} \times 20\,万円 = 25\,万円$$

となりますから，給料を25万円とすれば会社は損をしません。

　では，会社が給料を25万円と提示したのを見た労働者は，どのような行動をとるでしょう。この会社に応募しようと考えたユウタ君がタイプHに属しているのなら，25万円というのは本来もらえる30万円よりも低いので，この会社への応募は諦めるはずです。しかし，もしユウタ君がタイプLに属しているのなら，25万円というのは本来もらえる20万円よりも高いので，是非ともこの会社に応募しようとするはずです。

　では，この会社に応募するのがタイプLだけになってしまうとどうなるでしょうか。タイプLの応募者を採用すれば，売上の増加分が20万円なのに対して，雇った人たちに25万円を支払わなければなりません。すると，会社は赤字になってしますので，誰も採用しないほうが良いはずです。

　このように，会社が応募者のタイプや能力を把握できないと，実際には労働市場に雇いたい人（タイプHですね）が存在していても，会社は誰も雇おうとしないという結末を迎えることになります。これは，応募者は自身の

タイプや能力を知っているけれども，会社は応募者のタイプや能力を知らないという**情報の非対称性問題**の一つで，**逆選択問題**と呼ばれる問題です。

◆ KEY WORD 3　期待値 ─────────────────

　2分の1の確率でタイプHを雇え，2分の1の確率でタイプLを雇えるとき，会社が期待できる採用者の限界生産物は，一般には**期待値**と呼ばれます。これは，次のような例を考えると分かりやすいかもしれません。

　いま，コイン・トスをして表が出れば賞金100円，裏が出れば賞金0円をもらえるゲームを考えます。このゲームへの参加料がいくらなら，あなたは参加しようと思いますか。

　この場合，コイン・トスをして表が出る確率は2分の1，裏が出る確率も2分の1ですから，ゲームに参加して得られると期待できる賞金は

$$\frac{1}{2} \times 100\,円 + \frac{1}{2} \times 0\,円 = 50\,円$$

となります。つまり，表（裏）が出る確率に，それぞれの賞金をかけて合計した値が期待値ということになります。

　したがって，50円よりも安い参加料なら，あなたの儲かる確率は高くなるということになりますね。

─────────────────────────────

●応募者のスクリーニング（選抜）

　では，こうした逆選択問題を回避するには，どうしたら良いでしょうか。

　逆選択問題が起こるのは，応募者のタイプや能力を会社が直接知ることができないからでした。とはいえ，応募者のタイプや能力を間接的にでも知ることができれば，応募者を**スクリーニング**（**選抜**）することができるはずです。また，会社が応募者をスクリーニングすることは，特にタイプHの労働者にとっては好都合となります。もしスクリーニングがなければ，タイプLの労働者と区別されず，上で見たようにタイプHが仕事に就くことがないからです。

　このため，会社は労働者のタイプや能力を示す信頼できる情報を集めてスクリーニングしようとするし，労働者は自身の能力の高さを示す信頼できる情報を会社に提供しようします。このように会社が労働者をスクリーニング

するために利用する信頼できる情報を**シグナル**と呼びます。そして，学歴はしばしばシグナルとして利用されるのです。

●シグナルとしての学歴

1990年代後半になって高卒者と大卒者の間で生涯所得の差が拡大しなくなっているにもかかわらず，進学率が上がっているのはなぜかを，シグナルとしての学歴の観点からもう一度考えてみましょう。

そこで，会社には高いスキルが要求される仕事J_hと，低いスキルでも遂行できる仕事J_lがあるとします。そして，労働者の教育年数がy^*年よりも長ければJ_hに配置し，y^*年よりも短ければJ_lに配置するとします。また，労働者がJ_hの仕事に就くと生涯所得（の現在割引価値）は3000万円になり，J_lの仕事に就くと生涯所得が1500万円になるとしましょう。

ここで，会社がJ_hの仕事に3000万円の給料を出すことを労働者が知れば，労働者はy^*年よりも長く教育を受けようとするでしょう。このとき，労働者の教育費用が同じなら，全員がy^*年よりも長い教育を受けることができてしまい，学歴はシグナルにはなりません。会社が教育年数によって労働者をスクリーニングできなくなるからです。

しかし，現実にはタイプHとタイプLの教育費用には差が生じます。学費などの費用は同じだとしても，テストに合格するために費やす時間や努力などが違うからです。タイプHの労働者はテストに易々と合格するけれども，タイプLの労働者にとって合格するのは大変だ，というようなことが考えられます。このため，たとえば，タイプLの労働者は塾や予備校に通うかもしれません。このことを考慮して，教育を1年受けるのに必要な費用を，タイプHの場合は200万円，一方のタイプLは500万円かかるとしましょう。

図1.5は，生涯所得と教育費用の関係を示しています。この図では，教育期間がy^*年よりも短い場合には1500万円の生涯所得が支払われ，y^*年以上の場合には3000万円が支払われることを，図の青線が示しています。また，

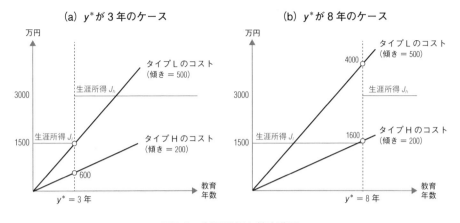

図1.5　生涯所得と教育費用

労働者の1年あたりの教育費用は，タイプLが傾き500万円，タイプHは傾き200万円の直線でそれぞれ示されています。

さて，図1.5（a）ではy^*の値を3年に設定しています。まず，タイプHの労働者に注目すると，彼が3年間の教育を受けると600万円（200万円×3）の費用が発生しますが，生涯所得は3000万円になるので，実質2400万円の利得が得られます。もし彼が教育を受けなければ生涯所得は1500万円ですから，教育を受けたほうが生涯所得は高くなります。したがって，タイプHの労働者は3年間の教育を受けることになります。一方，タイプLの労働者の場合，3年間の教育を受ければ生涯所得3000万円が得られますが，1500万円の費用が発生するので，実質1500万円の利得しか得られません。これは教育を受けない場合の生涯所得に等しくなります。したがって，タイプLの労働者は教育を受けても受けなくても生涯所得に差はないので，中には教育を受ける人も出てくるかもしれません。この結果，y^*が3年に設定されると教育を受ける労働者はタイプHとタイプLが混在することになり，企業は応募者を教育年数でスクリーニングすることができなくなります。

次に，y^*を8年に設定した図1.5（b）を見てください。タイプHが生涯

所得 3000 万円を得るためには，教育費用 1600 万円を負担することになりますので，実質的には 1400 万円の利得になります。この場合，教育を受けない場合の生涯所得 1500 万円よりも小さくなってしまい，タイプ H が教育を受けると損をすることになります。一方，タイプ L の場合，8 年間の教育費は 4000 万円となり，生涯所得 3000 万円をはるかに超えてしまいます。したがって，y^* が 8 年になると誰も教育を受けようとしなくなり，企業は応募者をスクリーニングすることができなくなります。

では，y^* 年が何年になれば，学歴がシグナルとなりうるでしょうか。タイプ L の労働者が必ず y^* 年より短い教育年数を選び，タイプ H の労働者は必ず y^* 年以上の教育年数を選ぶのなら，学歴によって労働者をスクリーニングすることができるはずです。

そこで，タイプ L の労働者が必ず y^* 年よりも短い教育を選ぶようになるには，どのような条件が必要かを考えましょう。タイプ L の労働者が y 年の教育を受けると 500y 万円の費用がかかりますが，3000 万円の生涯所得が得られます。したがって，y 年の教育を受けたときの利得は，

$$3000 - 500y$$

となります。これが，y 年の教育を受けない場合の生涯所得 1500 万円よりも安ければ，y 年より長く教育を受けることは損になります。したがって，タイプ L の労働者が y 年よりも長い教育を必ず受けない条件は，

$$1500 \quad > \quad 3000 - 500y \tag{1.1}$$

となります。

一方，タイプ H の労働者が y 年の教育を受けると 200y 万円がかかり，このときの利得は，

$$3000 - 200y$$

です。これが，1500 万円よりも高ければ，y 年より短い教育を受けることは

損になります。したがって，タイプ H の労働者が y 年以下の教育を必ず受けない条件は，

$$1500 \text{ 万円} \quad < \quad 3000 \text{ 万円} - 200\,y \text{ 万円} \tag{1.2}$$

です。以上のことから，タイプ L とタイプ H のそれぞれが受ける教育年数の境界である y^* は，（1.1）式と（1.2）式を連立させて解けば得られることが分かります。つまり，

$$3 \quad < \quad y^* \quad < \quad 7.5 \tag{1.3}$$

となります。

　（1.3）式は，教育年数を 3 年より長く，7.5 年よりも短く設定すれば，タイプ L の労働者は教育を必ず受けず，タイプ H の労働者は教育を必ず受けることを意味します。この結果，教育を受けた労働者がタイプ H で，教育を受けなかった労働者はタイプ L であると，企業は区別することができるようになり，学歴がシグナルとして有効になるのです[7]。

　このように見てくると，生涯所得の差が高卒者と大卒者の間で拡大していないのに大学進学率が上がっているのは，人々がシグナルとしての学歴を得ようとしているからかもしれません。はたして，読者の皆さんはどうでしょうか。

---

[7] 学歴がシグナルとして有効になるのは，タイプ L が y^* 年よりも長い教育期間を選び，タイプ H が y^* 年よりも短い教育期間を選ぶというケースも考えられます。しかし，このケースでは解は得られないので，本文では取りあげていません。

第1章の確認問題

[1] 以下の用語を皆さんの身の回りで起きている具体的な例を用いて説明してください。

　　　①トレード・オフ　　②機会費用　　③インセンティブ

[2] 皆さんもレストランに行って食事をしたり，洗濯物をクリーニング屋に出したりした経験はあると思います。食事や洗濯は自宅でもできるはずですが，どうしてレストランやクリーニング屋を利用するのでしょうか。これらを利用するときと利用しないときの便益（ベネフィット）と費用（コスト）を比較しながら，考えてみましょう。

[3] 一般に魚市場や野菜市場では，価格メカニズムにより売り手と買い手の間で魚や野菜が取引されています。もしこれらの市場で割り当てによって取引されたとしたら，価格メカニズムで取引する場合と比べてどのようなメリットとデメリットが生じるでしょうか。

[4] 病院に行くと，患者が長蛇の列を作って，診察の順番待ちをしています。医療行為が健康保険制度の下で国が定める公定価格で価格付けされているからです。もし医療行為に価格メカニズムを導入するとしたら，どのようなメリットとデメリットが生じるでしょうか。

[5] 企業が採用の際に学歴をシグナルにするように，人々が何かを選択する際にシグナルにする例として，他にどのようなものがあるか，考えてみましょう。

第2章 働くか，働かないか，それが問題だ
——労働供給（1）

Outline

　人々は働くか働かないかをどのようにして意思決定しているでしょうか。この点を経済学の視点から考えていきます。その上で，労働力率がどのように決定するかを学び，人々の労働供給を経済モデルで分析します。

2.1　労働供給行動を考える

◆ Story 編　アルバイトをするか，しないか

●時給がいくらだったら働くか

　この4月に大学1年生になったユウタ君。受験勉強から解放されて時間もあることだし，それに教科書を買ったり洋服を買ったりするお金も必要なので，アルバイトをしてみようかと思い立ったようです。でも，ユウタ君はいままでアルバイトをした経験がなく不安なので，クラスの友達に一緒に探さないかと声をかけてみることにしました。

「このクラスにアルバイトしたい人はいないかな。アルバイトを探そうと思っているんだけど，だれか一緒に探さないか。」

「ユウタもアルバイトをしたいの。俺も探しているんだけど，良い時給のアルバイトがなかなか見つからないよ。」

「シュンも探してるんだ。時給がいくらだったら働きたいの」

「そうだな。高ければ高いほど良いけど，時給が 1000 円だったら働こうかな。」

　すると，シュン君以外にも，時給が 850 円ならやっても良いという友達もいれば，1000 円以上でもやらないという友達も出てきました。

　そこでユウタ君は，クラスの全員に対して「あなたは時給がいくらならアルバイトをしようと思いますか」というアンケートを行って，アルバイトに希望する時給を調べることにしました。

　皆さんにはアルバイト経験はあるでしょうか。もしあなたがアルバイトをしているなら，今のアルバイトをするかどうかをどのように考えたでしょうか。また，アルバイトをしたことが一度もない人もいるかもしれませんが，そんな人でもアルバイトをするかしないかについて考えたことはあるでしょう。この章では皆さんがアルバイトをするかしないかについて経済学の視点から考えてみたいと思います。

◆ Technical 編　留保賃金率

　ユウタ君が調べた「アルバイトをしたいと思う時給」は，表 2.1 のようになりました。この希望する時給を経済学では留保賃金率と呼んでいます。留保賃金率は，最低いくらの賃金をもらえれば人々が働きたいと思うかを示す賃金率[1] です。皆さんも時給（＝賃金率）が安ければ働きたいとは思わないし，高い時給なら働きたいと思うはずです。そのとき，これ以上なら働くけど，これ未満なら働かないという境界となる時給があるはずです。それが留保賃金率です。

　さて，表 2.1 の結果をヒストグラムにしたのが図 2.1 です。これは，ユウ

---

[1] 「賃金」と「賃金率」は意味が異なります。「賃金」は労働者が労働力の対価として受け取る報酬のことで，「賃金率」はその 1 時間あたりの額です。賃金に似た言葉として「給料」や「給与」もありますが，これらは使用者（企業や官公庁など）が労働者の労働に対して支払う対価のことになります。

表 2.1　アンケートの結果

アルバイトをしたいと思う 最低の時給と人数	
800 円	2 人
850	2
900	5
950	4
1000	7
1050	9
1100	5
1150	7
1200	5
1250	3
1300	3
1350	2
1400	1

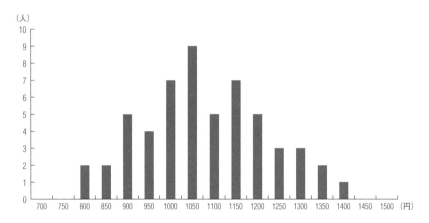

図 2.1　アルバイトをしたいと思う最低の時給

タ君のクラスの一人ひとりの留保賃金率がどのように分布しているかを示します。縦軸が人数，横軸が時給となっています。図 2.1 によれば，ユウタ君のクラスの留保賃金率は，最低額が 800 円（人数は 2 人），最高額が 1400 円

（人数は1人）で，最も回答人数の多かった時給は1050円の9人です。また，図2.1は1100円を中心に両側に裾野が広がる釣鐘のような形をしています[2]。

●留保賃金率と時給相場

それでは，ユウタ君のクラスでアルバイトをしようとする人は何人になるでしょうか。これにはアルバイトの時給相場がいくらなのかを調べる必要があります。というのは，留保賃金率と時給相場を比較してアルバイトをするかどうかを，みんなは考えているはずだからです。

たとえば，アルバイトの時給相場が1000円だとしましょう。すると，1000円以下の留保賃金率の人は，自身の留保賃金率よりもアルバイト時給相場のほうが高いから，アルバイトをしたいと考えるでしょう。逆に，1000円よりも高い留保賃金率の人にとってはアルバイトをする気にはなれないでしょう。つまり，留保賃金率よりも時給相場が高いかどうかが，アルバイトをするかどうかを決めるわけです。

●働きたいと思う人の割合

これを次のように整理しましょう。留保賃金率を W_r，アルバイトの時給相場を W_m とします。すると，

$$W_r \leqq W_m \quad \Rightarrow \quad \text{アルバイトをしたいと思う}$$
$$W_r > W_m \quad \Rightarrow \quad \text{アルバイトをしたいとは思わない}$$

となります。

図2.1の例で考えると，クラス全体の人数は55人で，1000円以下の留保賃金率の人は20人います。したがって，アルバイト時給の相場が1000円だとすると，ユウタ君のクラスで働きたいと思う人の割合は約36.4％（＝20

---

[2] 図2.1は左右対称の釣鐘型にはなっていますが，正確には正規分布ではありません。皆さんは統計学で正規分布や t 分布など様々な確率分布を習っていると思いますが，この機会に復習しておくと良いですね。

人 ÷ 55 人）になります。この割合を労働力率と呼ぶのですが，後で詳しく説明します。

　ところで，注意しておくことが一つあります。それは，留保賃金率よりもアルバイト時給相場が高いからといって，実際に働けるとは限らない点です。留保賃金率は，働きたいか働きたくないかの境界にある値（閾値とも言います）であり，その人が働くかどうかの意思を示している一つの指標です。アルバイトを探してみたところ，時給 1000 円以上のアルバイトが実際には見つけられないかもしれませんし，あるいは見つかったとしてもアルバイト先の面接に落ちてしまうかもしれません。

●市場賃金率と労働力率

　さて，以上で見てきたことは国全体に適用することが可能です。たとえば日本に住んでいる 15 歳以上の男女に最低いくらの賃金が得られれば働くかを調べてみたらどうなるでしょうか。きっと，図 2.1 と同様に日本全体の留保賃金率の分布を描くことができるはずです。仮に日本全体の留保賃金率の分布が図 2.2 のようになるとしましょう。そして，賃金率の相場である**市場賃金率**が分かれば，何人が働きたいかが計算可能となります。図 2.2 では，

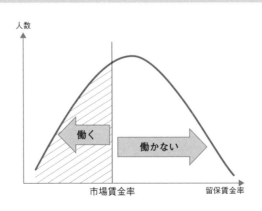

図 2.2　日本全体の留保賃金率の分布と市場賃金率

市場賃金率も留保賃金率が低い部分（図中の斜線部分）が働く意思のある人々の数になります。

　ここで，図 2.2 の斜線部分の面積を分布全体の面積で割ってみましょう[3]。斜線部分の面積は，市場賃金率よりも留保賃金率が低い人たちの人数で，働く意思のある人々の数になります。また，分布全体の面積は留保賃金率を調べた 15 歳以上の人数に等しくなります。つまり，斜線部分の面積を分布全体の面積で割ることは，（働く意思のある人数）÷（15 歳以上の人数）を計算することであり，15 歳以上人口のうちで働く意思のある人がどの程度の割合なのかを計算することになります。これが**労働力率**（あるいは**労働力人口比率**）で，労働市場を分析する上で基本中の基本となる指標の一つです。

2.2　なぜ労働力は変化するか

◆ Story 編　労働力率の変遷

　労働力率は，労働市場の状態を表す指標の中でも重要な指標の一つです。この指標によって，労働市場で働きたいと考えている人がどの程度いるのかが分かるからで，労働供給の総量が把握できるからです。働く意思のある人が多いということは，それだけ財やサービスの生産に携わることが可能な人口が多いということであり，経済活動を活発にさせ，経済成長を促す可能性があります。逆に働く意思のある人が少ないと経済活動は沈滞してしまうかもしれません。

　日本では毎月必ず労働力率が発表されています。総務省統計局が毎月実施している「**労働力調査**」で調べています。ただし発表される労働力率は，上で説明した留保賃金率と市場賃金率の関係から算出されているものではあり

---

[3] 図 2.2 の確率分布関数が分かれば，労働力率を正確に計算できるようになります。図 2.2 の留保賃金率の分布を確率密度関数 $f(x)$ で表すと労働力率は $\int_0^{wm} f(x)\,dx$ となります。

ません。その代わりに労働力調査は，無作為に選んだ全国の 15 歳以上の男女について，「月末 1 週間に仕事をしたかどうかの別」を調べています。この質問に対して回答者が「仕事をしている」と答えていれば，当然その人は働く意思があるに違いなく，**労働力**に含まれます。なお，仕事をしている人のことを**就業者**と呼んでおり，就業者はさらに自営業者や雇用者などに細分されます（**コラム 2.1** 参照）。

では，「少しも仕事をしていない」と答えた場合はどうなるでしょうか。この場合，この人が働く意思がないのかというと必ずしもそうではありません。働く意思があっても仕事が見つからずに働らくことができない人もいるからです。そこで，少しも仕事をしなかった人のうちで仕事を探していた人は，働く意思があるから仕事を探しているわけで，労働力に含めることになります。これらの人々は**失業者**と呼ばれます。一方，少しも仕事をしなかった人のうちで仕事を探していない人は，通学や家事をしている人，そして引退をしている高齢者の多くがこれに該当しますが，**非労働力**と呼ばれます。働く意思がない，あるいは働ける状態にない人たちです。

以上のことを整理すると，15 歳以上人口は労働力人口と非労働力人口に二分され，労働力人口に就業者と失業者が含まれることになります。したがって，労働力率は，

$$労働力率 = \frac{労働力人口}{15歳以上人口} = \frac{就業者 + 失業者}{労働力人口 + 非労働力人口}$$

となります。

コラム 2.1　**労働力調査について**

　本文にもある通り，「労働力調査」は総務省統計局によって，全国の 15 歳以上の男女の労働力状態について，毎月 1 回調査されています。この調査では「15 歳以上人口」を母集団として取りあげ，「労働力人口」と「非労働力人口」という 2 つのグループに区別します。労働力人口は「就業者」と「失業者」の 2 つのグループに区別し，さらに就業者は就業形態によって「自営業者」と「家族従業

員」，そして「雇用者」に区別します。そして雇用者は，雇用形態によって「正規の職員・従業員」と「パート・アルバイト」，「契約社員・嘱託」，「派遣社員」，「その他」に区別されています。一般に非正規労働者と呼ばれているのはパート・アルバイトや契約社員・嘱託，派遣社員，あるいはその他の雇用者です。

「労働力調査」の調査は基礎調査票と特定調査票の2種類によって行われています。基礎調査票では，①月末1週間に仕事をしたかどうか，②月末1週間に仕事をした日数と時間，③勤めか自営かの別，④勤め先での呼称，⑤仕事探しや開業の有無，などが調査されます。特定調査票では，基礎調査票の内容に加えて，①今の仕事に就いた時期，②今の雇用形態に就いている理由，③転職希望の有無，④仕事を探したり開業を準備したりするための方法やその期間，⑤仕事に就けない理由，などが調査されています。

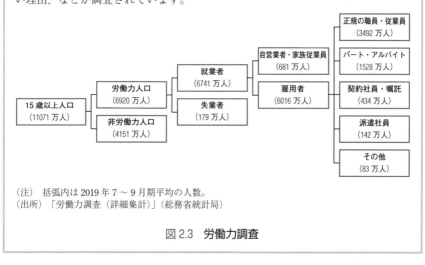

(注)　括弧内は2019年7～9月期平均の人数。
(出所)　「労働力調査（詳細集計）」（総務省統計局）

図 2.3　労働力調査

図2.4は1953年から2018年までの我が国の労働力率の推移を示しています。まず，男女計の労働力率は1970年代前半まで下落し続け，その後1990年代後半までは63％前後を推移していました。しかし，1990年代後半からはまた下落し続けており，最近は60％を下回る水準になっています。また，男性の労働力率は1953年以降ずっと下落しており，1953年当時は86％でしたが，2016年には70％になっています。他方，女性は1953年から1975年まで下落し，その後反転上昇して現在は50％前後の水準を推移しています。

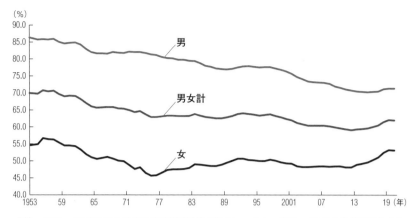

（注）　1953 ～ 72 年までの数値には沖縄県は含まれない。また，2005 ～ 11 年の数値は東日本大
　　　　震災の影響を補正した後の数値。
（出所）　「労働力調査」（総務省統計局）

図 2.4　労働力率の推移

　男性の労働力率が一貫して下落している主な理由は，高学歴化と高齢化で
す。高学歴化は 10 代と 20 代前半層の労働力人口を減少させてきましたし，
高齢化は定年と現役引退過程にある 60 代以上の労働力人口を減少させてき
ました。若年人口が増加していた 90 年代頃までは高学歴化が男性の労働力
下落の主因でしたが，高齢者人口が増加する現在となっては定年と現役引退
が主因と考えられます。

　女性の労働力率が下落した後で反転している理由は，自営業・家族従業員
の減少と雇用者の拡大とが考えられます。戦後直後は女性が雇用される機会
は少なく，働く女性の約半分が農林漁業で家族従業員として働いていました。
その後，経済成長に伴って専業主婦化する女性が増加するとともに，女性の
雇用機会が拡大していきました。60 年代や 70 年代前半までの女性労働力率
の低下は専業主婦化と家族従業員の減少が反映したものですが，70 年代後
半から以降の女性労働力率の上昇反転は女性の雇用機会が拡大して女性雇用
者が増加したことを反映したと考えられます。

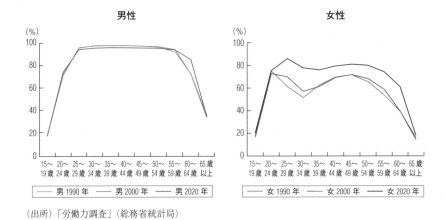

(出所)「労働力調査」(総務省統計局)

図 2.5　年齢階級別労働力率

　図 2.5 は年齢階級別に男女の労働力率を示したものです。男性の場合，労働力率は若年層と高齢層で低くて壮年層で高い，ちょうど台形のような形となっています。これは，20 代前半までは高校や大学へ進学するために，そして 60 代に入ると引退過程になるために，それぞれ労働力率は低下しているからです。他方で，20 代後半から 50 代までの壮年層は，家族や自分自身を養うために，ほとんどの男性が働く必要があり，労働力率が高くなっています。

　一方，女性の労働力率は 30 代でも一旦低下していて，ちょうど M 字型になっています。女性も若年層や高齢層で労働力率が低い理由は男性と同じですが，20 代後半から 30 代で労働力率が一旦低下するのは結婚や出産といったライフイベントによる労働市場からの退出が影響しています。なお，M 字型の底（20 代後半から 30 代のところ）の部分での労働力率の水準は，最近になるほど高まっています。

●留保賃金率変化の理由

女性の年齢階級別労働力率が M 字型になったり，男性も高齢者になると労働力率が低下したりするのは，なぜなのでしょうか。上で学んだことを思い出せば，年齢によって留保賃金率が変化するからと考える人も多いでしょう。その通りなのですが，なぜ年齢によって留保賃金率が変化するのでしょうか。そして，人々の留保賃金率はそもそもどのように決まるのでしょうか。

皆さんにまず考えてもらいたいのは，私たちがなぜ働こうと思うのかという点です。ユウタ君が大学生になってアルバイトしようと考えたのは，洋服を買ったり，友達と遊びに行ったり，学費の足しにするためのお金が必要になったからです。皆さんも同じような理由でアルバイトをしようと考えているのではないでしょうか。そして，洋服が買えたり，遊びに行くことができたりすれば，ユウタ君も皆さんも満足度は上がりますよね。そう，私たちが働こうと思うのは，自分自身の満足度を高めるモノやサービスを購入するためで，そのためのお金を得たいからです[4]。

ただし，モノやサービスを購入できるお金をもらえることは嬉しいことですが，アルバイトをすれば大変なことや辛いことに出くわすかもしれません。たとえば，アルバイトをすることになれば仕事のやり方を新しく覚えなければならないし，上司や同僚あるいはお客から注意されることもあるでしょう。また，アルバイトをしている時間中には遊びに行ったり勉強したりすることは当然できませんから，自分の自由な時間を失うことになります。これらのことを考えると，アルバイトをすること自体は人々の満足度を下げることになるでしょう。

そうすると，アルバイトで所得が得られることは満足度を高めますが，ア

---

[4] もちろん，働くのはお金を得るためだけではないという人もいます。社会に貢献したい，社会や会社のことをもっと知りたい，あるいは自身のスキルアップがしたいなど，働く理由は他にもあります。働くこと自体が満足度を高めるということもあるでしょうが，ここでは考えません。

ルバイトをすること自体は満足度を下げることになります。したがって，アルバイトをするかしないかは，所得が得られることで高まる満足度とアルバイトをすることで下がる満足度，この2つの大小関係で決まりそうです。

●効用はどう変化するか

そこで，ユウタ君のアルバイトで得られる所得とアルバイトをすることで失われる自由な時間に着目して，ユウタ君がそれらから満足度をどの程度得ているかを考えてみましょう。なお，経済学では自由な時間を**余暇時間**[5] と呼び，満足度を**効用**と呼んでいます。ここからはこの呼び方に従いましょう。

まず，ユウタ君の効用は，所得や余暇時間が増えるほど高まるはずです。一般的に考えて，所得が多いときと少ないときを比べたら多いときのほうが効用が高いですよね。余暇時間についても，自分で自由に過ごせる時間が長いほうが効用が高いというのが普通ですよね。ですから，所得や余暇時間が増えれば人々の効用は高まると考えられます。

次に，所得や余暇時間が増えるほどユウタ君の効用は高まりますが，効用の高まりは徐々に小さくなると考えられます。たとえば，ユウタ君が1万円を持っているときと100万円を持っているときを想像してみましょう。このとき，彼が1時間働いて1000円を得たとしたら，どちらがユウタ君にとって嬉しいでしょうか。きっと1万円を持っているときのほうが，100万円を持っているときよりも，嬉しいのではないでしょうか。同じように，余暇時間が1時間のときの10分の増加と10時間のときの10分の増加では，1時間のときのほうが嬉しいでしょう。したがって，所得や余暇時間が増えるほど，人々の効用の高まりは徐々に小さくなります。

さらに，所得が多くて余暇が少ないという組合せと，所得は少ないけれど余暇は多いという2つの組合せについて，効用がどうなるかを考えてみます。

---

[5] 余暇（Leisure）というと，遊ぶ時間のような気もしますが，経済学の理論モデルでは労働供給行動を簡潔に考えるために，仕事時間以外の全時間を余暇時間としています。したがって，遊ぶ時間以外に食事や睡眠，そして勉強の時間も含まれています。

前者の組合せの場合は，所得には満足だけど余暇には不満となります。逆に後者の場合は，所得には不満だけど余暇には満足となるはずです。この結果，所得と余暇の双方から得られる効用は等しくなるかもしれません。このように，所得と余暇には様々な組合せを想定できますが，その中には同じ効用が得られる組合せが複数あると考えられます。

●所得−余暇の無差別曲線

以上のことをふまえて，ユウタ君の効用を模式的に図示したのが図2.6です。これは，**所得−余暇の無差別曲線**（あるいは**所得−余暇の効用関数**）と呼ばれます。この図の縦軸は所得（y），横軸は余暇時間（L）です。所得も余暇も正の値しかとらないので，縦軸にも横軸にも負の値はありません。また，1日は24時間ですので，余暇時間は最大でも24時間にしかなりません[6]。

所得−余暇の無差別曲線は，同一の効用をもたらす所得と余暇の組合せの点を結んでいるものです。たとえば，図中の点Aから点Cは，それぞれ所得と余暇時間の組合せです。このうち点Aと点Cの組合せは，同じ無差別

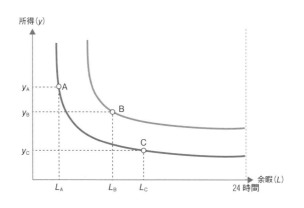

図2.6　所得−余暇の無差別曲線

---

[6] ここでは1日を単位として考えていますが，時間の単位は1ヶ月でも1年でも良いでしょう。

曲線上にあって，ユウタ君に同一の効用水準をもたらしていることを意味します。しかし点Bは，点Aや点Cとは異なる無差別曲線上にあり，点Bでの所得と余暇の組合せは点Aや点Cの組合せよりも高い効用水準であることを意味します。

所得–余暇の無差別曲線には次のような性質があります[7]。

① 無差別曲線は右下がりの曲線です。

　　上で説明したように，私たちは所得や余暇時間が多いことを好む傾向にあり，モデルを考える際にもそのように仮定しています。ところが，もし無差別曲線が右上がりの曲線になっていると，所得と余暇時間の組合せが（多い所得，多い余暇時間）に比べて（少ない所得，少ない余暇時間）のほうが効用は高いことになってしまい，仮定とは整合的ではなくなってしまいます。

② 無差別曲線は右上にあるほど効用水準が高いことを意味します。

　　同一の無差別曲線の上にある所得と余暇の組合せから得られる効用は同一の水準です。いま，所得を固定して余暇時間だけを増やしていけば，当然ながら効用は高くなるはずです。同様に，余暇時間を固定して所得だけを上げていけば，効用は高くなるはずです。

③ 無差別曲線は決して互いに交わることはありません。

　　もし無差別曲線が交わってしまったら，その交点の所得と余暇の組合せから得られる効用は，効用が高い両者の組合せと効用の低い組合せと無差別になってしまいます。

④ 無差別曲線は原点に対して凸です。

　　上で説明したように，所得や余暇時間の増加に伴う効用の増分は徐々に小さくなるはずと考えました。このことを**限界効用**は**逓減**すると言い，このことは所得–余暇の無差別曲線でも仮定されています。しかし，もしも無差別曲線が原点に対して凹であるとすると，この仮定と整合的で

---

[7] このあたりはミクロ経済学の教科書が詳しく説明していますから，是非復習してください。

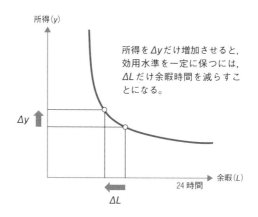

図 2.7　所得と余暇の限界効用

なくなります。

　さらに，無差別曲線に関して重要な性質をもう一つだけ挙げておきます。図から分かるように，同一の無差別曲線上で所得水準を高くしていくと余暇時間は短くなっていきます。所得水準を微少に変化させたときに効用がどれだけ変化するかは，$\dfrac{\partial U}{\partial y}$ で計算できますが，これは**所得の限界効用**と呼ばれます。同様に，余暇時間を微少に変化させたときの効用の変化である**余暇の限界効用**は $\dfrac{\partial U}{\partial L}$ で計算できます[8]。すると，同一の無差別曲線上で所得を微少に変化させた効用の増分は，余暇時間が微少に変化した効用の減少分に等しいことになります（図 2.7）。つまり，

$$\frac{\partial U}{\partial y}\Delta y = -\frac{\partial U}{\partial L}\Delta L$$

となります。これを変形させると，

---

[8] ∂（ラウンド）は偏微分の記号で，変数が微少に変化するということを意味します。$\dfrac{\partial U}{\partial y}$ は，所得 y を微少に変化させたときに効用 U がどれだけ変化するか，という意味となります。

$$\frac{\Delta y}{\Delta L} = - \frac{\dfrac{\partial U}{\partial L}}{\dfrac{\partial U}{\partial y}} = - \frac{\text{余暇の限界効用}}{\text{所得の限界効用}} \qquad (2.1)$$

となります。この$\dfrac{\Delta y}{\Delta L}$は（所得に関する）限界代替率と呼ばれ，これは無差別曲線の傾きの大きさに等しくなります。

●嗜好と無差別曲線の形

　ところで，所得や余暇時間から得られる効用は人によって異なるはずです。余暇を過ごすために時間を使うなら，所得を得るために時間を使ったほうが効用は高いという人もいます。逆に，所得を得ることよりも余暇に時間を使ったほうがより効用が高いという人もいるでしょう。個人によって所得と余暇時間に対する嗜好（選好とも言います）が異なりますから，無差別曲線の形は人によって違います。

　図2.8で無差別曲線の形の違いについて見てみましょう。この図はユウタ君とシュン君の無差別曲線を描いたものですが，ユウタ君の無差別曲線の傾きに比べてシュン君の傾きは緩くなっています。これはユウタ君が所得よりも余暇時間を選好し，逆にシュン君は余暇時間よりも所得を選好しているこ

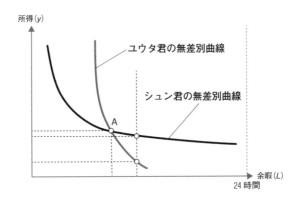

図 2.8　ユウタ君とシュン君の選好

とを意味しています。

この点を理解するために，それぞれの無差別曲線上の点Aで余暇を同じ時間だけ増やしたときにどのようなことが起こるかを見てみましょう。余暇時間が増えても同じ効用水準を維持しようとすれば，2人とも所得を減らさなければなりません。図に示されているように，シュン君に比べてユウタ君の減り方が大きいようです。これは，ユウタ君は余暇時間を増やすためなら所得をより犠牲にしても良いと考えており，シュン君は所得をあまり犠牲にしたくないと考えているからです。このことから，ユウタ君のほうがシュン君よりも**余暇に対する選好が強い**と言えます。

●無差別曲線上の留保賃金率

では，無差別曲線を用いると留保賃金率はどのように表すことができるのでしょうか。そこで，留保賃金率が働くか働かないかの境界にある賃金率だということを思い出してください。そして，働くか働かないかという境界とは，無差別曲線ではどういうことを意味するかを考えてみましょう。

働くということは，1日24時間から余暇時間を0分よりも減らして，労働時間を0分よりも長くしようということです。逆に，働かないということは，24時間すべてを余暇時間にして，働く時間を0分にするということです。そこで，ユウタ君の無差別曲線で余暇時間が24時間（ということは労働時間は0分）の周辺についてじっくり観てみましょう。

図2.9の曲線 U_A は，ユウタ君が1日24時間すべてを余暇時間としたときを示す点Aを通る，無差別曲線になります。曲線 U_A 上にあるすべての所得と余暇時間の組合せは同じ効用をもたらしますから，たとえば点Cの所得と余暇時間の組合せでユウタ君が働いたとしても，全く働かない点Aと同じ効用水準となります。もし働いても働かなくても効用が同じなら，皆さんも働かないほうを選ぶのではないでしょうか。そうだとすれば，無差別曲線 U_A は働くか働かないかの境界にある効用水準ということになります。そして，図では曲線 U_A に接するように直線 W_A が引かれていますが，この傾き

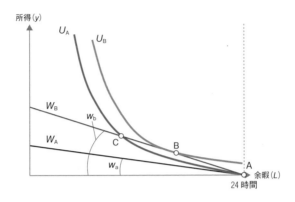

図2.9　ユウタ君の留保賃金率

w_a がまさに留保賃金率です。なお，ここでは直線 W_A よりも内側の所得と余暇の組合せをユウタ君は選択できるとしておきましょう[9]。したがって，w_a が賃金率と提示された場合には，ユウタ君は点Aで示される余暇時間 24 時間と所得 0 の組合せを選ぶことになります。

　では，本当に直線 W_A の傾き w_a が留保賃金率になるのかを考えてみましょう。繰り返しになりますが，留保賃金率は働くか働かないかを境界にある賃金率で，もし留保賃金率よりも少しでも高い賃金率が提示されればユウタ君は働くことを選択することになります。そこで，w_a よりも少しだけ高い賃金率 w_b がユウタ君に提示されたとしましょう。すると，この賃金率 w_b を傾きとする直線 W_B は，曲線 U_A よりも右上に位置する曲線 U_B に点Bで接するだけでなく，点Aや点Cも通過していることが分かります。このとき，ユウタ君は点Aから点Cのどれも選択することが可能ですが，最も効用の高い点Bを選択するはずです。つまり，w_a よりも少しでも高い賃金率が提示されれば，余暇時間を減らして働くことをユウタ君は選択することになるはずですから，働くかどうかを決める留保賃金率は w_a ということにな

---

[9]　詳しくは**第3章**で説明することになりますが，直線 W_A のような所得 0 で余暇時間 24 時間の点から縦軸方向に向かって引かれている直線を**所得制約線**と呼び，その傾きが賃金率になります。

ります。

　以上をまとめると，余暇時間 24 時間と所得 0 の組合せ（点 A）を通る無差別曲線（曲線 U_A）の傾き（w_a）が留保賃金率である，ということになります。

2.3　ライフサイクルと留保賃金率

◆ Technical 編 | 生活の変化と労働

　この章を締めくくるにあたって，女性の年齢階級別労働力率が M 字型になったり，男性も高齢者になると労働力率が低下したりする理由について考えてみましょう。

　理由の一つは，私たち自身の**ライフサイクル**や**ライフステージ**です。ライフサイクルとは，そもそもは生物がその生涯において様々な変化を経ながら次の世代を作るまでの生活史を環状に描くものですが，ここでは私たちの誕生から幼年や青年を経て成人し，結婚や出産，その後の老年期にわたる生活史を指します。またライフステージは，私たちが直面する学校入学や卒業，就職，結婚，出産，子育て，退職など，節目となる出来事で区分される生活環境の段階のことです。

　どのようにライフサイクルやライフステージが留保賃金率に影響するのかについて，結婚と留保賃金率から見てみましょう。男女のカップルが結婚をすると，様々な変化が生活に起こります。収入の変化もその一つです。独身の時にはそれぞれの所得が収入となりますが，結婚すれば 2 人の所得を合算して家族全体の収入にすることになります。このとき，もしも自分自身が働かなくても生活するのに十分な所得を相手が得ていたら，人々はどのような選択をするでしょうか。

　図 2.10 は，結婚による所得変化を模式的に描いたものです。図 2.8 などと

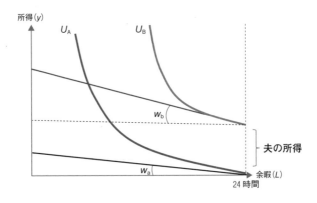

図2.10　結婚による所得変化と留保賃金率

は異なり、縦軸が家族全体の収入を示し、横軸が上方に破線部分に移動して
いることを確認してください。横軸が上方に移動するのは、自分自身に所得
がなくても、結婚相手の収入が家族全体の収入として算入できるからです。
独身時代には余暇時間24時間と所得0の組合せを通る無差別曲線はU_Aと
なり、そのときの留保賃金率はw_aでしたが、結婚した後には余暇時間24時
間と所得0の組合せを通る無差別曲線がU_Bとなり留保賃金率もw_bとなっ
ています。$w_a < w_b$となりますので、結婚すると留保賃金率は高くなること
になります。このとき、もし自身が働いて得られる市場賃金率と比べて留保
賃金率のほうが高くなっていれば、仕事を辞めたほうが効用は高くなります。
一方、依然として市場賃金率のほうが結婚後の留保賃金率よりも高ければ、
仕事を続けたほうが効用は高くなります。

　図2.5に戻って年齢階級別の労働力率を観察すると、男性の労働力率は20
代後半から50代後半までは大きな変化がないのに比べて、女性のほうは30
代で労働力率が低下しています。これは、結婚した女性の留保賃金率が高ま
って仕事を辞める人がいたからだと考えられます。また、最近の30代女性
の労働力率の低下は以前と比べて大きくありません。これは、結婚する女性
が減ったこと、結婚しても市場賃金率のほうが留保賃金率よりも高いままの

女性が多くなったからだと考えられます。

 第2章の確認問題

[1] 市場賃金率に変化がないのに，労働力率が高まったとします。なぜ労働力率が高まったのかを説明してみましょう。

[2] 最近では，結婚しても仕事を継続する女性が以前よりも増えています。結婚しても女性が仕事を継続するようになったのはどうしてでしょうか。所得‒余暇の無差別曲線と予算制約線を図示しながら説明してみましょう。

[3] 図2.5で60代の男性の労働力率は50代までと比べ低下していることが分かります。これはなぜでしょうか。留保賃金率や市場賃金率に影響する要因を明確にしながら，模式図を用いて説明してみましょう。

[4] 実際に「労働力調査」を利用して，1970年代以降の若年者（10代や20代）の労働力率の推移を男女別に調べてみましょう。その上で，若年者の労働力率にどのような変化があったのか，そしてその変化は何によって生じているのかを考えてみましょう。

第3章　仕事探しは大変です
——職探し理論

Outline

　この章では，人々の職探しがどのように行われているかについて，経済学的な視点から分析していきます。まず，求職者と求人企業の間に情報の非対称性があることを前提に，職探しが一種の投資であることを見ます。その上で，人々の職探し行動を経済モデルで示して，職探しの課題を考えてみたいと思います。

3.1　求人情報は重要

◆ Story 編　アルバイトを探す

● バイト先を見つけるには

　アルバイトをしようと決意したユウタ君。早速アルバイト探しを行うことにしました。でも，どうやって探したら良いのか分かっていません。
「先輩はどうやって今のバイトを見つけたんですか。」
「ほら，駅に置いてあるだろう，無料の情報誌。あれで自宅や大学の近くで良さそうなバイトを探したのよ。最近はネットにも求人が出ているよ。」
「僕も情報誌とか見ているんですけど，求人広告が沢山あって，どれが良いか分からないんですよ。先輩のバイト先を紹介してもらえませんか。」
「じゃあ，店長に聞いてみるよ。」

皆さんにもアルバイト探しをした経験があると思います。そのとき，どのようにアルバイトを探しましたか。また，そのアルバイトで働こうと決めた理由は何でしたか。この章では，皆さんのアルバイト探しを振り返りながら，現在の労働経済学で重要な理論の一つとなっている**職探し理論**について勉強してみたいと思います。

◆ Technical 編　求人情報の入手

●情報の非対称性

　もし皆さんが仕事（アルバイトが多いと思います）を探そうとすれば，親や友人あるいは学校の紹介でアルバイトを見つけた人もいるでしょうが，まずは求人募集の広告を詳細に検討するのではないでしょうか。駅の構内などに置かれている無料の求人情報誌やインターネット上の求人広告を見て職探しをした人は多いはずです。

　皆さんが求人情報を入手して職探しをするのには理由があります。そもそも，どの企業が求人を募集しているのかも分からないからです。会社やお店にふらりと行って仕事に就けるのなら職探しはとても楽なのですが，そうはいきません。まず求人を募集している会社やお店を探し出さなければなりません。さらに，探し出した求人の仕事内容や賃金，労働時間などの条件も職探しにとっては重要です。

　さらに求人を募集しているかどうかや，仕事の条件や内容などは，雇う側である企業にとっては分かっていることですが，仕事を探している側には分からないことがあります。このため，他の財やサービスを見つけて購入することに比べて，職探しは手間も時間もかかる"骨の折れる仕事"になります[1]。

---

[1] 財やサービスの中には手間や時間をかけて探さないと入手できないものもありますが，一般的には財・サービス市場から簡単に入手できるものばかりです。仕事を見つけて就業することがそう簡単ではないという点で，労働市場は特徴的ですね。

他方で，雇う側の会社にとっても皆さんの能力などをすぐには把握できません。このため会社は，求人に応募してきた皆さんに履歴書の提出を要求したり，面接をしたりして，採用するかどうかを判断するわけです。このように，求職者は求人企業のことをよく知っていないし，求人企業は求職者のことをよく知っていないという状況は労働市場ではよくあることです。この状況は**情報の非対称性**とも呼ばれ，求職者と求人企業がミスマッチを起こす原因にもなります（**コラム3.1** 参照）。

コラム3.1　情報の非対称性

情報の非対称性は職探しにだけ起こっている問題ではありません。たとえば中古自動車の市場を考えて見ましょう。中古自動車を売る側は，その車が事故に遭っているかどうかとか故障しやすいかどうかなど，自動車の質を良く知っているとします。他方，買い手側については，そうした自動車の質について外見からでは全く分からないとしましょう。

では，売り手と買い手の間に情報の非対称性がある場合，市場でどのようなことが起こるでしょうか。いま，世の中には良質の自動車と悪質の自動車しかなく，良質の自動車の価値を100万円，悪質の自動車の価値は10万円としましょう。また，買い手が良質の自動車を手に入れられる確率は2分の1とし，売り手は買い手に自動車の質を伝えることができないとしましょう。このとき，買い手が購入する自動車の価値の期待値は55万円となります（期待値は**コラム3.2** を参照）。すると，売り手は100万円で良質の自動車を売ろうとしても，買い手は55万円で自動車を購入するのが合理的なので，売れません。この結果，世の中には良質の自動車を販売しようとする売り手はいなくなり，悪質の自動車しか販売されないという**逆選択**が起こります。そして，ゆくゆくは買い手も中古自動車は買わないほうが良いと考えるようになり，中古車市場が成立しないということになりかねません。これがノーベル経済学賞を受賞したジョージ・アカロフが1970年に発表した有名な論文の概要です。興味のある人は，G. A. Akerlof［1970］"The Market for "Lemons"：Quality Uncertainty and the Market Mechanism," *The Quarterly Journal of Economics*, Vol. 84(3), pp.488-500. を読んでみてください。

中古車市場の例は，自動車を購入する前に起こる情報の非対称性の問題です

が，商品を購入した後でも情報の非対称性は問題となります。たとえば生命保険や火災保険に加入した人が，加入後にどれだけ健康に気を遣うかとか，火事を起こさないように注意を払うかなど，保険会社には分かりません。この場合，病気になったり火災が起きたりしても保険金が支払われるということで，保険加入後は注意を怠るという**モラルハザード**が保険加入者には生じるかもしれません。そうなると保険会社は損をすることになり，保険市場がなくなりかねません。

●職探しは投資活動

　皆さんが求人情報を入手したからといっても，すぐに仕事に就けるわけではありません。入手した求人情報を読んで自分に合った仕事を選び，求人先に応募しなければなりません。履歴書などを書いて提出し，求人先に出向いて試験や面接を受ける必要があります。これらのことをした上で，求人先が皆さんを気に入れば内定を得られることになります。

　ここで考えて欲しいことは，これら一連の職探し活動には時間もお金も，そして労力もそれなりにかかるという点です。たとえば履歴書を書くにしてもその用紙を買ってくる必要があるし，履歴書に写真を貼る欄があれば写真代もかかります。また，皆さんも履歴書は丁寧に書くでしょうから，相当の時間がかかるはずです。さらに，求人先で面接を受けるにも交通費がかかるし，時間も必要です。そして面接では緊張するでしょうから，精神的にも疲れます。このように，時間やお金，労力という費用をかけて仕事を探すのであれば，探し出した仕事にそれなりの価値がなければ損をすることになります。

　いま，時間や労力のことは考えないとして，ユウタ君が1万円の費用をかけて職探しをした結果，1日しか働けない日給1万円の仕事が見つかったとしましょう。もしユウタ君がこの仕事をすることになれば，彼が得られる利得は実質的にはゼロになってしまいます。働くことによって今まで知らなかったことを学んだり，新しいスキルが身についたりしてユウタ君は満足度を得るかもしれませんが，実質的にはお金を稼いだことになりません。したが

って，ユウタ君が時間やお金，労力をかけて職探しをするなら，費用以上の利得を得られるようなアルバイト先を見つけ出す必要があります。この意味で，職探し行動は自分に合った良い仕事を見出すための投資行動だとも言えます。

●求人情報の入手先

　仕事を探す求職者側と，働く人を探す求人企業側との間にある情報の非対称性を解消するため，求職者は求人情報を入手して職探しをしています。では，世の中の人々は実際にどのようにして求人情報を入手しているのでしょうか。

　図 3.1 は総務省「労働力調査」（詳細集計）から，求職者（失業者）がどのような方法を用いて求人企業を探しているかを見たものです。最も多く利用されているのは「求人広告・求人情報誌」で，次いで「公共職業安定所に申込み」となっています。求職者の 3 人に 2 人がこの 2 つの方法を利用しています。

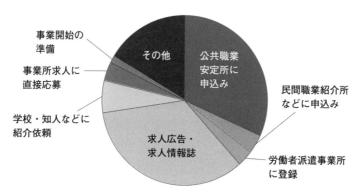

（注）　「求職活動の結果を問い合わせた」と「求職活動の結果を待っていた」は項目から除いた。
（出所）　「労働力調査（詳細調査）」（総務省統計局）

図 3.1　主な求職方法（2019 年平均，男女計）

3.2 職探しの理論①──非逐次型職探しモデル

◆Story 編 **アルバイト探しのモデル**

　では，皆さんの職探し行動を一般化してモデルで示すと，どのようになるでしょうか。以下では，職探し理論の概略[2] について，ユウタ君のアルバイト探しを例にしながら紹介したいと思います。

　ユウタ君は今のところ，アルバイトをしていません。そして，アルバイトをしたくて，大学周辺でアルバイトを探しています。**第1章**で見た労働力状態の定義によると，仕事がなくて職探し中なのでユウタ君は失業者ということになりますね。なお，ここで紹介する職探し理論は失業中の人だけを対象にしたモデルであることに注意してください。現実にはアルバイト中の人も次の仕事を探すことは可能ですし，実際にオン・ザ・ジョブ・サーチ（仕事をしながら職探しをすること）をしている人はたくさんいます。でも，失業中の人に限定することで職探し理論のエッセンスが分かりやすくなるので，以下ではオン・ザ・ジョブ・サーチは考えないことにします。

　さらに，現実の職探しでは複数のアルバイト先に応募できますが，ユウタ君の職探しでは1度に1件しか応募できないこととします。つまり，1つの求人に応募したらそこで採用か不採用かが決まらない限り，次の求人には応募できないということです。現実の世界でも面接を同時に複数受けることができないことを考えれば，不自然ではありません。

---

[2] ここで紹介するのは基本的な職探し理論ですが，現実をかなり捨象して理論化・モデル化しています。そのため，現実の職探し行動を正確に現していないと思う人も多いかもしれません。しかし，経済学の理論モデルの大部分に当てはまることですが，現実を捨象することでむしろ経済問題の本質を分析できるという利点があります。理論モデルを理解しようとする際は，そのモデルが現実に忠実ではないから駄目だと切り捨てるのではなく，その理論が検討しようとしている問題の本質がどこにあるかをよく考えてみてください。そうすると，経済モデルがどのように作られているかが分かってくると思います。

●提示賃金の分布

　次に，ユウタ君には個々のアルバイト先がどれだけの賃金を払ってくれる
のか，事前には分からないとします。実際，皆さんがアルバイトを探すとき
にもすべてのアルバイト先の賃金について事前に知っているわけではありま
せんよね。たとえばアルバイト募集のポスターに委細面談とだけ書いてあり，
面接に行ってはじめて賃金やその他の就業条件を教えてもらうということも
あります[3]。

　ただし，個別の賃金は分からない代わりに，ユウタ君は大学周辺のアルバ
イト賃金の相場が図3.2のような賃金分布になっていることを知っていると
しましょう。図3.2の横軸には賃金，縦軸にはアルバイト先（求人企業）の
数となっていて，それぞれの賃金を支払うアルバイト先が何件あるかを示し
ています。この図を，求人企業による**提示賃金の分布**と言います。この図か
らは，ユウタ君の就職可能なアルバイト先が最低950円から最高1300円ま
での賃金を提示しており，たとえば1000円の賃金を払うアルバイト先は35

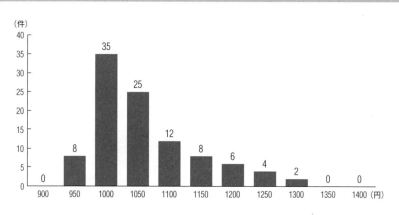

図3.2　アルバイト求人数と提示賃金

---

[3] 職業紹介のあり方などを定めた「職業安定法」では，仕事内容や賃金，労働時間などの労働条件を明
　示して募集することを求人者に求めています。しかし実際には，労働条件を明示していない募集ポス
　ターやSNSでのメッセージは今でも見かけます。

件で，1300円のアルバイトは2件であることが分かります。

　提示賃金の分布は，ユウタ君がどれくらいの賃金でアルバイト先を見つけやすいかについても示します。図 3.2 では，大学周辺に全部で 100 件のアルバイト先がありますが，そのうち 1100 円以下の賃金を提示するアルバイト先は 80 件で，全体の 8 割になります。つまり，ユウタ君は 1000 円を中心に 1100 円程度の賃金を提示するアルバイト先と出会う確率が高く，それよりも高い賃金を提示するアルバイト先と出会う確率はかなり低いということが分かります。

●職探しの方法

　いま，職探しをするのに費用が全くかからないとしましょう。この場合にはユウタ君はどのように職探しをしたら良いでしょうか。費用が全くかからないのであれば，最も高い賃金を提示するアルバイト先に出会うまでユウタ君は職探しを続けることが得策です。図 3.2 によれば，100 件あるアルバイト先で最も高い賃金である 1300 円を提示するのは 2 件ですから，50 分の 1 の確率でしか出会えません。しかし，100 件すべてを訪問しても費用はゼロですから，ユウタ君の利得を最大にするのは，最高の賃金が見つかるまで職探しを続けることです[4]。

　でも現実の職探しには費用がかかります。職探しに費用がかかるとなれば，ユウタ君の職探しはどうなるでしょうか。まず，ユウタ君にとって低い賃金よりも高い賃金のアルバイト先に出会えたほうが良いことなのは当然ですが，そのために数多くのアルバイト先に応募すれば職探しの期間は長引くことになり，その分だけ職探しの費用もかさんでしまいます。つまり，高い賃金の

---

[4] 職探しの費用がゼロの場合，最も高い賃金を提示する求人を探し出すまで求職者は職探しを続けます。この場合，低い賃金を提示する求人企業には求職者は来ないはずなので，賃金を引き上げようとします。他方，高い賃金を提示する求人企業には大勢の求職者がやってくるので，賃金を引き下げようとするはずです。この結果，職探し費用がゼロの場合には，提示賃金の水準はある一定水準に収斂していくことになります。このことから，完全競争的な労働市場で市場賃金に均衡するのは，職探し費用を無視しているからだということが分かります。

アルバイトを探すには職探しの費用もそれなりにかかるという，トレード・オフ問題にユウタ君は直面することになります。

●職探しのストッピング・ルール

　では，ユウタ君が最良のアルバイトを見つけるにはどうすれば良いでしょうか。ユウタ君はアルバイト先に一つひとつ応募していくわけですが，最も高い賃金に出会った時点でアルバイト探しを止めれば良いはずです。アルバイト探しをどのタイミングで止めるのが良いのかを考える規準が**ストッピング・ルール**です。

　ストッピング・ルールの一つは，応募するアルバイト先の数を事前に絞った上でそれらすべてに応募するというものです。たとえば，ユウタ君がアルバイト先にすべて応募するのは費用がかさんでしまうので，15件をランダムに選んで訪問すると事前に決めるのです。ただし，選んだ15件には必ず応募しなければなりません[5]。そして，応募した15件の中から必ずアルバイト先を決めることにするのです。この職探し方法は，**非逐次型職探し（ノンシーケンシャル・サーチ）モデル**とも呼ばれます[6]。

◆ Technical 編	非逐次型職探しモデル

　では，非逐次型職探しモデルについて詳しく見ていきましょう。ここでは簡単化のために，就職するかどうかは別として，求人を募集しているアルバイト先に応募するのに費用が一件当たり c だけかかるとします。上の例で言えば，n 件のアルバイト先に応募するので，職探し費用は合計で nc となり

---

[5] アルバイト先をランダムに選ぶのには理由があります。もしユウタ君がアルバイト先を名称50音順に選ぶとか，家から近い順に選ぶとかすると，応募先に偏りが生じてしまい，同じ賃金が提示される可能性が高くなったりします。こうした偏りによる問題を避けるため，応募先をランダムに選ぶのです。

[6] 非逐次型職探しモデルは，事前に応募する企業数を決めてから職探しを行う方法なので，固定サンプルサイズ・ルールとも呼ばれます。

ます。

　一方，職探しの利得はどうなるでしょう。職探しに費用がかかるので，利得がなければ人々は職探しはしません。ここでは，職探しの利得を応募先で得られる賃金とし，図 3.2 のような分布になっているとしましょう。すると，たとえばユウタ君が応募先を 1 件に絞った場合，職探しの期待利得は賃金の期待値に等しくなりますから，1060 円になります。次に，応募先を増やして 2 件にすると，1 件目が 1250 円で，2 件目は 950 円が見つかるかもしれません。あるいは，1300 円と 1250 円が見つかるかもしれません。他にも様々な組合せで見つかる可能性はありますが，そうした可能性をすべて考慮して期待利得を計算すると約 1348 円になります[7]。

　他の応募件数についても期待利得を計算すると，図 3.3 のような期待利得の曲線を描くことができます。この図からは，応募先が増えると期待利得が高まっていること，そして期待利得の増分は徐々に小さくなっていて，応募先を増やしても限界的には期待利得は増えないことが，分かります。また，図には描かれていませんが，ユウタ君が 100 件すべてに応募すると期待利得は 1300 円になるので，曲線は 1300 円に向かって収束していくことになります。こうした特徴をふまえ，n 件のアルバイト先に応募したときの期待利得を数式で表すと，

---

[7] 2 件に応募した場合を例にして，ここでは以下のような考え方で計算をしました。まず，1300 円のアルバイト先が見つかるのは，(1300, 1300)，(1300, 1250)，(1300, 1200)，(1300, 1150)，(1300, 1100)，(1300, 1050)，(1300, 1000)，(1300, 950) という組合せの場合です。そこで，それぞれの組合せの出現頻度を計算すると，順に，${}_2C_1 \times {}_1C_1, {}_2C_1 \times {}_6C_1, {}_2C_1 \times {}_8C_1, {}_2C_1 \times {}_{12}C_1, {}_2C_1 \times {}_{25}C_1, {}_2C_1 \times {}_{35}C_1, {}_2C_1 \times {}_8C_1$ となります。求人 100 件のうちの 2 件に応募するので，これらの合計を ${}_{100}C_2$ で割れば，2 件応募して 1300 円のアルバイトが見つかる確率になります。

　次に，1250 円のアルバイト先が見つかる確率を計算すると，最高額が 1250 円のアルバイトが少なくとも一つ見つかればよいので，$({}_6C_1 \times {}_5C_1 + {}_6C_1 \times {}_8C_1 + {}_6C_1 \times {}_{12}C_1 + {}_6C_1 \times {}_{25}C_1 + {}_6C_1 \times {}_{35}C_1 + {}_6C_1 \times {}_8C_1) \div {}_{100}C_2$ となります。

　以下同様に，1200 円，1150 円，…と，それぞれが見つかる確率を計算し，それぞれの金額を掛け合わせて，期待利得を計算しています。

　応募先が 3 件以上でも，考え方は同じです。ただし，応募先が増えるほど計算は面倒になるので，一般には確率関数や確率密度関数を用います。もし興味があれば，G. J. Stigler［1961］"The Economics of Information," *Journal of Political Economy*, Vol. 69(3)，pp.213-25. を参照してください。

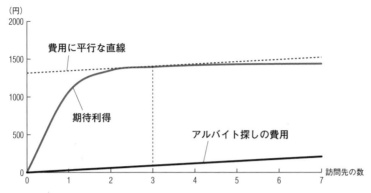

（注）　期待利得は，図 3.2 の賃金分布をもとにして計算されたものです。計算方法は本
　　　文脚注 7 を参照してください。また，アルバイト探し費用 c は 30 円としています。

図 3.3　訪問先の数と賃金の期待値

$$E(w) = \mathrm{E}[max\ w\,|\,n]$$

と書けます。ただし，$\dfrac{\partial E(w)}{\partial n} > 0$, $\dfrac{\partial^2 E(w)}{\partial^2 n} \leqq 0$ です。

　それでは，ユウタ君はどれくらいの企業に応募すれば良いでしょうか。も
しユウタ君が合理的に行動するのであれば，職探しの限界費用と限界的な期
待利得が等しくなるように，つまり

$$\frac{\partial E(w)}{\partial n} = c$$

で，最適な応募数を決めるはずです。なぜなら，応募先を 1 件増やすと費用
c が発生しますが，それ以上に期待利得が増えるのであれば，職探しを続け
ることでより高い賃金のアルバイト先を見出せる可能性があるからです。逆
に，期待利得の増加が費用の増加を下回るのであれば，応募先を 1 件増やし
ても職探し費用を上回る賃金のアルバイト先に出会える確率は低くなるから
です。図 3.3 では，アルバイト探し費用を示す直線を平衡移動させた直線
（図のグレーの破線）と，期待利得を示す曲線との接点が最適となり，最適
な応募数は 3 件となっています。

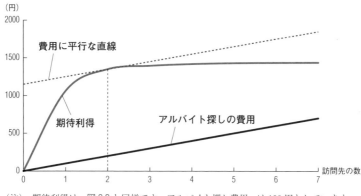

（注）　期待利得は，図3.3と同様です。アルバイト探し費用 c は100円としています。

図3.4　職探し費用が上がった場合の最適な訪問先の数

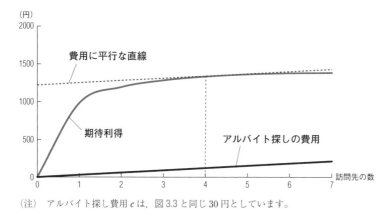

（注）　アルバイト探し費用 c は，図3.3と同じ30円としています。

図3.5　賃金の期待値が低下した場合の最適な訪問先の数

　以上で説明した非逐次型職探しモデルを用いると，職探しの費用が高くなった場合と，アルバイト先の賃金が全般に下がった場合に，どのようなことが起こるかが予想できます。まず，職探しの費用が高くなれば，限界的な期待利得も高くなります。この結果，図3.4のように，応募件数は減らさなければならないということになります。実際のところ，1件応募するのに高い

費用が必要なら，そう多くは応募できませんね。

　逆に，アルバイト先の賃金が全般に下がれば，限界的な期待利得も低くなるので，図3.5のように応募件数は増えることになります。これは，賃金が全般に下がる中で高い賃金のアルバイト先を見つけるには，応募先を増やして職探しに励まないといけないということを意味しています。

●非逐次型職探しモデルの問題点

　ところで，ここまで見てきた非逐次型職探しモデルは，現実の職探しとはやや異なる点があります。現実には，応募件数を事前に決めてから職探しをする人はほとんどいないでしょう。さらに，応募件数を決めたとしても，それを忠実に実行する人もほとんどいないでしょう。一般には，応募件数など決めずに求職活動を行うのがほとんどです。

　それに，この方法はあまり効率的とは言えません。というのも，最初の応募先で1300円の賃金が提示され，これよりも高い賃金を提示するアルバイト先がないと分かっていても，職探しを続けなければならないからです。最高の賃金を提示するアルバイト先が見つかった時点で職探しを打ち切れば良いはずですが，この方法では事前に決めた数のアルバイト先を訪問することになっているので，その分だけ効率が悪くなってしまうのです。

3.3　職探しの理論②——逐次型職探しモデル

◆ Story 編　職探しと賃金

●もう一つの職探し方法

　非逐次型職探しに代わる別の方法として，アルバイト先を順番に応募して，ある水準以上の賃金が提示されたら職探しを止めて就職するというやり方もあるでしょう。たとえば，職探しを止める賃金を1100円と事前に設定して，

求人に順番に応募していきます。そして 1100 円よりも低い賃金のアルバイトは断り，1100 円以上のアルバイト先が見つかるまで職探しを続けるのです。もし 1100 円以上のアルバイト先が見つかったら，高い賃金のアルバイトが他に見つかる可能性があったとしても，その時点で職探しを止めて就職すると決めてしまうのです。この方法は**逐次型職探し（シーケンシャル・サーチ）モデル**と呼ばれます。職探しを止めて就職する基準となる賃金を**就職のための留保賃金**（以下では単に留保賃金）と呼びます。この方法では，1100 円以上の賃金が提示されなければずっと職探しを続けなければなりませんが，幸運にも最初の応募先で 1100 円以上の賃金が提示されたら，その時点で職探しを止めて就職することを決める事ができます。最初の応募先で最良の仕事を見つけても職探しを最後まで行わなければならない非逐次型職探しに比べて，逐次型職探しは効率的な方法だと言えます。

●職探しの限界利得

では，ユウタ君はどのように留保賃金を設定すれば良いでしょうか。まず留保賃金は職探し期間と密接な関係にあることに注意してください。たとえば，ユウタ君が留保賃金を高い水準に設定したとしましょう。すると，就職したときの賃金は高くなると期待できますが，訪問先での提示賃金が留保賃金以上となる確率は低くなるでしょう。このため，訪問先が増えることになり，ユウタ君の職探し期間は長くなってしまいます。一方，留保賃金を低く設定すれば，留保賃金以上の賃金を提示するアルバイト先と出会う確率は高くなり，職探し期間は短くなります。ただしこの場合には，就職するアルバイト先の期待賃金は低くなってしまいます。逐次型職探しモデルでは，留保賃金を適切に設定することが大事なポイントになります。

そこで，試しにユウタ君にどこでも良いからアルバイト先を 1 件だけ訪問してもらいます。その結果，訪問した先が 950 円の賃金を提示したとしましょう。このとき，ユウタ君は提示賃金の分布が図 3.2 のようであることを事前に知っていますから，自分が不運にも確率 5％で出会う低賃金のアルバイ

ト先を訪問してしまったことに気づくでしょう。そして，追加でもう1件訪問すれば950円よりも高い賃金を提示するアルバイト先に出会える確率が95％で，提示賃金の期待値が1063.5円であると気づくでしょう（期待値については**コラム3.2**参照）。この期待賃金が職探しの限界利得となります。

ユウタ君が2件目のアルバイト先を訪問し，1000円の賃金が提示されたとしましょう。訪問先を1件追加することでユウタ君はより高い賃金のアルバイト先を見つけ出すことができました。では，ユウタ君は再度もう1件訪問先を追加して職探しを続けたほうが良いでしょうか。図3.2によれば，1000円よりも高い賃金のアルバイトに出会う確率は60％で，まだまだ高い賃金を提示するアルバイト先に出会うチャンスがありそうです。そこで，ユウタ君はもう1件追加して職探しをしました。すると，今度は1300円の賃金を提示するアルバイト先に出会いました。幸運にもユウタ君は訪問先3件目にして最も高い賃金を提示するアルバイト先に出会えたのです。

コラム3.2　期待値の計算

　皆さんにも，お祭りの露店や駄菓子屋で，当たりが出ると高価なおもちゃがもらえるといったくじ引きをした経験があるかもしれません。実際にはなかなか当たらないようですが，高価なおもちゃが当たるかもしれないという期待を抱いてくじを引いていたのではないでしょうか。

　このような場合，**期待値**を計算するとくじを買うことの合理性を考えることができます。期待値は，確率的に発生する変数（確率変数）の実現値を，確率の重みで平均した値です。くじ引きの例で言えば，くじの代金を支払って得られる「あたり」の見込み額ということになりますね。

　たとえば，「あたり」が出れば700円相当のおもちゃ，「はずれ」は10円相当のおもちゃがもらえるくじが300円で売られていたとします。ただし，「あたり」は10回くじを引いて1回しか当たりません。このときの期待値は，このくじを引いて「あたり」が出る確率は10分の1で，「はずれ」が出る確率は10分の9なので，

$$\underset{\text{「あたり」の価値}}{700\text{円}} \times \underset{\text{「あたり」の確率}}{\frac{1}{10}} + \underset{\text{「はずれ」の価値}}{10\text{円}} \times \underset{\text{「はずれ」の確率}}{\frac{9}{10}} = 79\text{円}$$

と計算できます。したがって，300円払って手に入るおもちゃの価値の期待値は79円ですから，合理的に考えれば，このくじを買うことは損することになります。

とは言え，合理的に見ると損すると分かっていてもくじを買う人はなくなりませんね。なぜ合理的ではない行動を人々がとるのかについては，たとえばダン・アリエリー（熊谷淳子訳）の『予想どおりに不合理——行動経済学が明かす「あなたがそれを選ぶわけ」』（ハヤカワ・ノンフィクション文庫，2013年）など，行動経済学の研究成果を参考に考えてみてください。

●職探しのための留保賃金率

ところで，職探しには費用がかかることは上でも見ました。訪問先をもう1件追加すれば，その分だけ余計に職探しの費用はかかります。たとえば訪問先を1件追加するのには，交通費などの直接かかる費用が50円だけかかるとしましょう。さらに，職探しを続けるということは，それまで見つけたアルバイト先を断ってしまうことになりますから，断らなければ得られた賃金が機会費用として職探し費用に含まれると考えます。たとえば，ユウタ君が最初に見つけた950円のアルバイトを断って別のアルバイト先を見つけるケースでは，機会費用は950円です。直接費用の50円と機会費用の950円を合計した1000円が，職探しを1箇所追加したときの費用合計となります。これが職探しの限界費用となります。

この限界費用の存在を考えると，限界利得がプラスだとしても職探しをするインセンティブはなくなる場合も出てきます。たとえば，ユウタ君が1000円の仕事を見つけた後に訪問先をもう1件追加するかどうかを考えたとしましょう。このとき，1000円よりも高い仕事が見つかることがほぼないということが分かれば，ユウタ君はこれ以上の職探しをしないはずです。

以上で見てきたことをまとめてみましょう。まず，ユウタ君は次のような
ストッピング・ルールで職探しをすると考えられます。

> もし $w < w^*$ なら求人を受諾せず，職探しを継続する。
> もし $w \geq w^*$ なら求人を受諾する。

ただし， w は提示賃金， w^* は留保賃金を示します。

このとき，ユウタ君が留保賃金の水準をどのように決めたら良いかを考え
てみましょう。結論を先取りしておくと，職探しをした場合の限界費用とそ
のときの限界（期待）利得が等しくなるように留保賃金を設定することが最
適になります。

なお，以下での説明を単純なものにするため，次のような仮定を置きます。

- 求職者であるユウタ君は提示賃金の分布を知っている。
- 職探しのコストは 1 件あたり c で固定されている。
- ユウタ君は 1 日に 1 件だけアルバイト先を訪問できる。
- ユウタ君が一度アルバイト先に就職すれば，そこでずっと働くことにな
  る[8]。
- ユウタ君はリスク中立的で，職探しのベネフィットの期待値を最大化し
  ようとしている。

すると，ユウタ君が最も高い提示賃金のアルバイト先に就職するとして，
n 日間の職探しから得られるリターン Y_n は，

$$Y_n = max[w_1, w_2, \cdots, w_n] - nc \tag{3.1}$$

---

[8] このように仮定するのは，提示賃金を生涯給与の割引現在価値としてみなすことができるからです。
ただし，ユウタ君が学校を卒業してもアルバイトで生活していくとは考えにくいのですが，ここでは
あくまで例として考えてください。

と書くことができます。ただし w_t は，職探し 1 日目から n 日目までのそれぞれの日に提示された賃金で，そのうち最大の w を選ぶということを $max[\ ]$ は意味しています。また，nc は n 日間の職探しコストで，職探しによって得た賃金からコストを引き算することで利得を計算しています。

ユウタ君の目的は職探しから得られるリターンの期待値 $E(Y_n)$ を最大化することで，それが実現するように留保賃金を決めることです。そこでまず，初日に訪問したアルバイト先の提示賃金（w_1）を考えてみたいと思います。もし $w_1 \geq w^*$ なら，職探しを止めて，このアルバイト先に就職します。この時，期待利得から費用を引いた期待リターンは，w_1 と w^* のうちで大きな値から職探し費用を引いたものになります。数式で表現すれば，$max[w_1, w^*]$ $- c$ となります。

ところで，留保賃金 w^* は期待リターンを最大にするように設定されるということですから，数式では，

$$w^* = Emax[w_1, w^*] - c \tag{3.2}$$

と書くことができます。

ここで，$Emax[w_1, w^*]$ について少し説明しておきたいと思います。$max[w_1, w^*]$ は，w_1 と w^* のどちらか大きな値をユウタ君が選ぶことを数式で表現したものです。その期待値 $Emax[w_1, w^*]$ は，w_1 と w^* にそれぞれが出現する確率をかけ算して足したものになります。したがって，良い条件の仕事が見つけられずに w^* となる確率を a とすると，良い条件の仕事が見つかって w_1 となる確率は $(1-a)$ となるので，

$$\begin{aligned}
Emax[w_1, w^*] &= a \times w^* + (1-a)w_1 \\
&= a \times w^* + (1-a)w_1 \\
&= a \times w^* + (1-a)w^* + (1-a)w_1 - (1-a)w^* \\
&= w^* + (1-a)(w_1 - w^*)
\end{aligned} \tag{3.3}$$

となります。これを（3.2）式に代入すると，

$$w^* = w^* + (1 - a)\,(w_1 - w^*) - c \tag{3.4}$$

となります。つまり，

$$w^* = w_1 - \frac{1}{1 - a}\,c \tag{3.5}$$

です。(3.5) 式は，1 日目の職探しを想定していますが，これが 2 日目以降になっても基本的には同じ結果となります。つまり，一般的には

$$w^* = w - \frac{1}{1 - a}\,c \tag{3.6}$$

と書くことができます。

　この (3.6) 式は，①職探しのコスト c が高くなったり，②良い条件の仕事が見つかる確率 $(1 - a)$ が低くなったりすると，留保賃金率 w^* は下がるということを意味します。ある意味で，この結果は当然かもしれません。職探しのコストが高くなったり，良い条件の仕事が見つかる確率が低くなったりすれば，職探しのコストは良い条件の仕事に出会うまでかさむことになり，職探しから得られるベネフィットが小さくなってしまうからです。それなら，留保賃金率を引き下げて，条件の合う仕事を見つけたほうが得策です。

　ところで，景気が悪化して失業率が高まるような状況では，職探しコストが高くなり，良い条件の仕事を見つける確率も下がる可能性が高まります。こうした状況下で求職者が留保賃金率を引き下げて職探しをすることになれば，多くの人が賃金の低い仕事に就くことになるかもしれません。その結果，所得格差が拡大したり，生活の質が低下したりするといった懸念が生じます。これを避けるには，求職者が留保賃金率を下げずに職探しをすることができるように，職探しコストを低下させる政策が求められます。**第 7 章の**コラム**7.3** で説明する雇用保険制度は，失業した人々に対して失業給付を給付することで職探しコストを下げる効果が見込まれます。

第3章の確認問題

[1] 情報の非対称性による問題は，職探しだけに起こるものではありません。他に情報の非対称性が問題となる経済事象や社会事象はありますか。具体的に説明してください。

[2] 職探しで生じる情報の非対称性の問題を小さくするには，求職者や求人企業，そして求人情報提供者や職業紹介機関（ハローワークや民営職業紹介）は，それぞれどのようなことをすると良いと思いますか。

[3] 最近のアルバイト探しではスマートフォンなどのアプリを利用して行われることが多くなっており，以前に比べて職探しのコストが低くなりました。このことは人々の職探し行動にどのような影響を与えていると考えられますか。ノンシーケンシャル・サーチとシーケンシャル・サーチのそれぞれから考えてみましょう。

[4] 問題［3］で取りあげたアプリの利用とは別に，人々の職探し費用を低下させるためにはどのような工夫をすれば良いでしょうか。具体的に説明してください。

第4章 どれくらい働くの？
——労働供給（2）

Outline

　この章では，人々が働く時間をどのように決めているかについて学びます。そして，賃金が上がったり，非労働所得が増えたりした場合に，人々が働く時間をどう変えようとするのかについても学びます。

4.1　労働時間の選択

◆ Story 編　**何時間アルバイトをしようか？**

「ユウタ君，それでは採用したいと思います。さっそくですが，明日からアルバイトに来てもらえますか。」

「はい，よろしくお願いします。ただ，週に何時間働けるかは考えてもいいですか。」

「分かりました。最近お客さんが増えているから，たくさん働いてもらえると助かります。」

　アルバイトをするかどうか迷っていたユウタ君ですが，とうとうアルバイト先が決まったようですね。アルバイト先の店長もユウタ君を気に入ったらしく，たくさん働いてくれと言っています。でも，ユウタ君はアルバイトを何時間するのかを未だ決めかねているようですね。

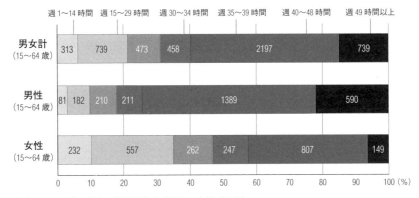

週 1〜14 時間　週 15〜29 時間　週 30〜34 時間　週 35〜39 時間　　週 40〜48 時間　　週 49 時間以上

男女計 (15〜64歳)	313	739	473	458	2197	739
男性 (15〜64歳)	81	182	210	211	1389	590
女性 (15〜64歳)	232	557	262	247	807	149

（注）　グラフ内の数字は役員を除く雇用者の実数（万人）。
（出所）「労働力調査（詳細集計）」（総務省統計局，2020 年）

図 4.1　月末 1 週間の労働時間別，雇用者割合

　図 4.1 を見てください。この図は総務省統計局「労働力調査（詳細集計）」を用いて，月末 1 週間の労働時間別に見た雇用者の割合を示しています。男女計のグラフを見ると，最も多くの雇用者が働いている時間は 40 〜 48 時間です。次いで，49 時間以上，15 〜 29 時間の順となっています。週に 1 〜 14 時間だけ働く人も 5％ほど存在していることも分かります。このように，日本では雇用者と一口に言ってもその労働時間は様々であることが分かります。第 2 章では，人々が働くか働かないかの意思決定をどのように行っているのかについて見てきました。この章ではさらに一歩進めて，（働くとしたら）どれくらいの時間働くのかについて，人々はどのように意思決定しているのかについて考えてみたいと思います。

◆ Technical 編　**最大でいくら稼げるか——所得制約**

　第 2 章で見たように，ユウタ君がアルバイトをすれば所得が増えるので，彼の効用は高まります。しかし，アルバイトをするとその分だけ彼の余暇時

間は短くなってしまいますから，効用は下がってしまいます。皆さんもアルバイトの時間が長くなりすぎると，所得は増えているのにもかかわらず何だか不満を感じることがあるでしょう。それは，所得から得られる効用よりも余暇時間が短くなることの不効用が上回ってしまうからです。

　このように考えると，所得を得ることの効用と余暇時間が短くなることによる不効用を比較して，ユウタ君の効用が最も高くなるアルバイトの時間を求められるはずです。

　そこで，ユウタ君のアルバイト時間を h で，アルバイト以外の時間である余暇時間[1]を L で，それぞれ表すことにしましょう。また，ユウタ君は親からお小遣いをもらっているのですが，それを1日あたり V 円だとしましょう[2]。さらにユウタ君のアルバイトの時給は w 円だとします。すると，ユウタ君の1日の所得 I は，1日あたりのアルバイト時間（h）に時給（w）を掛けた労働所得に親からもらうお小遣い（V）を足したものになるので，

$$I = w \times h + V \tag{4.1}$$

と表すことができます。ただし，1日は24時間で，アルバイト以外の時間はすべて余暇時間と考えるので，

$$L + w = 24 \tag{4.2}$$

です。（4.2）式を用いて（4.1）式を変形すると，

$$\begin{aligned} I &= w \times (24 - L) + V \\ &= (24 \times w + V) - w \times L \end{aligned} \tag{4.3}$$

となります。この（4.3）式は以下のことを意味します。もしユウタ君が一

---

[1] 日常生活でいう余暇とはニュアンスが異なり，市場での労働時間以外のすべての時間を余暇時間と経済学では呼んでいます。

[2] 働かなくとも得られる所得は非労働所得あるいは不労所得と呼ばれます。親などからもらう小遣いや仕送りはその一例と考えて良いでしょう。

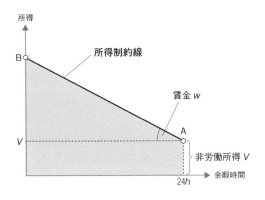

図4.2 所得制約線

日中アルバイトをしたら（余暇 L は 0 時間だから）$24 \times w + V$ の所得が得られます。これを稼得可能所得と呼ぶことにしましょう。けれども，ユウタ君が一日中ずっとアルバイトすることは難しいはずです。それで，ユウタ君が余暇を取ることになると，余暇 1 時間あたり所得が w だけ減っていきます。したがって，（4.3）式はユウタ君が 1 日に得られる最大限の所得を表していて，**所得制約式**と呼びます。

なお，（4.3）式で余暇時間の価値がアルバイトの時給 w に等しくなっていることにも注目してください。これは，もしアルバイトをせずに過ごせばユウタ君は 1 時間あたり w 円の時給を犠牲にすることになるからです。したがって，**時給 w 円は余暇時間 1 時間分の機会費用**であるとも言えます。

さて，図 4.2 は（4.1）式を図示したものです。図の縦軸は所得，横軸は余暇時間になっています。もしユウタ君がアルバイトを 24 時間することになれば，余暇時間は 0 で所得は $24w + V$ となるので，図中の点 A がこの状況を示していることになります。一方，ユウタ君がアルバイトを全くしなければ，所得は V で余暇時間は 24 時間となるので，図中の点 B で示されます。したがって，点 A と点 B を結んだ半直線が（4.1）式を表しており，所得制約線になります。

ところで，ユウタ君が選択可能な所得と余暇時間の組合せは，図ではどのように示されるでしょうか。ユウタ君の時給は w 円でしたから，$w \times h$ 以上をアルバイトでは得ることはできません。つまり，

$$I \leqq w \times h + V \tag{4.4}$$

の領域がユウタ君の選択可能な所得と余暇時間の組合せになります。これは，図4.2の直線 AB も含む下側のアミカケ部分となります。

4.2 効用の最大化問題

◆ Story 編 | **どの組合せが効用を最大にするか**

ユウタ君の選択可能な所得と余暇時間の組合せが分かったところで，どの組合せを選択すればユウタ君の効用が最大になるのかを考えてみましょう。そのためには，ユウタ君は何を基準にして所得と余暇時間の組合せを選択するのかを決めておく必要があります。第2章でも見たように，人々は自分自身の行動をそれぞれの基準によって意思決定しているはずです。お金が欲しいから働くという人もいるでしょうし，たとえ無給であっても人のために働くこと自体が楽しいという人もいるでしょう。ここで着目して欲しいのは，いずれにしても人々は自分自身の満足度（効用）を最大化するように行動している点です。経済学では人々は合理的に行動する，つまり**自分自身の効用を最大化するように行動する**ことを前提に考えています。

図4.3には，ユウタ君の所得制約線と無差別曲線（U）の両方が描かれています。この図から，ユウタ君が選択可能な所得と余暇時間の組合せのうちで最も高い効用をもたらしてくれる組合せを調べていきましょう。

ここで，無差別曲線が図の右上に位置するほど効用が高いことを意味していることを思い出してください。つまり，無差別曲線 U_1 よりも無差別曲線

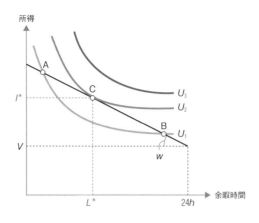

図 4.3　最適な所得と余暇時間の組合せ

U_2 が，そして無差別曲線 U_2 よりも無差別曲線 U_3 のほうが，効用水準は高いことになります。

　ただし，ユウタ君が選択できる所得と余暇時間の組合せは，所得制約線を含む下側の範囲でした。無差別曲線 U_3 はユウタ君の所得制約線よりも右上にあるので，この曲線上にある所得と余暇時間は選択できません。

　そこで，無差別曲線 U_1 と無差別曲線 U_2 を比較します。すると，図の右上にある無差別曲線 U_2 のほうが効用水準は高いことが分かります。無差別曲線 U_1 の線上にある所得と余暇時間の組合せである点 A や点 B よりも，無差別曲線 U_2 の所得と余暇時間の組合せである点 C を選んだほうが，ユウタ君の効用水準は高くなります。

　では，本当に点 C がユウタ君にとって最大の効用水準をもたらしてくれる点なのでしょうか。点 C を見ると，無差別曲線 U_2 の線上にあるだけでなく，所得制約線の線上にもあり，ちょうど 2 つの線の接点になっています。点 C から左右上下にちょっとでもずれると，予算制約の枠からはみ出してしまうか，無差別曲線 U_2 よりも低い効用しか得られなくなってしまい，点 C 以外はユウタ君にとって最大の効用水準をもたらしてくれる所得と余暇時

間の組合せではありません。したがって，点Cが，所得制約式の下で最も効用水準の高い所得と余暇時間の組合せということになります。

◆ Technical 編　**効用の最大化問題（数式による解）**

では，図4.3で見た効用最大化の問題を数式で表してみましょう。

まず，無差別曲線を数式で表します。所得 I と余暇時間 L で効用水準 U が決まりますから，効用水準を決める関数を $U(\cdot)$ とすると，

$$U(I, L) \tag{4.5}$$

と書けます。ついで，所得制約線は

$$I \leqq w \times h + V \tag{4.6}$$

でした。

図4.3では，選択可能な所得と余暇時間の組合せから最大の効用をもたらす組合せを所得制約線上で探していましたので，これを数式で書くと，

$$max\ U(I, L) \tag{4.7}$$

$$\text{s.t.}\ I = w \times h + V \tag{4.8}$$

$$24 = h + L \tag{4.9}$$

となります。ここで，（4.7）式は所得 I と余暇時間 L の組合せから得られる効用を最大化せよという意味です。（4.8）式は，所得 I は賃金率（時間あたり賃金）w と労働時間 h を掛け合わせた勤労所得に非労働所得 V を足し合わせたものに等しく，（4.9）式は，労働時間 h と余暇時間 L の合計は24時間に等しいということを意味し，それぞれが所得と時間の制約を示しています。なお，この（4.8）式に（4.9）式を代入して整理すると，

$$I = w \times h + V = w \times (24 - L) + V \tag{4.10}$$

となります。さらに，

$$I + w \times L = 24w + V = V_0 \tag{4.11}$$

と整理できます。なお，V_0 はすべての時間を働いたとして得られる所得と非労働所得の合計（$24w + V$）で，この人が得られる最大限の所得である稼得可能所得を意味します（ただし，1日24時間，1年365日をぶっ通しで働くことは無理ですね）。

　さて，いま知りたいのは所得制約式の下で最も効用水準の高い所得と余暇時間の組合せです。こうした問題（制約付きの最適化問題）を解く際には，**ラグランジュの未定乗数法**がよく用いられます。この方法では得られる解が内点解となる必要がありますが，今回の場合は労働時間が（厳密に）正の値になる必要があるということを意味します。以下では，労働時間に負の値は考えられないとして，問題を解いてみましょう。

　λ（ラムダ）を所得制約に関するラグランジュの未定乗数（次頁 Close Up 参照）とすると，

$$L(I, L, \lambda) = U(I, L) + \lambda(V_0 - I - w \times L) \tag{4.12}$$

となります。この式に登場する I と L，そして λ のそれぞれに関して偏微分し，それぞれが0に等しいとします。

$$U_I(I, L) - \lambda = 0 \tag{4.13}$$

$$U_L(I, L) - \lambda w = 0 \tag{4.14}$$

$$V_0 - I - w \times L = 0 \tag{4.15}$$

（4.13）式と（4.14）式から，

$$\frac{U_L(I^*, \ L^*)}{U_I(I^*, \ L^*)} = w \tag{4.16}$$

が得られます。この式は、**所得と余暇の限界代替率が賃金率に等しいとき、所得と余暇時間から得られる効用が最大になる**、ということを意味しています（効用最大化の1階条件）。

なお、(4.16) 式を以下の (4.17) 式に変形します。

$$\frac{U_L(I^*, \ L^*)}{w} = U_I(I^*, \ L^*) \tag{4.17}$$

(4.17) 式の左辺の分子である余暇に関する限界効用 U_L は余暇時間を追加したときに得られる効用の増分を表し、分母である w は余暇時間を追加するのに必要な機会費用を表します。したがって、(4.17) 式の左辺は1円分の余暇時間を追加したときに得られる効用を意味します。他方、(4.17) 式の右辺にある所得に関する限界効用 U_I は、1円分の所得の追加で得られる効用の増分を意味します。それゆえ、(4.17) 式は全体として、1円分の余暇時間を追加したときの効用と、1円分の所得の追加で得られる効用が等しい、ということを意味しています。

なお、(4.16) 式で得られた効用を最大化する I^* と L^* から、

$$I^* + w \times L^* = V_0 \tag{4.18}$$

を導くことができます。(4.18) 式は、この人が稼ぐことができる最大の所得 V_0 が、実際に働いて稼ぐ所得 I^* と余暇時間として過ごす金銭的価値 $w \times L^*$ の合計であることを意味しています。

◆ Close Up　ラグランジュの未定乗数法 ────────────
　ラグランジュの未定乗数法は、関数の最大値（あるいは最小値）を一定の制約条件の下で求めたいときに用いられる計算方法で、経済学でもしばしば用い

られます。上記の（4.7）式と（4.11）式を用いて，この計算方法について詳細を見たいと思います。それぞれの式をもう一度書くと，

$$max\ U(I,\ L)$$

$$\text{s.t.}\ I + w \times L \leqq V_0$$

です。ここで I^* と L^* を最適な所得と余暇時間だとすると，図4.3の点（I^*, L^*）では必ず効用関数（無差別曲線）と所得制約線が接します。この接するという条件（接線条件）は，効用関数と制約線それぞれの法線ベクトルが平行であるとも言えます。

ここで，点（I^*, L^*）における $U(I,\ L)$ の法線ベクトルを求めると，

$$\begin{pmatrix} \dfrac{\partial U}{\partial I}(I^*,\ L^*) \\ \dfrac{\partial U}{\partial L}(I^*,\ L^*) \end{pmatrix}$$

となります。また，制約線の法線ベクトルは，

$$\begin{pmatrix} 1 \\ w \end{pmatrix}$$

です。この2つのベクトルが平行である条件は，ある実数 λ があって，

$$\begin{pmatrix} \dfrac{\partial U}{\partial I}(I^*,\ L^*) \\ \dfrac{\partial U}{\partial L}(I^*,\ L^*) \end{pmatrix} = \lambda \begin{pmatrix} 1 \\ w \end{pmatrix}$$

となることです。

I^* と L^* を求めるには，これと $V_0 - I - w \times L = 0$ を連立させれば良いので，本文の（4.13）式と（4.14）式，（4.15）式のようになります。以上がラグランジュ未定乗数法の考え方ですが，つまるところ，2つの式が接する条件を「接点で法線ベクトルが平行」と言い換えたということになります。

4.3　所得の変化と労働時間

◆ Story 編　**お小遣いが増えたり，時給が上がったりすると**

ところで，もしお小遣いが増えたら，皆さんはアルバイトの時間をどうし

たいと思いますか。もしかしたらお小遣いが増えた分だけ、アルバイトの時間を減らすかもしれませんね。ではもしアルバイトの時給が上がったら、アルバイトの時間をどうしますか。時給が上がれば、もっと稼ぎたいと思う人もいるかもしれませんし、時給が上がった分だけ収入が増えるから、アルバイト時間を減らすという人もいるかもしれません。皆さんはどうでしょう。以下では、お小遣いや時給が変化したときに、労働時間がどのように変化するかについて考えてみたいと思います。

◆ Technical 編　所得効果と代替効果

●お小遣いが増えた場合

　まず、お小遣いが増えた場合、アルバイト時間はどのようになるかを考えてみましょう。いま、ユウタ君のお小遣いが V_1 円から V_2 円に増えたとしましょう。このことを描いているのが図 4.4 ですが、所得制約線が I_1 から I_2 に平行移動することになります。

　すると、新しい所得制約線 I_2 の下で効用を最大化する所得と余暇の組合せは、無差別曲線 U_2 と接している点 $(I_2{}^*,\ L_2{}^*)$ となります。この点は、お小遣いが増える以前の所得と余暇の組合せ $(I_1{}^*,\ L_1{}^*)$ と比較して、高い所得と長い余暇時間になっており、お小遣いが上がる前の効用水準よりも高い効用水準をユウタ君にもたらしています。このように、お小遣いのような不労所得（働かなくても得られる所得）が増えることによる余暇時間に与える効果を**所得効果**と呼びます。なお、お小遣いが増えたときに余暇時間が短くなることで効用が最大化することも理論的にはありえます。しかし、余暇は正常財であると一般的には考えられるので、図 4.4 のようにお小遣いが増えると余暇時間は長くなると考えられます[3]。

---

[3] ミクロ経済学では、所得が増えたときに消費が増える財を**正常財**（あるいは上級財）、逆に消費が減る財を**劣等財**（あるいは下級財）と呼びました。もしお小遣いが増えたときに余暇時間が短くなれば、余暇は劣等財ということになります。

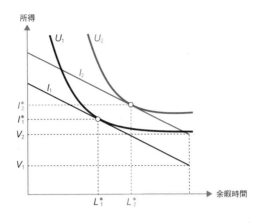

図 4.4　お小遣いが増えたときの効果

●税制は労働供給にどう影響する

　ところで，皆さんがアルバイトをしているなら，年間で 103 万円以上は働かないようにと，親御さんから言われたことがあるのではないでしょうか。所得税法では，納税者である親に控除対象扶養親族がいれば，所得から一定の金額を控除して課税することになっています。現在のところ，19 歳以上 23 歳未満の扶養親族がいれば，親の所得から所得税で 63 万円，個人住民税で 45 万円を控除することができます（特別扶養者控除）。ただし，扶養親族が控除対象になるには年間の合計所得金額が 38 万円以下（給与のみの場合は給与収入が 103 万円以下）であることとなっており，この額を超えると控除対象から外れることになります[4]。このため親御さんは，皆さんが年間 103 万円を超えない範囲でアルバイトして欲しいと気にされているのです。

　では，こうした税制が労働供給にどう影響するかを理論的に考えてみまし

---

[4] この文を読んで，合計所得金額 38 万円と給与収入 103 万円の関係が気になった人もいるかもしれません。所得税法では，給与やそれ以外の収入（利子や配当，地代など）から基礎控除や配偶者控除，扶養者控除などを控除した金額が課税対象の所得金額となります。収入が給与収入 103 万円だけの場合，基礎控除 38 万円と給与所得控除 65 万円を控除することができるので，課税対象所得は 0 円となります。このため，所得がない扶養者だから（特別）扶養者控除の対象となることができるわけです。

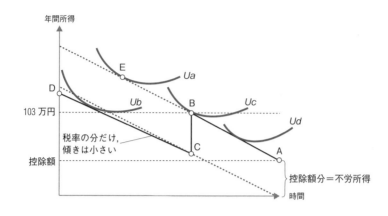

図4.5　扶養者控除とユウタ君の労働供給

ょう。図4.5は，特別扶養者控除の制度がある場合のユウタ君の労働供給モ
デルを示しています。ここでは，親が特別扶養者控除を受けた場合に，控除
分はすべてユウタ君のお小遣いになると仮定しています。この図で注目して
もらいたいのは，所得制約線がABCDという屈折した線になっている点です。
まず，所得制約線の一部である線分ABは点Aからスタートしています。こ
れは控除分のお小遣いを不労所得として得られるからです。しかし，103万
円を超える点Bでは控除がなくなりますから，所得制約線は線分CDに移
ります。さらに線分CDは，103万円を超えるとユウタ君の収入にも課税さ
れるので，税金分だけ所得制約線の傾きが小さくなっています。

　このような屈折した所得制約線に直面したユウタ君の最適な労働供給はど
うなるでしょうか。図4.5には所得制約線に接する無差別曲線が複数描かれ
ていますが，このうちでUcが最も高い効用水準であり，ユウタ君は点Bで
労働供給を行うことになります。点Bを超えてユウタ君が働くと，扶養者
控除を外れてしまい，効用水準は低くなってしまうからです。もし扶養者控
除という制度がなければ，ユウタ君は線分ABの延長線上と無差別曲線Ua
が接する点Eで労働供給していたと考えられます。扶養者控除という税制

によって，ユウタ君の労働供給が影響されたわけです。労働供給に対する税制の影響は，アルバイトをする学生だけでなく，パートタイム労働を行う主婦に対する配偶者控除の影響がしばしば議論されています。

●時給が上がった場合

では，時給（賃金率）が上がった場合にはどのような変化が起こるでしょうか。

図 4.6 を見てください。ユウタ君と同僚のシュン君の時給がそれぞれ W_1 から W_2 に上がったとします。その結果，2 人の所得制約線は I_1 から I_2 に変化し，最適な所得と余暇の組合せは点 A から点 B へ変化しています。このとき，時給が上がった後の最適な所得と余暇時間の組合せがユウタ君とシュン君とで異なっていることに注目してください。ユウタ君の場合には時給が上がったことで余暇時間を長くしていますが，シュン君の場合には余暇時間を短くしていることが分かります。

では，2 人の違いはどのようなメカニズムによって起こるのでしょうか。

時給が上がることによる効果は，2 つの効果から成り立っています。一つは上で見た所得効果です。時給が上がることは，所得が実質的に増えたこと

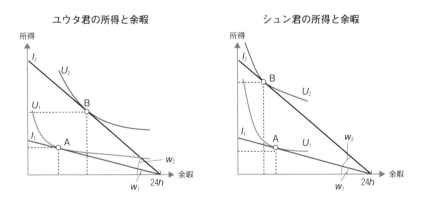

図 4.6　ユウタ君とシュン君の所得と余暇

になります。図の所得制約線 I_2 は時給が上がる前の I_1 よりも上方にあり，時給が上がった後の稼得可能所得（縦軸と所得制約線が交わる点で，すべての時間で労働するときに稼げる所得）は高くなっています。時給が上がって所得が高くなることは，上で見たお小遣いが増えた場合と同様に，余暇時間を長くする効果があります。

時給が上がることによるもう一つの効果は，**代替効果**と呼ばれています。これは，時給が上がれば，その分だけ余暇の機会費用が高くなるため，通常は余暇時間を短くしようという効果のことです。通常の財やサービスの場合でも価格が上がれば買い控えようとしますが，それと同じように余暇の値段が高くなるので余暇時間を減らそうとするのです。

時給が上がることで，所得効果と代替効果の2つの効果がどのように起こるのかを示しているのが，図4.7です。時給が上がったことで，点Aから点Bに所得と余暇の最適な組合せは変わります。上で説明したとおり，点Aから点Bへの移動は，点Aから点B′への移動と，点B′から点Bへの移動の2つの効果に分けられます。

まず点Aから点B′への移動についてです。点B′は，時給が上がった後の所得制約線 I_3 に接する無差別曲線と，時給が上がる前の所得制約線 I_1 を平行に移動させた I_2 との接点です。したがって，所得制約線 I_1 と I_2 の差だけ不労所得が増えれば，時給が上がった後の所得と余暇の最適な組合せである点Bと同じ満足度を得られるということを，点Aから点B′への移動は意味します。これは，時給が上がることに不労所得が増えたことと同じ効果が含まれていることになり，所得効果と呼びます。

次に点B′から点Bへの移動ですが，両者は同じ無差別曲線 U_2 上にあり，効用水準は同じです。しかし，点B′と点Bでの無差別曲線の傾き，つまり限界代替率は異なっています。限界代替率は所得の限界効用と余暇の限界効用の比率ですから，点B′から点Bへの移動は，時給が上がったことで余暇の価値も高くなることを示しています。これが代替効果になります。

さて，時給が上がったことによって，ユウタ君は余暇時間を長くし，シュ

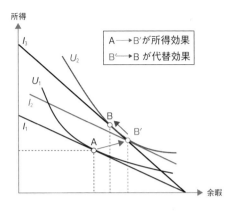

図 4.7　所得効果と代替効果

ン君は余暇時間を短くしていました。これは，ユウタ君は代替効果よりも所得効果のほうが大きく，シュン君は逆に所得効果よりも代替効果が大きいためだと考えられます。

4.4　労働供給曲線

　時給を連続的に変化させると，ユウタ君の労働時間はどのように変化していくでしょうか。

◆ Technical 編　時給を連続的に変化させると

　図 4.8 には複数の所得制約線が描かれています。それぞれの所得制約線の下でユウタ君は効用最大化を実現しており，それぞれの所得と余暇の最適な組合せは点 A から点 C になります。たとえば，時給が w_1 円のときには点 A でユウタ君の効用は最大となり，所得 I_1 円と余暇 L_1 時間となっています。

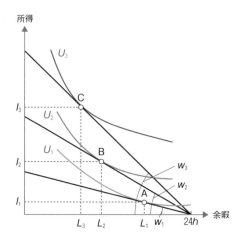

図 4.8　時給の変化と余暇時間

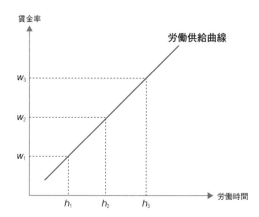

（注）　$h_1 \sim h_3$ は 24 時間から $L_1 \sim L_3$ をそれぞれ引いた時間。

図 4.9　労働供給曲線

また，時給が w_3 円になると，ユウタ君の効用は点 C で最大となり，そのときの所得 I_3 は，余暇は L_3 となります。このように，時給を変化させるとユウタ君の効用が最大化する所得と余暇の組合せは変化します。

ところで，ここで説明しているモデルでは，24時間から余暇時間 L を引くと，労働時間 h に等しくなります。そこで，時給を変化させたときに，ユウタ君の最適な労働時間がどう変化するのかを考えてみましょう。図4.9は，縦軸が時給で，横軸が労働時間となっているグラフです。この図には，右上がりの曲線が描かれていますが，これは点Aから点Cまでの時給と労働時間の組合せをプロットしたものとなっています。図4.9のような時給と労働時間の関係を**労働供給曲線**と呼びます。

4.5 引退過程と年金

◆ Technical 編 労働者はいつの時点で引退するか

ここまで人々の労働供給行動を見てきましたが，最後に引退過程についても考えてみたいと思います。これまで見てきたモデルで引退を考えるとすると，

> 留保賃金率 > 市場賃金率 ⇒ 労働供給しない ＝ 引退
> 留保賃金率 ≦ 市場賃金率 ⇒ 労働供給する ＝ 引退しない

となります。しかし，たとえば景気が悪化したりして市場賃金率が一時的に留保賃金率を下回ったとしても，引退を決意する人は現実にはほぼいません。引退するかどうかという人々の意思決定は，引退後も生活が十分にやっていける蓄えがあるかどうかといった長期的な視点から検討されると考えるのが一般的です。

ところで，多くの企業には労働者が一定の年齢になると退職しなければならない定年退職制度があります。「就労条件総合調査」（厚生労働省）は，企業の労働時間制度や賃金制度の現状を明らかにするために年に一度調査されますが，定年制，労働費用，福祉施設・制度，退職給付制度等についても

数年に一度ローテーションで調査されています。平成29年（2017年）調査で定年制の調査が行われており，それによると調査対象企業の95.5%が定年制を定めており，定年制のある企業の79.3%は60歳を定年年齢としています。

　ただし，60歳で定年になる企業が多いからといっても，仕事を辞めて引退する労働者が多いというわけではありません。2012年に改正された高年齢者雇用安定法（高年齢者の雇用の安定等に関する法律）では，65歳までの雇用確保（定年の引上げ，継続雇用制度の導入，定年の廃止のいずれか）を措置することが企業の義務と定められており，高齢者の労働力率は上昇傾向にあります（図4.9）。また，2020年には高年齢者雇用安定法が再度改正され，70歳までの雇用確保措置が努力義務として企業に課されており，高齢者の雇用環境がより整備されています。

　では，労働者はいつの時点で引退するのかを考えてみましょう。ここでは，労働者は60歳以降の任意の年齢で引退することができ，引退後はそれまで蓄えた資産で生活し，一度引退したら二度と働かない，60歳の労働者の余命は20年，と仮定します。これらの仮定の下で，図4.10のように，横軸に年齢，縦軸に総報酬の月額担当額をとって，働くか引退するかという意思決定を分析してみます。総報酬は，60歳以降に得られる所得の総額と考えてください。

　図4.10の点Aに注目してください。点Aは60歳時点での労働者の資産を表しています。もし60歳で労働者が引退すれば，この資産を取り崩して生活することになります。たとえば60歳時点で2000万円の資産があって，余命が20年だとすれば，引退後は1年あたり100万円の生活を送るということになります。

　しかし，もし1年あたり100万円では生活できないということであれば，60歳以降も仕事をすることになります。60歳以降の賃金率が一定だとすれば，直線ABのような所得制約線を引くことができます。点Bは60歳以降も働き続けたときに得られる20年間の総所得になります。当然のことです

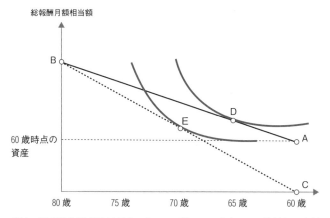

総報酬月額相当額

B

60 歳時点の
資産

D

E

A

C

80 歳　　75 歳　　70 歳　　65 歳　　60 歳

（注）　図 4.10 と図 4.11 は同じスケールで描いていますので，比較してくだ
さい。

図 4.10　高齢者の引退行動

が，点 B は 60 歳時点での資産よりも大きな額になり，60 歳で引退した場合
よりも生活費は増えます。ただし，その分だけ余暇がなくなることになりま
す。したがって，図 4.10 の所得制約線は，60 歳以降の，働けば生活費は増
えるけれど余暇はなくなるという，所得と余暇のトレードオフ状態を表すこ
とになります。図 4.10 には労働者の効用関数（無差別曲線）も描かれてい
ます。この例では，点 D で効用が最大化しており，労働者は 65 歳で引退す
ることになります。

　もしこの労働者に 60 歳時点で資産がなく（点 C の場合），80 歳時点で点
B の総所得を得ようとすると，所得制約線は CB となります。このとき効用
最大化した労働者の引退年齢は，70 歳（点 E）になります。

●年金制度と引退

　高齢者の引退行動に年金制度は強く影響します。年金は労働者の資産の大
きな部分を占めるからです。実際の年金制度は，国民年金と厚生年金からな

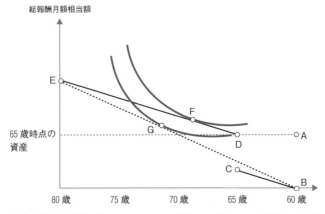

総報酬月額相当額

65 歳時点の
資産

80 歳　　75 歳　　70 歳　　65 歳　　60 歳

(注)　図 4.10 と図 4.11 は同じスケールで描いていますので，比較してくだ
さい。

図 4.11　年金支給開始の変更による影響

っていて，とても複雑な仕組みです。また，少子高齢化にあっても年金制度
の持続可能性を高めるため，これまでに何度と制度改正がなされてきました。
2000 年の制度改正によって，年金の支給開始年齢は，2025 年には 65 歳とな
ることが決まっています[5]（**コラム 4.1** を参照）。

　では，年金の支給開始年齢が 60 歳から 65 歳に変更になると，労働者の退
職行動にはどのような影響があるでしょうか。図 4.11 を見てください。年
金の支給開始が 65 歳になると，60 歳時点では年金が受け取れないので，取
り崩せる資産は減少します。この図では 60 歳時点の資産を，点 A ではなく，
点 B になるとし，また，年金が支給開始となる 65 歳時点の資産が点 D で示
されるとしています。すると，60 歳以降の賃金が一定だとすると，所得制
約線は BCDE となります。この場合，効用最大化した労働者の引退年齢は
68 歳（点 F）となり，支給開始が 60 歳だった場合に比べると年齢は高くな
ります。なお，年金支給がない場合に 80 歳時点での総所得を同額（点 E）

---

[5]　1996 年改正によって，定額部分の支給開始年齢は，平成 25（2013）年には 65 歳まで引き上げられて
います。

にするには，所得制約線は BE となり，労働者は 72 歳（点 G）まで働くことになります。

コラム 4.1　日本の年金制度

　日本の年金制度は国民全員が加入する皆保険制度で，大きく国民年金と厚生年金に分かれています。国民年金には自営業者や学生など第 1 号被保険者や専業主婦など第 3 号被保険者も加入していますが，厚生年金には会社員や公務員など第 2 号被保険者だけが加入しています。国民年金と厚生年金が層状になっていることから，しばしば日本の年金制度は 2 階建て構造だと指摘されます。

　第 1 号被保険者は 60 歳まで，第 2 号被保険者は退職時まで，それぞれ保険料を負担します。第 3 号被保険者の場合には保険料負担はありません。65 歳以降になると年金が支払われますが，第 1 号と第 3 号被保険者は基礎年金額が，第 2 号被保険者は基礎年金に厚生年金を足した額が給付されます。基礎年金額は納付期間によって，厚生年金は加入期間と所得によって受給額が決まります。

　60 歳以降も働きながら年金を受け取ることができる在職老齢年金は，60 歳台前半と 65 歳以降とでは計算方法が異なりますが，年金月額と総報酬月額相当額（標準月給 + 年間賞与 ÷ 12）の合計額によって年金額が減額される仕組みになっています。なお，2025 年 4 月から厚生年金（報酬比例部分）の支給開始年齢が 65 歳となり，在職老齢年金も 65 歳以降の支給となります。それまでの間は支給開始年齢が段階的に引き上げられています。

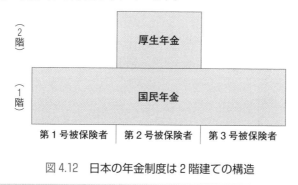

図 4.12　日本の年金制度は 2 階建ての構造

第4章の確認問題

[1] 図4.4で，ユウタ君とシュン君の時給がそれぞれ上がったとします。2人の所得効果と代替効果を図に描いて，その違いを確かめてみましょう。

[2] 本文中では，余暇を正常財として考えています。もし余暇が劣等財だとしたら，不労所得が増えた場合や賃金が上がった場合にどのようなことが起こるでしょうか。

[3] 一般的に年齢が上がると賃金は高くなっていきます。このことは余暇時間にどのような影響があると考えますか。また，実際に年齢とともに余暇時間が増えているかどうかを調べて，理論的な予想とに違いがあるかどうか，違いがあるとすればなぜなのかを考えてみましょう。

[4] 図4.1の男性と女性のグラフを比べると，労働時間の分布には違いが見られます。どうして男性と女性で労働時間の分布が異なるのでしょうか。この章で学んだことをふまえて経済学的に説明してみましょう。

Outline

　企業が事業活動を行うためには，工場や店舗あるいは機械などの資本を準備して，労働者を雇う必要があります。この章では，資本が変化しない短期において，企業が雇う労働者の人数をどのように決めているのかを考えていきます。経済学では生産関数を用いて利潤が最大化するように労働者数を決定するのですが，そのプロセスを図と数式で見ていきます。さらに，独占企業の労働需要についても見ていきます。

5.1　新たに人を雇う理由

◆ Story 編　企業はどのような場合に人を雇おうとするか

　ユウタ君も徐々にカリーズでの仕事に慣れ，店長や先輩から色々と企業の話を聞かされるようになりました。先日も店長に声をかけられました。
「ユウタ君も仕事にずいぶん慣れたね。」
「そうですね。だいぶ慣れてきました。でも，お客さんが増えて，忙しくなってきました。」
「そうだね。最近は売上げも増えているし，アルバイトを増やしてもいいかなぁと思っているんだ。」
「そうですか。」

「だけど，何人増やせばよいか分からないんだよね。1人だけ増やしても忙しさは変わらないだろうし，2人増やすとなると人件費が高くつくし。」

　ユウタ君のアルバイト先で新しく人を雇う計画があるようですね。でも，カリーズの店長は何人雇えば良いのか分からないようです。この章では，企業は雇う人数をどのように決めているのか，労働需要について見ていきます。

　ところで，企業（会社）はどのような場合に人を雇おうとするのでしょうか。まず，企業やお店が新規開業すれば，新しく人を雇おうとします[1]。皆さんも求人情報誌などに「オープニング・スタッフ募集」などの広告が掲載されているのを見たことがあると思います。企業やお店などが新規に開業すれば，事業を行うための人を雇う必要が出てきます。また，新しい技術に対応するためや新規事業に乗り出すために，必要な人を雇うこともあります。プラスチック製品を製造していた企業が，新たに家電製品分野に事業参入しようとして，大手家電メーカーで働いていた人を雇うなどが，これにあたります。

　第二に，企業が忙しくなって人手が足りなくなると，人を雇おうとします。景気が良くなって売上げが伸びれば，「猫の手も借りたい」という状況になるかもしれません。そんなとき，既に雇っている人に追加して，新たな人を雇う必要が出てきます。

　第三に，景気とは関係なく，新たに人を雇おうとするケースもあります。たとえば，今まで働いていた人が辞めたために補充する場合です。定年退職をした人の代わりに新人を採用するなどが代表例です（**コラム 5.1** 参照）。

　このように，様々な理由で企業は人を雇おうとするのですが，どの場合も新たに人を雇わないと事業を順調に行えなくなるという点で共通しています。新規開業による求人にせよ，追加や補充のための求人にせよ，もし人を雇わなければ企業やお店の仕事が回らず，受注できたはずの仕事が受注できなか

---

[1] 企業は単一の事業所あるいは複数の事業所からなります。事業所とは事業を行う施設のことで，工場や店舗，営業所などが事業所です。本社を兼ねている事業所もあります。

ったり，お店に来たお客を捌けなかったりして，期待していた売上げが達成できない機会ロスが発生します。

　もちろん，人を雇えばその分だけ費用が企業には発生します。求人広告を出したり，職業紹介機関を利用したり，採用費用がかかります。また，仕事を覚えてもらうために訓練を行えば，訓練費用もかかります。もちろん雇った人に賃金も支払わなければなりません。人を雇うにはかなりの費用が必要となります。

　ですが，そうした費用以上に売上が増えれば，企業には利益が出ます。人を雇ったときの費用よりも利益が大きいと企業が判断すれば人を雇おうとするでしょう。

　以下では，このことを経済学の理論から見ていきたいと思います。

コラム 5.1　新卒採用 vs. 中途採用

　日本の企業は新規学卒採用に積極的だと言われます。はたして実際にはどうでしょうか。企業の採用方針について労働政策研究・研修機構（JILPT）が 2017 年に行った「企業の多様な採用に関する調査」によると，新規学卒採用に重点を置いている企業の割合は 33.2％でした。中途採用に重点を置いている企業の割合は 27.4％，そして両者にほぼ同じ程度に重点を置いている企業の割合は約 32.0％でした。ただし，従業員数で見た企業規模の大きな企業ほど新規学卒採用に重点を置き，規模の小さな企業ほど中途採用に重点を置く傾向があるようです。なお，正社員の中途採用を実施した企業にその理由を尋ねると，「専門分野の高度な知識やスキルを持つ人が欲しい」，「新卒採用だけでは補充できない」および「高度とか専門とかでなくてよいので仕事経験の豊富な人が欲しい」となっています。

●事業に必要な投入要素

　企業がどのように事業活動を行っているかについて考えてみましょう。ここではユウタ君のアルバイト先であるカレー専門店「カリーズ」を例にして考えます[2]。皆さん自身もカリーズの経営者になったつもりで考えてください。

　カリーズが事業活動をするには，準備しなければならないものがあります。それらを**投入要素**と呼ぶことにします[3]。まず必要となる投入要素は店舗です。店舗は，土地を買って一から新しく建てることもできますが，貸店舗を借りる手もあります[4]。また，店舗で使う食器や什器，厨房設備などを揃える必要があります。店舗や食器などを経済学では**資本**と呼びます。

　店舗が準備できたら，調理や接客を行うコックや給仕人を雇わなければなりません。コックや給仕人は**労働力**と呼びます。

　最後に，お客に供するカレーを作るためには，肉や魚や野菜といった材料が必要です。また，お酒やソフトドリンクなども注文に備えて仕入れておく必要があります。これらは**中間財**あるいは**中間投入物**と呼びます。なお，お客に供される調理された料理は，**最終財**あるいは**最終消費財**と呼びます。

　このように，カレー専門店「カリーズ」の経営とは，店舗や食器・什器などの資本，コックや給仕人などの労働力，そして肉や野菜などの中間投入物を使って，料理やサービスといった最終財を効率的に生産することなのです。

---

[2]　ここでの話は，労働需要が発生するメカニズムを考えるための架空のものであることは言うまでもありません。実際に企業を創業したりするにはもっと細かな事，たとえば競合相手はいるのかどうかや銀行からお金を借りられるかなども考える必要があります。

[3]　「投入」という言葉には「資金・労力などをつぎ込むこと」（『明鏡国語辞典』大修館書店）という意味がありますので，生産活動につぎ込む個々の要素という意味で投入要素という言葉を使います。

[4]　店舗を買うのと借りるのでは，必要な金額が大きく異なりますね。でも，次の章で考える資本の費用は，店舗を買ったとしても借りたと見なして計算することになります。完全競争市場を前提とした経済学のモデルでは，店舗を買っても借りても結局は同じことだと考えるのが普通です。

●投入要素の投入量と生産量の関係

経営者として次に考えるべきことは，投入要素をどれくらい準備するかということです。それには，どれくらいの生産量（ここではカレーの販売数になります）になるのかを考える必要があります。

まず店舗をどのくらいの大きさにすべきかについて，考えてみましょう。当然のことですが，店舗面積を大きくするほど，一度に入ることができるお客の数は増えていきます。お客の数が増えればカレーの販売数は増えますから，店舗の面積と販売数は比例するはずです[5]。

ただし，注意すべき点があります。販売数が増えたからといって，店舗の面積や設備の量をすぐに変更することは難しいという点です。店を一度開店してしまうと，店舗の面積は固定されてしまいます[6]。販売数が増加して別の場所に店舗を拡張移転したり，新たにもう一軒開店したりすることも不可能ではありませんが，店舗移転や新規開店には時間もお金もかかります。したがって，短期的には店舗などの資本は固定化されると考えられます[7]。

では，中間投入物や労働力と販売量の関係はどうでしょうか。肉や野菜などをたくさん準備しておけば，多くのお客が来ても品切れということはなくなるでしょう。また，コックや給仕人をたくさん雇っておけば，多くのお客を捌くことができます。中間投入物や労働力と販売数はやはり比例しそうです。

ただし，資本が短期的には固定されて投入量を変更するのが難しいのとは違い，中間投入物や労働力の投入量変更は比較的簡単です。その日のお客の人数によって，肉や魚，野菜の仕入れ量を変更したり，コックや給仕人の人数や勤務時間を変更したりできるからです。このことから，中間投入物や労働力は**可変**であると言えます。

---

[5] 実際にはお店の売上を考えるところですが，ここでは簡単化のために販売量として話を進めます。売上は（販売価格）×（販売量）に等しくなりますので，販売価格が 1 だと考えても良いでしょう。経済学のモデルでは価格を 1 に基準化して分析することが多いです。

[6] 店舗に設置される設備や什器もすぐに変更することはできませんね。

[7] 固定化された資本を**固定資本**とも呼びます。固定資本も変化する長期については次の章で説明します。

表 5.1 「カリーズ」に必要な投入要素

資本	店舗や設備，什器など	固定（短期的には投入量を変更できない）
中間投入物	肉や野菜など	可変（投入量を変更可能）
労働力	コックや給仕人	

●生産関数

　表5.2は，店舗の面積や設備などを固定して，労働者数とカレーの販売数との関係を示したものです。中間投入物と販売数の関係についても同様に書けるはずですが，ここでは省略します[8]。表5.2で示されている労働力と販売数との関係は，次のような数式で表すことも可能です。

$$X = f(L, \bar{K}) \tag{5.1}$$

　ここで，Xはカレーの販売数，Lは労働者数，Kは資本である店舗の面積や設備の数量をそれぞれ表しています。なお，（5.1）式のKの上には横棒が引いてありますが，これはKがある数量で固定化されていることを意味します。上で説明したとおり，短期では資本Kが固定化されるからです。

　また，$f(\cdot)$は**生産関数**と呼びます[9]。生産関数は，労働者数Lと資本Kを投入して販売数Xが生産されることを表します。（5.1）式では資本Kが

---

[8] 省略するのは簡単化のためです。強いて言えば，中間投入物である肉や魚，野菜などはお客の数分だけ必ず揃うと言うことです。最近は，冷蔵／冷凍技術の進歩や物流網の整備によって品切れするということはほとんどありませんね。

[9] 生産関数には次のような仮定が設けられるのが普通です。

$$\frac{\delta X}{\delta L} > 0, \quad \frac{\delta X}{\delta K} > 0 \quad （1 階の微分）$$

$$\frac{\delta^2 X}{\delta^2 L} < 0, \quad \frac{\delta^2 X}{\delta^2 K} < 0 \quad （2 階の微分）$$

1階の微分が正であることは労働者や資本を増やしていけば販売量も増えることを，2階の微分がマイナスであることは販売量の増加は労働者や資本の増加にともなって逓減していくことを，それぞれ意味しています。

表5.2 労働者数と販売数

労働者数（人）	販売数（個）
0	0
1	100
2	141
3	173
4	200
5	224
6	245
7	25
8	283
9	300
10	316

固定されているので，労働者数 L の投入と販売数 X の関係を表すことになります。ここで，この労働者数と販売数の関係は，生産方式や技術体系によって違ってくることに注意してください。たとえばカレーを作るには，セントラルキッチンで大量に作って店舗では温めるだけという方法もあれば，各店舗で原材料から作るという方法もあります。セントラルキッチン方式と店舗調理とでは，労働者数と販売数の関係も変わってきます。したがって，生産関数 $f(\cdot)$ は生産方式や生産技術体系を表せることになります。

●限界生産物は逓減する

図5.1 は，横軸に労働者数を，縦軸には販売数を取って，表5.2 を図示したものです。この図から，労働者数を増やせば販売数が増えていくことが分かります。ただし，労働者数がある程度の水準になると，それ以上は販売の増加ペースが落ちることも分かります。労働者数がある人数になると販売数の増加が鈍るのは，お店のスペースに限りがあることと関係があります。お店のスペースに対して労働者が多くない間は，労働者が効率良く働けるかもしれませんが，労働者が増えるほど身動きがとりにくくなり，作業効率が悪

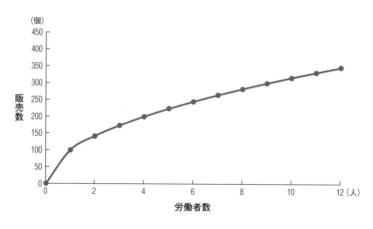

（個）
450
400
350
300
250
200
販売数 150
100
50
0
0　2　4　6　8　10　12（人）
労働者数

図5.1　労働者数と販売数の関係

化するからです。このように，労働者数を増やしても販売量の増加は大きくはならないことを，（労働に関する）**限界生産物逓減の法則**と呼んでいます。**限界生産物**とは労働者の投入を微小に変化させたときに見られる販売量（＝生産量）の変化のことで，逓減とは労働者を増やしていくと徐々に限界生産物が小さくなることを意味しています[10]。

---

[10] この例では労働者を人単位で数えているので，微小な変化とは1人増減することになります。ただし，労働者数ではなくて労働者数×労働時間を労働投入量として考える場合もあります（これをマンアワー単位と言ったりします）。この場合の微小な変化はナノミクロン秒の増減とか，0に限りなく近い変化を考えることができます。

　さらに，ここでは労働に関する限界生産物を考えましたが，資本に関しても同様のことが言えます。

5.2 短期の企業経営

◆ Story 編　企業の目的

　ところで，企業は何を目的にして事業活動しているのでしょうか。皆さんがカリーズを経営しているのも，何か目的があるからに違いありません。お金持ちになりたいとか，美味しいカレーを提供したいとか，恵まれない人々のためになりたいとか，あるいは社会貢献のためだとか，様々な理由が起業する背景にはあるかと思います。

　多くの企業には，社是や社訓，あるいは経営理念といったその企業の経営方針を端的に表現する言葉があります。そうした言葉を調べてみると，社会のため，消費者や従業員のために事業活動を行うとする企業が多いようです（**コラム 5.2** 参照）。

コラム 5.2　トヨタ自動車の経営理念

　たとえば，トヨタ自動車グループには「豊田綱領」があり，経営の「核」として貫かれているそうです。これは，トヨタグループの創始者，豊田佐吉の考え方をまとめたもので，「トヨタ基本理念」の基礎となっているとのことです。

　豊田綱領
　　　上下一致，至誠業務ニ服シ産業報國ノ實ヲ擧グベシ
　　　研究ト創造ニ心ヲ致シ常ニ時流ニ先ンズベシ
　　　華美ヲ戒メ質實剛健タルベシ
　　　温情友愛ノ精神ヲ發揮シ家庭的美風ヲ作興スベシ
　　　神佛ヲ尊崇シ報恩感謝ノ生活ヲ爲スベシ

　　　　　　　　　　　　　　（トヨタ自動車の HP を参考にしました。）

　しかし，ある企業の経営理念が社会貢献にあるとしても，売上がなくて利益が上げられなければ，倒産してしまいます。このことは，たとえ公的機関

であっても同じです。社会貢献ばかりを追求して赤字になってしまえば，その組織は長期的には立ちゆかなくなります。それゆえ，たとえ社是や社訓などに書かれていなくとも，企業は利潤の追求を目的の一つとしています。経済学では，企業は**利潤最大化**を目的にして事業活動を行うと考えます。

◆ Technical 編　**経済学における利潤**

●利潤とは

利潤は売上から費用を引いたもので，

$$\pi = p \times X - (w \times L + r \times \bar{K}) \tag{5.2}$$

となります。ここで，π は利潤，p はカレーの販売価格，X はカレーの販売数，w は労働費用，L は労働者数，r は資本費用（店舗などにかかる費用です），K は資本を，それぞれ表しています[11]。繰り返しになりますが，(5.2)式の資本は短期では固定されます。

なお，カリーズは同業の多くの飲食店との競争が激しく，販売価格を自社では決められないとします。そのため，販売価格 p は市場で決まり，カリーズが価格を自由に決めることはできません。商品などの販売価格を自ら決めることができず，**市場で決まった価格を前提に経営を行うこと**を，**プライス・テイカーの仮定**と言います。また，そうした企業を以下では**競争的企業**と呼ぶことにします。

では，利潤 π が販売数によってどう変化するかを見ましょう。販売価格 p を 100 円，労働費用 w を日給 7000 円，店舗費用は一日あたり 10000 円だとしましょう。

---

[11] 具体的には店舗賃貸料や椅子や机といった什器を購入する費用等を想定してください。店舗や什器などを一般に資本と呼び，r は正確には資本費用と呼びます。なお，資本の中には買いきりしたものがありますが，その価格は帰属計算をします。帰属計算とは，買いきりした物でもレンタルすればいくらになるかを計算したものです。買いきりした資本の価格を帰属計算するのは，資本が長期にわたって利用されるからです。

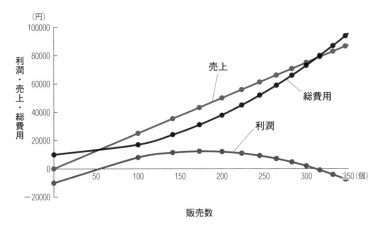

図 5.2 販売数と利潤，売上，総費用の関係

　図 5.2 は，販売数と利潤や売上，そして総費用の関係を見たものです。まず売上は，販売量と正比例の関係にあり，単調に増加していることが分かります。一方，総費用も販売数が増えるほど増加しています。したがって，販売量が増えると売上は増えますが，その分だけ費用も高まるので，売上から費用を引いた利潤は必ずしも大きくなっていくわけではありません。

　ここで注意して欲しいのは，ある販売数を超えると利潤が低下している点です。販売数が増えるほど費用がより高くなるからですが，これは限界生産物逓減の法則が影響しています。限界生産物逓減の法則が働くということは，販売数が増加するほど限界生産物が小さくなることですが，このことは販売数が増えるほど労働者数をより増やさなければならないことを意味します。表 5.2 を見てみると，販売数を 100 から 141 に増やすには労働者数を 1 人から 1 人増やして 2 人にすれば済みますが，販売数を 200 から 245 に増やすには労働者数を 4 人から 6 人へと 2 人増やす必要があります。販売数を同じ 40 程度増やすわけですが，販売数が多くなるほど，費用はかさむことが分かります。限界生産物逓減の法則が働くことで総費用が逓増するのです。

図 5.2 をよく見ると，販売数が 0 でも 10000 円の費用がかかることが分かります。これは資本費用に等しい額になります。上でも説明したように，店舗や設備などの資本は短期では固定されていて，お客が来ようと来まいと，販売数が 0 だろうが 1 万だろうが，いつも同じ 10000 円がかかるのです。こうした固定化された費用を**固定費用**と言います。これに対して労働費用のように労働者数に応じて変化する費用を**可変費用**と言います。

●利潤の最大化

では，企業の目的である利潤最大化を達成するためには，カリーズは労働者を何人雇えば良いでしょうか。図 5.2 に戻って利潤の動きを見ると，曲線の山が販売数 173 のときに頂点になっていて，利潤が最大になっていることが分かります。つまり，販売数が 173 となるように労働者を 3 人雇えば，カリーズの利潤は最大となるようです。

さらに，このときの売上曲線を右側に平行移動すると，総費用曲線と接していることも分かります（図 5.3）。売上曲線を平行移動した曲線と総費用曲線が，利潤最大化となる販売数 173 で接するというのは何を意味しているのでしょうか。まず，平行移動した売上曲線と総費用曲線が接すると言うことは，販売数 173 において曲線の傾きと総費用曲線の傾きが等しいということを意味します。このとき，売上曲線の傾きは，販売数を 1 単位増やしたときの売上の増加ですから，販売価格そのものです。また，総費用曲線の傾きは，販売数を 1 単位増やすために必要な費用の変化分に等しく，**限界費用**と言います。したがって，販売価格と限界費用が等しい点で利潤が最大化することが分かります。

ところで，表 5.3 にはカリーズが労働者を 1 人ずつ増やしたときの売上と総費用の変化が示されています。売上の変化は，限界生産物が逓減するという性質があるため，労働者数が 1 人から 2 人に変化したときをピークに徐々に小さくなっていきます。これに対して総費用の変化は，労働者が 1 人増えれば日給 7000 円分だけ増加することになります。

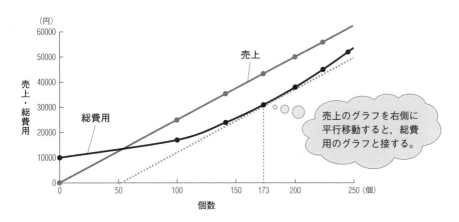

図 5.3　利潤の最大化（販売価格と限界費用）

表 5.3　労働者数の変化と売上と総費用の変化

労働者数の変化	売上の変化	総費用の変化
0 ⇒ 1 人	25000 円	7000 円
1 ⇒ 2	10355	7000
2 ⇒ 3	7946	7000
3 ⇒ 4	6699	7000
4 ⇒ 5	5902	7000
5 ⇒ 6	5336	7000
6 ⇒ 7	4907	7000
7 ⇒ 8	4567	7000
8 ⇒ 9	4289	7000
9 ⇒ 10	4057	7000

　いま，労働者を 1 人から 2 人に増したとしましょう。すると，売上は10355 円の増加が見込め，労働者を 1 人しか雇わない場合よりも利潤は約3355 円（10355 円 − 7000 円）増えます。さらに労働者を 2 人から 3 人に増やすと，7946 円の売上増加が見込め，利潤は 2 人の労働者を雇う場合よりも約 946 円増えます。

　では，労働者を 3 人から 4 人に増やすとどうなるでしょうか。この場合，

売上増加は約6699円にとどまり、3人を雇うときよりも利潤は約301円減ってしまいます。4人目以降も労働者を増やすたびに利潤が減っていきます。

したがって、労働者を増やしたときの利潤の増分がプラスであれば、利潤はより増えることが分かります。しかし、利潤の増分がマイナスになると利潤は減ります。すると、利潤の増分がマイナスになる直前まで、つまり利潤の増分がゼロになるまで労働者を増やすことで利潤最大化ができて、企業経営上は最も望ましい状態になると言えます。表5.2の例で言えば、労働者を3人雇うことによって利潤は最大となります。

以上のことを数式で表してみると、次のように書けます。

$$max\, \pi = p \times X - (w \times L + r \times \bar{K}) \tag{5.2}$$
$$\text{s.t.}\, X = f(L,\ \bar{K})) \tag{5.3}$$

つまり、カリーズの生産技術を表す生産関数 $f(L,\ \bar{K})$ を制約条件として、利潤 π を最大化するという問題を考えることになります。ただし、短期の場合には資本 K は固定されていますから、上の式から K を省略して次の問題を解きます。

$$max\, \pi = p \times X - w \times L \tag{5.2$'$}$$
$$\text{s.t.}\, X = f(L) \tag{5.3$'$}$$

(5.3)′ 式を (5.2)′ 式に代入すると、

$$\pi = p \times f(L) - w \times L \tag{5.4}$$

表5.3で見たように、労働者を増やしたときの利潤増加がゼロになれば利潤が最大となります。このことを数式で表すと、

$$\frac{\partial \pi}{\partial L} = 0$$

となります。これを (5.4) 式に当てはめると、

$$\frac{\partial \pi}{\partial L} = p \times f'(L) - w = 0 \tag{5.5}$$

となります。ちなみに，$f'(L)$ は生産関数を労働者数 L で偏微分していることを意味しますが，これは労働者数が 1 人増加したときの生産物の増加分を表しますので，限界生産物 MP になります。さらに (5.5) 式を変形すると，

$$f'(L) = \frac{w}{p} \tag{5.6}$$

となります。(5.6) 式は，限界生産物 MP と賃金を販売価格で割った実質賃金に等しいように労働者数を設定すれば，カリーズの利潤は最大になるということを意味しています。

●企業の短期労働需要

　では，労働者と賃金の関係はどうなっているのでしょうか。企業が利潤を最大化させようと行動すれば，限界生産物と実質賃金が等しくなるように労働者を雇います。ここで，実質賃金が高いときには限界生産物も大きくなりますが，限界生産物逓減という性質を考えると，雇う労働者数は少なくなるはずです。図 5.1 でこれを確認してみると，限界生産物が大きい，つまり労働者を 1 人増やしたときの生産量の増分が大きいのは，労働者数が少ないときです。逆に限界生産物が小さいのは，労働者数が多くなっているときのほうです。

　以上のことから，実質賃金と労働者数の関係を描くと図 5.4 のようになります。図 5.4 のような実質賃金と労働者数の関係を示す曲線を**企業の短期労働需要曲線**と呼びます。短期労働需要曲線と呼ぶのは，ここでは資本 K が固定された短期を考えているからです。

　もう一度，図 5.4 を見てください。この図の横軸は労働者数と限界生産物の関係を，縦軸は実質賃金と限界生産物の関係を，それぞれ示しています。

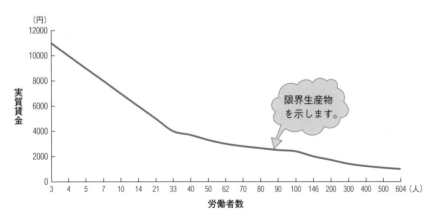

図5.4　実質賃金と労働者数の関係（企業の短期労働需要曲線）

そして，実質賃金の水準が決まると限界生産物の水準を通じて労働者数が決まることになります。このようなルールによって企業が労働者数を決めることを，**限界生産物条件**と呼びます。

　なお，限界生産物条件とは別に，企業が労働者数を決めるルールがもう一つあります。(5.6) 式を変形すると，

$$w \times \frac{1}{f'(L)} = P \tag{5.7}$$

となります。

　この (5.7) 式の左辺は，実質賃金と限界生産物の逆数の掛け算になっています。これは，生産物を一単位追加して生産するために限界生産物の逆数だけの労働者数を増やす必要があり，その人数に実質賃金を掛けて必要な費用を計算していることになります。つまり，生産物を一単位追加したときに必要な費用ということになります。これを**限界費用**と呼びます。一方，(5.7) 式の右辺は生産物の価格になっていますが，これは生産物を一単位追加して生産すれば価格分だけ収入が増えることを意味します。これを**限界収入**と呼

びます。したがって，**限界費用と限界収入が等しくなるように労働者の数を決める**，というルールが得られます。

5.3 独占企業の労働需要

◆ Technical 編　**独占企業の利潤最大化**

　ここまで，カリーズのような同業他社が多数あって，互いに競争し合うような競争的企業を想定してきました。競争的企業は，その生産する財やサービスの価格を自ら設定することができず，市場で決まった価格の下で利潤最大化するように経営を行います。しかし，同業他社が少なく市場を寡占している企業（**寡占企業**）や，同業他社が全くなく市場を独占している企業（**独占企業**）も現実に存在します。

　「平成26年度経済センサス（基礎調査）」（総務省統計局）によると，都市ガスやプロパンガスを家庭や事業所に供給するガス業を営む企業は，全国で186社ほどしかありません。電力会社については450社ですが，電力自由化以前は10社しかなく，それぞれの地域で電力供給を独占していました。ちなみに，カリーズのような専門料理店は全国で12万8128社もあります。

　では，財・サービス市場で寡占や独占状態にある企業は，どのように労働需要を決定しているのでしょうか。ここでは，財・サービス市場で独占状態にある企業の労働需要について見ていきたいと思います。

　独占企業は，その直面する財・サービス市場に同業他社は存在しませんから，その財・サービス需要すべてに対応することになります。このため，財・サービスの供給量と価格の組合せを，利潤が最大化するように独占企業は選ぶことができるようになります。この点は，同業他社が多数いる競争的企業が，市場で決定した財・サービスの価格の下で自社の供給量を決定していたのとは大きく異なります。

独占企業が利潤を最大化することは，次の（5.8）式と（5.9）式で表すことができます。

$$max \, \pi = p(X) \times X - w \times L \tag{5.8}$$
$$\text{s.t.} \, X = f(L) \tag{5.9}$$

ここで，（5.8）式の $p(X)$ に注目してください。これは，独占企業の生産する財・サービスの価格がその供給量によって決まることを意味します。独占企業はその財・サービスの需要すべてを独占していますが，価格によって需要量は変化します。高い価格にすれば需要量は減少するし，安い価格にすれば需要量は増加します。こうした価格と需要量との関係は需要曲線で表されますが，（5.8）式の $p(X)$ は需要曲線の逆関数となっています。

（5.8）式と（5.9）式から，利潤最大化の条件を導きましょう。すると，

$$\frac{\partial \pi}{\partial L} = f'(L)\left[p(X) + p'(X)X\right] - w = f'(L)p(X)\left(1 + \eta^p_X\right) - w \tag{5.10}$$

と書けます。ただし η^p_x は，$\eta^P_X = \dfrac{Xp'(X)}{p(X)}$ で，財・サービス需要の価格弾力性を表しています[12]。もし $(1 + \eta^p_X) > 0$ であれば，（5.10）式は

$$f'(L) = \frac{1}{(1 + \eta^p_X)} \times \frac{w}{p} \tag{5.11}$$

となり，これは（5.6）式の右辺に $\dfrac{1}{(1 + \eta^p_X)}$ が掛けられたものに等しくなっています。したがって，実質賃金に $\dfrac{1}{(1 + \eta^p_X)}$ を乗じたものが限界生産物に等しくなるように労働需要量が決まることになります。このとき，$\dfrac{1}{(1 + \eta^p_X)}$ をマークアップ率（価格上乗せ分の割合）と言います。

---

[12] $\eta^p_x = 0$ の時，財・サービスの市場価格が個別企業の生産量に依存していないことを意味し，財・サービス市場が完全競争市場の状態にある場合にあたります（η：エータ）。一方，$\eta^p_x < 0$ のときは，個別企業の行動が市場価格に影響するような寡占や独占状態にあたります。そして，η^p_x の絶対値が大きくなるほど，その企業の生産量の変化が価格の変化に強く影響することを意味するので，η^p_x の絶対値はその企業の市場支配力を示すことになります。

第 5 章の確認問題

[1] 政府が消費税率を上げたとします。このとき，企業の労働需要はどうなるでしょうか。その理由も説明してください。

[2] 政府が労働者の所得税率を上げたときには，労働需要はどうなるでしょうか。その理由も説明してください。

[3] 生産関数を $X = AL^\alpha \bar{K}^\beta$ とします（これをコブ=ダグラス型生産関数と言います）。ただし，L は労働者，K は資本を表しており，A や α，β は係数です。生産する財やサービスの販売価格を p，労働者の賃金を w，資本費用を r としたとき，利潤極大化の条件（(5.6) 式）はどのようになるでしょう。

[4] 問題 [3] で計算した結果から，企業が（短期に）需要する労働者数を計算してください。この短期の労働需要が，販売価格 p や賃金 w とどのような関係にあるかを確かめてください。

第6章 機械を使うか，人手を使うか
——長期の労働需要

Outline

　この章では長期の労働需要について見ていきます。長期になると，企業は工場や店舗を増改築したり，機械などを新しくしたりすることができるので，財やサービスを生産するのに労働と機械（＝資本）のどちらを使うかを考えることになります。その結果，長期の労働需要は短期のそれとは異なるメカニズムで変動します。

　また，この章では雇用調整のメカニズムについても見ていきます。景気が悪くなると企業は労働者を解雇することがありますが，その場合に何人を解雇するかは雇用の調整費用の大きさによります。

6.1 長期の企業経営

◆ Story 編　短期と長期の違い

「このたびカリーズは新しくできるショッピングモールに2店舗目を出店することになりました。」

「店長，あの三ッ星ショッピングモールの中ですか。すごいですね。」

「ユウタ君たちががんばってくれているお陰で，店を増やすことができたんだ。」

「じゃあ，新しい店員も雇わないといけませんね。友達に声をかけてみます

よ。」

「今度の店には最新設備が入るから，店の規模は大きくなるけれど，今の店の半分の店員で十分なんだよね。」

「そうなんですか。じゃあ，この店にも新しい設備を入れれば，忙しくなくなりますね。」

「すぐには無理だけど，いつかは考えないといけないな。」

　企業を経営するには短期の視点だけでなく，長期の視点も必要です。長期になると，店舗や機械などを新たに購入したりやレンタルしたりできるようになります。経営規模を拡大したり，新しい技術を導入したりして，利益が出るかどうかを考えるのが企業経営の長期的視点と言えますね。

　ところで，カリーズの新しい店舗がこれまでと同一の店舗であれば，いまよりも倍の労働者を雇って利益を最大化することができます。しかし既存店舗にはない最新の調理ロボットなどを導入すれば，利益を最大にする労働者数は変化する可能性があります（**コラム 6.1**）。

コラム 6.1　**店舗拡大を数式でどう表すのか**

　関数 $X = f(L, K)$ が，L を λ 倍，K も λ 倍したときに，X が λ^n 倍になるような関数，つまり

$$\lambda^n X = f(\lambda L, \lambda K)$$

となる関数を，n 次同時関数と言います。

　しばしば同じ仕様のお店を展開する飲食店を見かけますが，こうしたチェーン店は，店の数が倍になれば労働者の数も倍になり，それらに比例して販売量も倍になっていると考えられます（このことを**収穫一定**と言います）。このようなチェーン店を経営する企業の生産関数は，お店と労働者を 2 倍にすると販売量も倍になるということですから，

$$2^1 X = f(2L, 2K)$$

となります。したがって，この企業の生産関数は 1 次同時関数として表せると言

えます。

　では，生産関数が1次同次関数でない企業とは，どのような企業でしょうか。まず，nが1より小さい場合，店舗と労働者を2倍にしても販売量は2倍以下にしかなりません（このことを**収穫逓減**と言います）。この場合は，経営的には成り立ちにくい企業と言えそうです。

　一方，nが1より大きい場合はどうでしょうか。店舗と労働者を2倍にすると販売量は2倍以上になりますから，店舗と労働者を増やせば増やすほど販売量が増えるという企業です（このことを**収穫逓増**と言います）。この場合，企業は店舗も労働者も増やすほど利益が出ると考えるので，規模拡大を狙い，いつか市場を独占しようとするでしょう。

◆ Technical 編　長期の利潤最大化行動

●長期の利潤最大化のための条件

　長期においては，企業の利潤最大化はどのような条件で成立するでしょうか。皆さんはカリーズの経営者になったつもりで考えてみましょう。

　長期の場合，労働者をどれくらい雇うかだけでなく，資本（たとえば食洗機のような機械です）をどの程度準備するかも考える必要があります。このとき，資本が労働を代替する可能性があることに注意してください。資本が労働を代替するというのは，ある仕事を労働者が行う代わりに資本でもできるし，逆に資本の代わりに労働者がすることもできる，という関係のことです。たとえば，食器を洗うという仕事は，労働者が手で行うこともできますが，食洗機を利用することもできます。したがって，食洗機という資本を投入すれば，その分だけ労働者を雇わなくとも済むことになります。こうした点も考慮にいれて，資本と労働の最適な組合せを考えていきましょう。

　長期における企業の利潤最大化行動を数式で表すと，

$$max\,\pi = p \times X - (w \times L + r \times K) \tag{6.1}$$

$$\text{s.t.}\,X = f(L,\ K) \tag{6.2}$$

となります。なお，π は利潤，p は生産する財・サービスの販売価格，X は財・サービスの生産量，w は労働者の賃金，L は労働者数，r は資本の価格，K は資本量です。

ここで，企業が利潤最大化したとしましょう。利潤最大化しているときの生産量 X^* と費用 C^* は，（6.3）式と（6.4）式のようになります。

$$X^* = f(L^*,\ K^*) \tag{6.3}$$

$$C^* = wL^* + rK^* \tag{6.4}$$

ただし，L^* と K^* はそれぞれ，利潤最大化しているときの最適な労働者数と資本を示していますが，その組合せは複数存在します。

なぜ最適な労働者 L^* と資本 K^* の組合せが複数あるかというと，同じものを生産するのにたくさんの労働者を使って資本を使わない場合もあれば，少ない労働者でたくさんの資本を使う場合もあるからです。カリーズの例で言えば，労働者がお皿を洗う代わりに，食洗機を使うことも可能です。それゆえ，同じ生産をするのに，労働者と資本の組合せは複数あるわけです。

ただし，このうち最も小さな費用で生産できる組合せは 1 つしかありません。なぜならば，もし労働と資本の組合せ $(L^1,\ K^1)$ が利潤最大化する組合せだとしても，より低いコストで組合せ $(L^2,\ K^2)$ があるなら，$(L^2,\ K^2)$ のほうが利潤をより大きくできるはずだからです。

●費用最小化

では，利益を最大化するための資本と労働の最適な組合せは，どのように考えたら良いでしょうか。表6.1 は，カリーズがお客にカレーを提供するのに必要な資本（たとえば食器洗い機）と労働者数の組合せの例が示されています。表には 100 皿提供する場合と 150 皿提供する場合について示してあります。たとえば，労働者を 1 人雇って 1 億円分の資本を組み合わせると 100 皿提供でき，労働者を 1 人雇って 1 億 2200 万円分の資本を組み合わせれば 150 皿提供できます。

表 6.1　労働者数と資本の投入量

労働者（人）	カレー提供数	
	100 皿	150 皿
	資本（万円）	
1	10000	12200
2	8400	10300
3	7600	9300
4	7100	8700
5	6700	8200
6	6400	7800
7	6100	7500
8	5900	7300
9	5800	7100
10	5600	6900
11	5500	6700
12	5400	6600
13	5300	6500
14	5200	6300
15	5100	6200
16	5000	6100
17	4900	6000
18	4900	5900
19	4800	5900
20	4700	5800

　さらに，同じ量のカレーを提供する場合でも労働者と資本の組合せはいく
つもあることが表から分かります。たとえば 100 皿のカレーを提供する場合，
労働者を 1 人雇って 1 億円分の資本を組み合わせることで実現可能となりま
すが，労働者を 10 人雇って資本は 5600 万円分とする組合せでも可能です。
150 皿のカレーを提供する場合も，労働者を少なくして資本を多くするのも，
労働者を多くして資本を少なくする組合せでも実現可能であることが分かり
ます。

　表 6.1 の数値例を用いて，縦軸に資本，横軸に労働者数をとり，両者の関
係を描いたのが図 6.1 です。この図の曲線は，一定量のカレーを提供するの
に必要な資本と労働の組合せを結んだもので，**等量曲線**と呼ばれています。

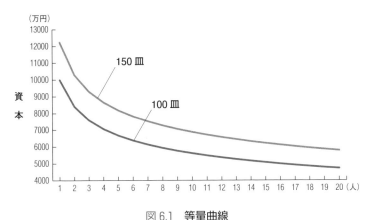

図 6.1　等量曲線

この等量曲線は生産の技術的側面を表していますが，次のような性質があります。

① 等量曲線の傾きはマイナスであり，右下がりの曲線です。
② 等量曲線は右上にあるほど生産量が多いことを意味します。
③ 等量曲線は決して互いに交わることはありません。
④ 等量曲線は原点に対して凸です。

これらの性質は無差別曲線（効用関数）の性質に似ていますね。無差別曲線の傾きは（負の）所得と余暇の限界効用の比を表していましたが，等量曲線の傾きは（負の）資本と労働の限界生産物の比を表します。すなわち，

$$\frac{\Delta y}{\Delta L} = -\frac{労働の限界生産物}{資本の限界生産物} \tag{6.5}$$

です。

では，カリーズにとって資本と労働をどのくらい投入するのが最適なのか，を考えてみましょう。まず，店舗をどの程度の大きさにするのかを考えねば

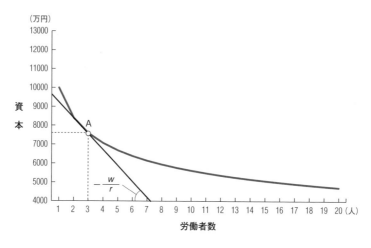

図 6.2　等費用曲線と等量曲線

なりません。その際，店舗の開設費用が最も安くなるように，店舗や労働者
をどの程度投入すれば良いかを考えることになります。

　そこで，ある一定量のカレーを生産するのに必要な資本と労働に支払う費
用を考えましょう。資本の価格を r，労働者の賃金を w とすると，店舗の開
設費用 C は

$$C = wL + rK \qquad (6.6)$$

となり，これを変形すると，

$$K = \frac{C}{r} - \frac{w}{r}L \qquad (6.6)'$$

となります。(6.6)′ 式を先ほどの等量曲線のグラフに描くと，図 6.2 の直線
のようになります。この直線を**等費用曲線**と呼びますが，その傾きは（負
の）資本価格と賃金の比（ $-\dfrac{w}{r}$ ）になっています。

　この費用 C を最小にするような資本と労働の投入量を選択すれば良いわ

けですが，生産が非効率になるような資本と労働の組合せではいけません。カレーの生産技術を前提として，効率的な生産が実現すると同時に費用が最小となる資本と労働の組合せを選ぶ必要があります。数式で表すと，

$$
\begin{aligned}
&min \ C = wL + rK \\
&\text{s.t. } X = f(L, K)
\end{aligned}
\tag{6.7}
$$

となります。この（6.7）式は，「生産技術を表している生産関数 $f(L, K)$ を所与として，$wL + rK$ に等しい費用 C を最小にせよ」ということを意味しています。

ここで，図6.2に描かれている等費用曲線と等量曲線とが接している点Aに注目してください。この点Aが効率的な生産と費用最小化を実現する資本と労働の組合せになり（6.7）式の解になります[1]。つまり，等量曲線の傾きと等費用曲線の傾きが等しいときに，効率的な生産と費用最小化を実現できるということになります。

ところで等費用曲線の傾きは（負の）資本価格と賃金の比で，等量曲線の傾きは（負の）資本と労働の限界生産物の比でしたから，

$$
\frac{w}{r} = \frac{労働の限界生産物}{資本の限界生産物}
\tag{6.8}
$$

あるいは

$$
\frac{資本の限界生産物}{r} = \frac{労働の限界生産物}{w}
\tag{6.8}'
$$

となります。このうち（6.8）′ 式は，資本と労働の限界生産物を資本価格と労働の賃金でそれぞれ割っているので，資本を1円分だけ追加投入したときの生産物の増加分と労働を1円分だけ追加投入したときの生産物の増加分が

---

[1] 図6.2の例では，カリーズが必要とする労働者は3人で資本は7600万円となります。

等しくなることを意味しています。つまり，追加的に1円分の投資をする際には生産物がより多くなるほうに投資をしたほうが効率的ですし，もし資本に投資をしても労働に投資をしても追加的な生産物が同じであれば，それ以上投資をしても効率的ではないということを意味しているのです。

●長期の利潤最大化

ところで，等量曲線と等費用曲線が接するのは点Aだけではありません。図には描かれていませんが，等量曲線や等費用曲線は無数に存在するので，点Aのような費用最小化をする点も無数に存在しています。上でも説明したように，費用を最小にする生産量Xと，労働者数L，資本Kの組合せは無数に存在します。

そこで，費用を最小化する生産量と資本，そして労働者数の組合せ（X, K, L）すべてを考えて，これを$\hat{C}(X, K, L)$と表すことにします。この$\hat{C}(X, K, L)$は，あるXを生産する際の資本と労働の費用合計を示しており，**総費用関数**と呼ばれます。すると，企業の利潤πは

$$\pi \quad = \quad pX \quad - \quad \hat{C}(X, K, L) \tag{6.9}$$
利潤　　　　売上　　　　　費用

と書けます。

（6.9）式を用いて利潤最大化すると，

$$max \, \pi = pX - \hat{C}(X, K, L) \tag{6.10}$$

となりますが，短期の労働需要と同様に，価格と限界費用が等しいところで最適な生産量X^*が求まることになります。

このことを図で示すと，図6.3のようになります。この図の縦軸は総費用と売上で，横軸は生産量です。生産量が増えると，価格pだけ企業の収益は増えます。それを表しているのが売上を示す直線です。一方，費用は，総費用曲線$\hat{C}$で表されるように，生産量が増えると増えていきます。繰り返し

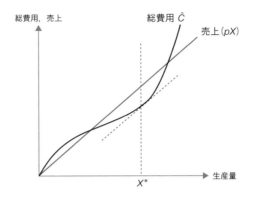

図 6.3　長期の利潤最大化：総費用関数と売上の関係

ますが，総費用曲線 $\hat{C}$ は，最適な労働者数と資本を利用しているときの最
小費用です。このとき，売上の傾き p と総費用曲線の傾きが等しくなれば，
価格と限界費用が等しいということになりますから，最適な X^* が得られ，
そのときの労働者数と資本が，長期における最適な労働者数と資本の組合せ
になります。

●長期の労働需要

　(4.6) 式で見たように，賃金 w と資本価格 r の比によって，それぞれの限
界生産物の大きさが決まります。そして，限界生産物の大きさによって，労
働（と資本の）需要量が決まります。では，賃金あるいは資本価格が変化し
た場合，労働需要はどのように変化するでしょうか。

　図 6.4 は，市場賃金が w_1 から w_2 に下落した場合を示しています。すると，
等費用曲線の傾きは小さくなり，図中では等費用曲線が①から②に変化しま
す。それにともない，等費用曲線と等量曲線の接点は点 A から点 B に移り
ます。必要とする労働者数は当初の 3 人から 8 人に増えていることが見てと
れます。

　市場賃金が下落すると労働者と資本の投入量が変化するのは，次のような

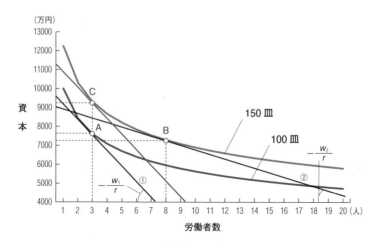

図6.4　賃金上昇と労働需要

理由によります。まず，賃金が下落するとその分だけ生産の限界費用が下落
し，より多くのカレーを生産することができるようになります。その結果，
等費用曲線と等量曲線の接点は，100皿提供時の点Aから150皿提供時の点
Bへ移ります。その結果，労働者数が3人から8人に増えたのです。このと
き，カリーズは100皿から150皿にカレーの提供数を増やし，同時に最も費
用が少なくて済む労働者数と資本の組合せをとることで，利潤の最大化を果
たしています。

　図6.4の賃金と労働者数の関係から考えると，長期の労働需要曲線は図
6.5のように右下がりの曲線として描かれます。

●規模効果と代替効果

　ところで，市場賃金が変化すると資本の量も変化していることが図6.4か
ら見てとれます。市場賃金が w_1 から w_2 に変化したことで，資本は7600万
円から7300万円へ，若干ですが少なくなっていますね。つまり，賃金が低
下したことで，カリーズでは資本を投入する代わりに労働者をより多く需要

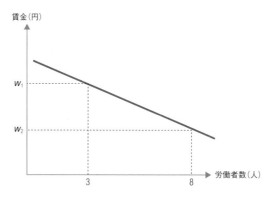

図 6.5 長期の労働需要曲線

することになったのです。

　ここで，市場賃金の変化によってカリーズが資本の代わりに労働者を多く需要するようになった理由を 2 つの要因に分解して考えてみます。第一の要因は**規模効果**と呼ばれるもので，図 6.4 では点 A から点 C への変化で示されています。点 C は，カレー 150 皿の等量曲線と傾き $-\dfrac{w_1}{r}$ の等費用曲線の接点ですが，労働者の賃金が w_1 のままでカレーを 150 皿提供するために必要な労働者と資本の組合せです（労働者 3 人と資本 9300 万円）。したがって，規模効果は，賃金変化によって企業が生産を拡大（あるいは縮小）した場合に，もし賃金の変化がなかったなら労働者と資本はどれだけ変化しただろうか，ということを表すことになります。

　第二の要因は**代替効果**と呼ばれ，図 6.3 では点 C から点 B への変化で示されます。カリーズが生産規模を拡大できたのは，賃金の低下によって費用がより安い生産方法を適用することができたからなのですが，これによって労働者と資本の組合せは点 C から点 B へ変わります。資本の代わりに労働者を使うことになるわけですが，代替効果はこうした労働と資本の代替関係の大きさを示しています。

6.2 労働需要の賃金弾力性

　実質賃金が変化すると，企業の労働需要はどの程度変化するでしょうか。これまで学んだように，実質賃金と限界生産物が等しくなるように企業は労働者数を決めるはずです。したがって，実質賃金が変化すれば労働需要量も変化するはずです。ただし，ここまでは実質賃金が1％変化したときに労働需要が何％変化するかという厳密な変化量までは考えていません。

　実質賃金が1％変化したときに労働者数が何％変化するかを知る指標が，**労働需要の賃金弾力性**[2] という概念です。具体的には，労働需要の賃金弾力性 η は次の数式で計算できます。

$$\eta = \frac{労働者数の変化率}{実質賃金の変化率} = \frac{\dfrac{\Delta L}{L}}{\dfrac{\Delta w}{w}} = \left(\frac{\Delta L}{\Delta w}\right)\left(\frac{w}{L}\right) = \frac{\dfrac{w}{L}}{\dfrac{\Delta w}{\Delta L}}$$

　ところで，企業の労働需要曲線の傾きはマイナスでした。これは，実質賃金が上がると限界生産物も大きくなるため，その分だけ企業が投入する労働者数は減少することを意味します。このことから，労働需要の賃金弾力性 η の値はマイナスとなります。

　また，労働需要曲線の傾きは弾力性の大きさと関連しています。図6.6 を見てください。2本の労働需要曲線が描かれていますが，賃金が1000円から1010円に1％上昇すると，曲線Aでは労働者数は200人から199人に0.5％減少しますが，曲線Bでは200人から197人へ1.5％減少しています。つまり，その傾きがより急な曲線Aの弾力性は0.5％であるのに対して，傾きの緩い曲線Bの弾力線は1.5％ということになり，労働需要曲線の傾きが急

---
[2] 労働需要の自己賃金弾力性と呼ぶ場合もあります。

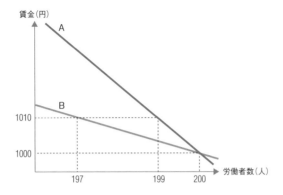

図 6.6　労働需要曲線の傾きと賃金弾力性の関係

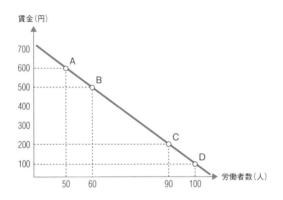

図 6.7　労働者数と賃金弾力性の関係

なほど弾力性は小さな値になることが分かります。

　ただし，弾力性の大きさは労働需要曲線の傾きとだけ関連しているわけではありません。今度は図 6.7 を見てください。賃金が 500 円から 600 円へ 100 円だけ上がった場合，労働者数は 60 人から 50 人へ 10 人だけ減少しています（点 B から点 A への変化）。このときの弾力性は

$$\frac{|(50-60) \div 60| \times 100}{|(600-500) \div 500| \times 100} = \frac{-16.\dot{6}}{20.0} = -0.8\dot{3}$$

となります。これに対して賃金が100円から200円へ100円だけ上がると、労働者数は100人から90人へ10人だけ減少します（点Dから点Cへの変化）が、その弾力性は、

$$\frac{|(90-100) \div 100| \times 100}{|(200-100) \div 100| \times 100} = \frac{-10}{100} = -0.1$$

となります。同一の需要曲線上でも賃金と労働者数によって弾力性の大きさには違いがあり、需要曲線の上側では下側に比べて弾力性の値は大きくなります。

　ところで、政策を考える上で賃金弾力性の大きさは重要です。たとえば、政策によって賃金が上がったとします。この場合、いずれにせよ労働者数は減少するのですが、労働需要の賃金弾力性によって社会への影響は異なります。もしも弾力性の大きさが1よりも大きければ、賃金が1%上がると労働者数は1%以上減ることになりますから、労働者数は大きく減ります。その結果、社会全体の勤労所得（＝賃金×労働者数）は小さくなってしまいます。逆に、弾力性が1よりも小さな値であれば、賃金率が1%上がっても労働者数は1%も減りませんから、勤労所得は大きくなります。この場合には、職を失う労働者は少なからずいるのですが、社会全体では状況が良くなることになります。

●賃金弾力性は何に影響されるか——ヒックス・マーシャルの法則

　では、労働需要の賃金弾力性の大きさはどのようにして決まるのでしょうか。賃金弾力性に影響する要因として、**ヒックス・マーシャルの法則**として知られる、以下の4つがあります。

　① 生産している財の需要

　　賃金が上がると生産費用は上昇し、販売価格を上げないと利益は減ります。しかし、生産している財の（需要）価格弾力性が大きいほど、販売価格の上昇が財需要を減少させることになります。この結果、労働者

の投入の減少になります。つまり，生産している財の価格弾力性が大きくなるほど，労働需要の賃金弾力性も大きくなるのです。

② 他の生産要素との代替可能性

　　賃金が上がると，企業は生産費用を節約するために，労働者の仕事を機械などに代替できないかを検討するかもしれません。たとえば，食器などを洗う労働者の代わりに食器洗い機を導入するなどです。したがって，労働者の仕事が他の生産要素に代替可能であれば，労働需要の賃金弾力性は大きくなります。

③ 他の生産要素の供給

　　②の要因に関連して，もし企業が労働者の代わりに他の生産要素を利用することになった場合，その生産要素の価格が上昇するかもしれません。たとえば，多くの企業が労働者の代わりに食器洗い機を利用しようとすればするほど，その価格は上がります。すると，場合によっては，賃金が上がっても労働者に食器を洗ってもらったほうが，生産費用は安くつくかもしれません。食器洗い機の供給が十分で，その価格があまり上がらなければ労働者の代替は進みますが，そうでなければ労働者の代替は進みません。このように，他の生産要素の供給状況が労働需要の賃金弾力性に影響するのです。

④ 労働費用の割合

　　最後に，企業の総費用に占める労働費用の割合は労働需要の賃金弾力性に影響します。たとえば，労働費用の割合が10％の企業Aと90％の企業Bとを比較しましょう。他の条件は一定のままで賃金が10％上昇すると，企業Aの総費用は1％増加することになり，企業Bのそれは9％増加することになります。もし総費用の増加を生産している財の価格に転嫁することになれば，企業Bの財の価格は企業Aに比べて高くなるはずです。その結果，企業Bが生産する財への需要は減少し，結果として労働者の投入も減ることになります。

6.3 雇用者数の変化と雇用調整

　図 6.8 は，日本全体で雇用者数がどのように推移してきたかを見たものです。1980 年以降，雇用者数は一貫して増加しているようにも見えますが，雇用者数の対前年変化率を見れば，年によって増えたり減ったりを繰り返していることが分かります。ここで，短期の労働需要を思い出してみてください。

$$f'(L) = \frac{w}{p}$$

でした。何らかの理由で景気が悪化して，財・サービス需要が減少したとします。すると，財・サービスの価格は下落しますから，右辺の実質賃金は上昇します。この変化に対応するため，企業は労働の限界生産物が高い水準になるように調整する必要があり，労働需要は以前と比べて減少します。一方，景気が良くなり，財市場で需要が増加し商品価格が上昇すれば，実質賃金が低下し，それに合わせて労働の限界生産物も低くなり，労働需要は増加します。このように，景気の変動に合わせて，雇用者数は増減を周期的に繰り返しているのです。

　さらに，雇用者数は長期的な傾向を持ちます。図 6.8 に戻って 1980 年から 98 年まで（青線）と 98 年から 2018 年まで（黒線）を比較すると，雇用者数の増加トレンドが異なっていることが分かります。図中の破線は雇用者数のトレンドを示していますが，98 年以降のトレンドの傾きがそれ以前に比べて緩くなっており，雇用者数の増加は小さくなっていることが分かります。こうした長期的な変化は，長期の労働需要を思い出してもらえればよいのですが，利用可能な技術の変化や資本と労働の相対価格の変化が原因で起

（注）　トレンドは線形（一次）で近似している。
（出所）　「労働力調査（基本集計）」（総務省統計局）

図6.8　雇用者数とその対前年変化率の推移

きていると考えらます。

　企業が販売する財やサービスの価格が変化したり，資本と労働の相対価格
が変化したりすると，企業の最適な労働者数は変化します。理論的には，実
質賃金と限界生産物が等しいところで労働需要量が決まるからです。

　しかし，現実には生産物の価格や実質賃金が変化するたびに，企業は労働
需要量を変えているわけではありません。一般的に，日本の企業が労働者を
増やすのは，新卒の採用がある4月です[3]。逆に，定年退職などが増える3
月には多くの企業が労働者を減らしています。中途採用やリストラを行って
労働需要を調整する企業がないわけではありませんが，それでも生産物価格
や実質賃金の変化に同調して瞬時に労働者数を変える企業はないと言って良
いでしょう。これまでの研究によれば，企業が赤字に陥ったとしてもすぐに
解雇をするのではなく，残業を減らしたり新規採用を停止したりするなどの
措置をとっていることが多く，二期連続の赤字など企業経営が本当に逼迫し
た場合に解雇が行われるということが明らかにされています（**コラム6.2**参

[3]　4月以外にも，お中元やお歳暮の時期にあたる7月や12月に労働者を増やす企業があります。

照）。

> **コラム 6.2　解雇の種類**
>
> 　企業が労働者を解雇するのは，大きく 3 つの理由があります。一つは，以下の 2 つの理由による解雇以外の解雇で，たとえば労働者が病気や怪我なので勤務ができなくなったとか，労働者の勤務成績が不良だとか，個別事情によって行われる解雇で，**普通解雇**と呼ばれます。もう一つは，労働者が犯罪行為を行ったとか，職場規律や業務命令に違反したとか，企業機密や営業上の秘密を漏洩したなど，企業の規律や秩序に反した労働者に対する懲戒として行われる解雇で，**懲戒解雇**と呼ばれます。最後の一つは，企業が経営不振によって合理化するために人員整理するなどで行われる解雇で，**整理解雇**と呼ばれます。

◆ Technical 編　雇用の調整費用と調整速度

　では，なぜ企業は経済学の理論が考えているように，実質賃金と限界生産物が等しくなるように労働者数を調整しないのでしょうか。ここまで見てきた経済学の理論が間違っているのでしょうか。

　現実の企業の雇用調整を見ると，労働者数を変更する場合に様々な費用が発生していることが分かります。たとえばカリーズの売れ行きが不振となって労働者を大量に解雇せざるを得ない事態になったとしましょう。その場合には，カリーズは辞めてもらう労働者に退職金を支払わねばならないし，労働者の働いて得た経験や知識も失うことになります（**コラム 6.3** 参照）。逆に，売上が順調に伸びて新たな労働者を雇おうとする場合には，求人広告を出すなど採用活動の費用も必要だし，採用した従業員を訓練する費用も必要になります。このような労働者数を新しい人数に調整するために企業が負担する費用を，**雇用調整費用**と呼びます[4]。

---

[4]　雇用調整費用には，**可変調整費用**と**固定調整費用**の 2 つのタイプがあります。可変調整費用は企業が調整する労働者の数に比例して必要となる費用で，固定調整費用は調整する労働者の数に関係なく必要となる費用のことです。ここでは両者を分けることはしていません。なお，採用や解雇には雇用慣行や法制度が影響しており，それが雇用調整費用にも影響します。

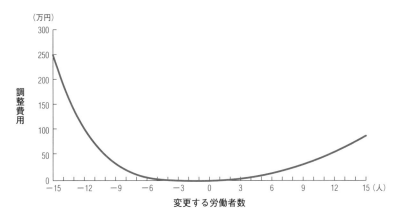

図 6.9　変更する労働者数と調整費用の関係

コラム 6.3　日本企業の雇用調整の実態

　労働政策研究・研修機構の「従業員の採用と退職に関する実態調査」によれば，整理解雇を実施した企業が整理解雇にいたる前に「新卒採用抑制」（38.8％），「不採算部門の縮小・廃止，事業所の閉鎖」（36.9％），「配置転換」（36.5％），「希望退職の募集（早期退職優遇制度含む）」（25.3％），「残業規制」（23.9％）などを行っていることが分かります。「解雇回避措置は実施していない」とする企業は6.5％に過ぎません。日本の企業ができる限り整理解雇を避けようとしているかが，この調査結果からも分かります。

　図 6.9 は，変更する労働者数と調整費用の大きさの関係を示します。この図によれば，企業の変更する労働者数と調整費用とにはプラスの相関関係があり，変更する人数が増加するほど調整費用はより増加することが分かります。また，採用するよりも解雇する場合のほうが費用はより多く発生すると考えられ，図に示されるように調整費用は非対称的なカーブを描いています。

　では，雇用の調整費用が存在する場合，企業の採用や解雇にはどのような影響があるでしょうか。たとえばカレーがブームになったことで，カリーズ

の店長が店の売上げがしばらく伸び続けるだろうと予想したとしましょう。当然ながら店長は，利潤最大化のために労働者を増やそうとし，たとえば7人を新たに採用したとします。このとき，もし調整費用が不要ならば7人をすぐに採用することができるでしょう。しかし，調整費用があると7人をすぐに採用することはできず，採用数は目標の7人に向かってゆっくりと増加していくことになります。なぜなら，図で示されているように，採用数が多いほど調整費用が高くなるので，一度に多くの労働者を雇うよりも，ゆっくりと労働者を採用したほうが費用は少なくて済むからです。同様のことは雇用を減らす場合にも言え，労働者を一度に解雇すると調整費用が多くかかるので，ゆっくりと雇用量を減らすことになります。このように雇用調整費用が存在すると，利潤最大化が実現する労働者数に至るまで採用や解雇に時間を要することになります。このような雇用調整に必要な時間を**雇用調整速度**と呼びます。

●労働者数と労働時間

ここまで，企業の労働需要の変化は労働者数の変化だけを見てきました。しかし，現実の企業は，労働者数（マン）と労働時間（アワー）をそれぞれ変化させて，その合計であるマン・アワーの総量を調整することで労働需要の変化に対応しています。このため，労働者数と労働時間を区別して考えておくことは重要となります。たとえば企業が提供する福利厚生費が労働者数と比例して増加するなら，労働者数を調整するよりも労働時間数で調整したほうが費用は節約できることになります。一方，残業に対して割増賃金を支払う必要があったり，労働時間に総量規制があったりすれば，労働時間数よりも労働者数で調整することを企業は選択するはずです。

いま，カリーズに新たな仕事ができたとしましょう。この仕事を片付けるためには，既存の労働者に残業してもらっても構わないし，新たに1人の労働者を雇っても構いません。このとき，既存の労働者に残業してもらう場合には1時間あたりの賃金をカリーズは支払えば良いのですが，新たに労働者

を雇う場合には求人広告や訓練のための調整費用が発生し，労働者を雇い入れた後は1時間あたりの賃金を支払わなければならないとします。

さて，カリーズは既存の労働者に残業してもらうべきでしょうか，それとも新たに労働者を雇い入れるべきでしょうか。もし調整費用がゼロなら，既存の労働者に残業してもらっても，新規に労働者を雇っても，両社の費用は同じです。しかし，調整費用がプラスに大きくなれば，新規に雇うよりも既存の労働者に残業してもらったほうが，相対的に費用は安くなります。このため，「新規に労働者を雇う」から「既存の労働者に残業してもらう」へという代替効果が発生します。さらに「新規に労働者を雇う」場合には，調整費用の存在により生産の限界費用を高めることになるので，想定したよりも新たにできた仕事が減ってしまうという規模効果も発生します。その結果，より少ない労働者とより短い労働時間で済んでしまうことになり，労働需要は当初よりも小さなものになります。

 第6章の確認問題

[1] 賃金が上昇したとします。このとき，長期の労働需要にはどのような影響がありますか。また，長期の資本需要はどうなるでしょうか。

[2] 人工知能（AI）やロボットの実用化がめざましい勢いで進んでいます。これらは労働需要の賃金弾力性にどのような影響があるでしょうか。

[3] 日本の企業は，景気が後退すると，最初に労働時間を減らそうとし，労働者の解雇は最後の手段とする傾向が見られます。日本企業が景気変動に対して労働時間で調整するのはなぜなのかを説明してください。

[4] 日本政府は企業に働き方を改革し，労働時間の短縮を求めています。このことは企業の労働需要にどのような影響をもたらすでしょうか。

第7章 労働者と企業の出会いの場 ——労働市場のメカニズム

Outline

　労働市場で労働者と企業がどのように取引をするのか，そして，労働者の労働供給が増えたり，企業の労働授業が増えたりすると，労働市場ではどのようなことが起きるのかを考えていきます。

7.1 労働市場の供給と需要

◆ Story 編　労働者と企業の取引

「店長，そう言えばなかなか新しい人が見つかりませんね」

「求人広告は出したけど，応募はまだないね。ユウタ君の友達でアルバイトしたい人はいないかな。」

「最近景気が良いから，どうでしょうね。最近，労働市場が売り手市場だって言うじゃないですか。もしかしたら時給を上げれば来るかもしれませんよ。」

「時給が上げられるかどうかは，社長に聞いてみないとなぁ。」

「店長が社長じゃないですか。ついでに僕の時給も上げてくださいよ。」

　ユウタ君のアルバイト先では，新しい人をなかなか雇えないようですね。どうやら労働市場が売り手市場になっているようです。労働市場は，労働力

を供給する労働者と労働力を需要する企業が，労働力を取引する市場です。魚市場（うおいちば）や青果市場（せいかいちば）のように，労働力を取引する市場（いちば）が実際に存在するわけではありません。しかし，労働者と企業の間で労働力がどのように取引されているのかを分析するために，経済学者はあたかも労働市場が存在すると考え，そのメカニズムを解明しようと試みてきました。

この章では，労働者と企業がどのように取引をするのか，そして，労働者の労働供給が増えたり，企業の労働需要が増えたりすると，労働市場ではどのようなことが起きるのかを考えていきます。

◆ Technical 編　労働市場のメカニズム

ミクロ経済学を勉強している皆さんは，マーケット・メカニズムについて学んだと思います。たとえばミカンの市場を考えると，ミカンの供給曲線と需要曲線が交わる点でミカンの価格と取引量が決まるといったことを学んだと思います。労働市場についても，同様のマーケット・メカニズムが働いていると考えられます。以下で具体的に見ていきましょう。

●労働供給曲線

まず，労働者の供給行動を表す労働供給曲線を見てみましょう。**第 2 章**で学んだように，人々が労働供給しようとするのは，自身の留保賃金率よりも市場賃金率が高いときでした。逆に，留保賃金率が市場賃金率よりも高い場合には，人々は労働供給しようとはしません。そして留保賃金は，その水準を決める余暇と所得に関する効用が個人によって異なるので，個人によってバラつきます。所得よりも余暇を重視する人の留保賃金は高くなる傾向にあり，余暇よりも所得を重視する人のそれは低くなる傾向にあるからです。

さて，ここからはある社会に住む人々の労働供給について考えてみましょう。この社会には 15 歳以上人口が 100 万人ほど住んでいて，人々の留保賃

表7.1 留保賃金率と労働者数の分布

留保賃金率 (円)	労働者数 (万人)	労働者数 (万人, 累積)	人口が2倍になっ たときの労働者数 (万人, 累積)
500	0	0	0
600	0	0	0
700	0	0	0
800	1	1	2
900	3	4	8
1000	7	11	22
1100	9	20	40
1200	13	33	66
1300	15	48	96
1400	19	67	134
1500	23	90	180
・		・	・
・		・	・
・		・	・

金率をまとめると，表7.1のような度数分布になるとします。この表から，留保賃金率が800円未満の人は誰もいなくて，800円以上900円未満の人が1万人，900円以上100円未満人が3万人いることが分かります。

　この留保賃金率の度数分布を用いて，市場賃金率とその賃金率で働きたいと考える人数の関係を示してみましょう。もし市場賃金率が900円だとします。すると，

留保賃金率 ≦ 市場賃金率　⇒　労働供給する（労働力）
留保賃金率 ＞ 市場賃金率　⇒　労働供給しない（非労働力）

でしたから，留保賃金率が900円以下の4万人が労働供給することになります。このように，労働供給する人数はそれぞれの賃金率での労働者の累積度数となります。図の縦軸を賃金率，横軸を人数として，それぞれの賃金率における累積度数を描くと，図7.1のような右上がりの曲線 S_1 になります[1]。この曲線を労働市場の労働供給曲線と呼びます[2]。

　ところで，もしこの社会で人口が増えたとしたら，労働供給曲線はどうな

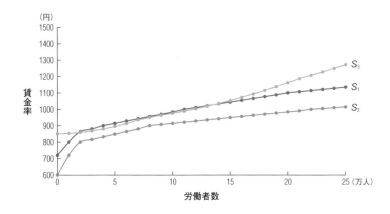

図 7.1 留保賃金率と労働者数の関係（労働供給曲線）

るでしょうか。たとえば，留保賃金率の度数分布の形状は以前と同様のまま
で，人口が 2 倍に増えたとしましょう。すると，それぞれの留保賃金率での
度数（人数）は以前の倍になりますから，労働供給曲線は右側にシフトして
図 7.1 の S_2 のように描かれるはずです。

　では，人口は変化せず，人々の留保賃金率の分布が変化したとしたら，労
働供給曲線はどうなるでしょう。この場合，労働供給曲線の傾きが変わるこ
とになります。たとえば留保賃金率の低い労働者が減少し，留保賃金率の高
い労働者が増加したとすれば，労働供給曲線は図 7.1 の S_3 のように，曲線
の傾きが以前よりも大きくなるでしょう。

●労働需要曲線

　では，次に企業の労働需要について見ていきます。すでに皆さんは**第 4 章**

---

[1] 第 2 章で見た留保賃金の分布の図は，縦軸に人数，横軸に賃金率水準がとられていました。経済学で
　は，伝統的に賃金率など価格を縦軸に，人数や数量を横軸にとります。
[2] ここでは労働供給を行う人数を考えていますが，**第 4 章**で見たように人数に時間も加えて労働供給を
　考えることもできます。

で，競争的な企業が労働者を増やしていくと限界生産物は逓減していくということ，そして企業は限界生産物と実質賃金率が等しいように労働者を雇用すれば利潤最大化ができる，ということを学びました[3]。表7.2は，賃金率（＝限界生産物）と利潤を最大化できる労働者数の関係を示しています。この表をもとに，縦軸に賃金率（＝限界生産物）を，横軸に人数をとって，ある競争的企業（企業Aとします）の限界生産物と労働者数の関係を図7.2に描いてみると，限界生産物は労働者の増加に伴って逓減していますから，右下がりの曲線 D_A が描けます。この曲線は，市場賃金が1000円なら企業Aは3万人を雇用すれば利潤を最大化できるということを意味しています。この曲線を個別企業の**労働需要曲線**と呼びます。

　図7.2には企業Aだけでなく，企業BやCといった競争的企業の労働需要曲線 D_B，D_C も描かれています。曲線 D_B と D_C では傾きが異なっていることに注目してください。これは企業BとCでは限界生産物曲線の形状が違うため，労働需要曲線の傾きが異なるのです。

　現実の社会には多数の企業が存在していますが，ここでは企業AとB，そしてCの3社しかない社会を考えてみることにしましょう。すると，**労働市場全体の労働需要曲線**は，この3社の労働需要曲線を合計したものになるはずです。図7.2には労働市場全体の労働需要曲線 D_1 が描かれていますが，これはそれぞれの賃金率における各企業の労働需要量を合計して求めたものです。たとえば賃金率が1000円であれば，企業Aは3万人，企業Bは4万人，企業Cは2万人をそれぞれ需要しているので，全体の労働需要は9人となります。賃金率が1500円であれば，企業Aは0.1万人，Bは1.5万人，Cは1万人となり，全体の労働需要は2.6万人になりますので，全体の労働需要を結んだものが労働市場全体の労働需要曲線となります。

　ところで，この社会に新しく競争的企業Dが起業されたとしましょう。このとき，労働市場では企業Dの分だけ労働需要は増加するはずです。企

---

[3] ただし，この企業は利潤極大化しようとしており，投下している資本を変化させることができないと考えています。

表7.2　各企業の労働需要

賃金率	A 社	B 社	C 社	D 社	A–C 社の合計	A–D 社の合計
(円)		(万人)				(万人)
500	13	18	8	10	39	49
600	11	14	6	7	31	38
700	9	11	4	5	24	29
800	7	8	3	4	18	22
900	5	6	2.5	3	13.5	16.5
1000	3	4	2	2	9	11
1100	2	3	1.8	1.5	6.8	8.3
1200	1	2.5	1.6	1	5.1	6.1
1300	0.5	2	1.4	0.5	3.9	4.4
1400	0.2	1.8	1.2	0.3	3.2	3.5
1500	0.1	1.5	1	0.1	2.6	2.7
・	・	・	・	・	・	・
・	・	・	・	・	・	・

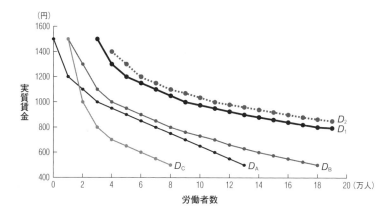

図 7.2　実質賃金と労働者の関係（労働需要曲線）

業 D の賃金率と労働者の関係が表 7.2 に示されている通りだとすれば，労働市場全体の労働需要は図 7.2 の曲線 D_2 のようになります。このように，社会で企業の数が増えたりして労働需要が増加すると，労働市場の労働需要曲線は右にシフトします。

●労働市場の均衡

　図7.3は，図7.1と図7.2で描いた労働市場の労働需要曲線と労働供給曲線を，同時に描いたものです。右下がりの曲線が労働需要曲線，右上がりの曲線が労働供給曲線です。

　この図では，労働需要曲線と労働供給曲線が点A（10万人，975円）で交わっています。この点Aで2つの曲線が交わっているということは，労働需要と労働供給が過不足のない状態になっていて，労働市場の需給がちょうど釣り合っていることを意味します。このように労働力の需給がバランスしている状態を**労働市場は均衡状態にある**と言います。そして，労働市場が均衡状態になっているときの賃金率と労働者数をそれぞれ**均衡賃金率**と**均衡労働者数**と言います[4]。均衡とは，なんらかの運動や活動，あるいは調整や反応が完了し，それ以上の変化が起きない状態のことです。つまり労働市場が均衡状態にあるということは，労働需要と供給の調整が完了し，それ以上の変化がないということです。

　では，何らかの理由で労働供給や需要に変化が生じたら，労働市場はどのように調整されるのでしょうか。たとえば図7.4のように，景気が良くなったことで労働需要が増大し，労働需要曲線がD_1からD_2に変化したとしましょう。このとき，労働市場が新たな労働需要の下で均衡することになれば，市場賃金率はそれまでの975円から新たな均衡賃金率の1100円になるはずです。

　では，新たな均衡にはどのようにしてたどり着くのでしょうか。労働市場の調整プロセスを見るために，市場賃金率が975円のまま変化しなければ労働市場がどうなるかを考えてみましょう。

　図7.4によると，新しい労働需要曲線の下で賃金率が975円のままだと，労働需要量は26万人であることが分かります。このとき，労働供給量は10万人ですから，労働供給量が労働需要量を16万人ほど下回ることになりま

---

[4]　均等賃金率と均衡労働者数は，数式などではよくw^*とL^*で表されます。

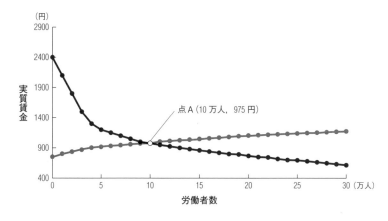

図 7.3　労働需要と供給

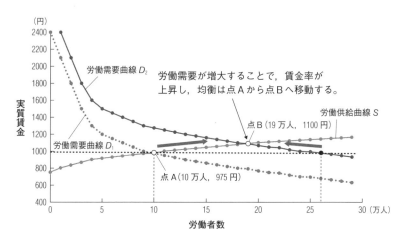

図 7.4　労働需要の増大と新しい労働市場の均衡

す。企業は人手不足の状態になってしまいます（労働需要超過とも言います）。

　こうなると，人手不足の企業は労働者を採用するために，より高い賃金率を提示しなければならないことに気づくはずです。その結果，市場賃金率は徐々に上昇し，それまで働こうとしていなかった労働者も

> 留保賃金率 ≦ 市場賃金率

となって働こうとし，図 7.4 の右上向きの矢印のように労働供給量は増加していきます。また，市場賃金率が上昇すれば利潤最大化を目指す企業の生産は

> 限界生産物 ＝ 市場賃金率

で行われていますから，生産量は減って必要な労働者数も減ることになり，図 7.4 の左上向きの矢印のように労働需要量は減少していきます。こうして，労働市場では需要超過が徐々に解消されていき，やがては労働供給と需要が点 B で均衡することになります。

　また，労働需要が減少したり，労働供給が増加したりして，市場賃金率が均衡賃金率よりも高くなり，労働供給超過となることもありえます。この場合には，企業はより低い賃金率で労働者を雇うことができると考えますから，市場賃金率は徐々に低下していき，その結果，働きたいと考える労働者が減り，いずれ労働供給量と労働需要量が一致し，市場賃金率も均衡賃金率に落ち着いていくことになるでしょう。

　労働市場では，このような一連の調整と反応が起き，最終的には労働需給が一致し，調整や反応がストップする均衡状態に達すると考えられます。このときに重要な役割を担っているのが市場賃金率です。労働供給超過の場合でも労働需要超過の場合でも，市場賃金率が上下することによって労働需給を一致させようとするからです。このような労働市場の働きを**賃金（価格）調整メカニズム**と言います。

7.2　労働市場の効率性

　労働市場の均衡を分析する最大の理由は，それによって労働市場がどれだ

け効率的に機能しているかを考えることができるからです。労働市場が効率的に機能しているというのは，市場賃金で働こうと考えている労働者全員が働くことができて，市場賃金で労働者を雇おうとする企業すべてが労働者を雇えている状態にあることを言います。

もしも労働市場が効率的でなければ，労働者が市場賃金で働きたいと考えていても仕事に就けず，生活の糧を得ることが難しくなるかもしれません。また，企業にとっても労働者を雇いたくとも雇うことができなくなり，その分だけ利益を上げるのが難しくなります。このような状態は社会にとっては非効率的です。

働きたいと考える労働者が実際に企業で働くことができて，労働者を雇いたいと考える企業が実際に労働者を雇えるということは，社会全体の利得も大きくすることになります。

◆ Technical 編　労働市場の「余剰」

図 7.5 は，労働市場が均衡した場合の労働者や企業，そして経済全体が得る余剰が描かれています。**余剰**は，国語辞典では「必要以上の余分。余り」などとありますが，経済学では労働者や企業，そして社会全体の厚生を測る指標と捉えています。厚生とは，人々の生活や健康などを豊かにすることです。つまり，労働市場で余剰が大きくなれば，人々の豊かさも増すと考えられます。

では，労働者が得る余剰について見ていきましょう。図 7.5 では，労働供給曲線と市場賃金を通る X 軸と平行に引いた直線で囲まれている△ ABC の部分が労働者の得る余剰，**労働者余剰**になります。この部分が労働者の余剰となるのは，次のように考えると理解できると思います。まず，需要と供給を均衡させる市場賃金率が 1000 円なので，留保賃金率が 800 円の労働者 1 万人にとって差額分の 200 円は得をすることになります。なぜなら，800 円で働いても良いと考えている人が，1000 円の賃金を得ることになるからで

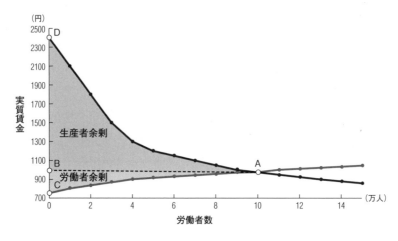

図 7.5　労働者余剰と生産者余剰

す。同様に，留保賃金率が 900 円の労働者にとっては差額の 100 円を得することになります。つまり，図で示される労働者余剰の部分は，市場賃金と労働者の留保賃金の差の合計であり，労働者の利得であると言えるのです。

　他方，**生産者余剰**についてはどうでしょうか。労働需要関数は企業の限界生産性を表したものでしたから，これと市場賃金との差は企業の利得になります。というのは，限界生産物にその財の市場価格を掛ければ企業の限界収入となりますから，それと賃金の差が限界利潤となるからです（財の市場価格を 1 と考えれば限界生産物と限界収入は等しくなります）。したがって，図の△ ABD は企業の限界利潤の合計となり，生産者の余剰だと言えます。

　なお，労働者余剰と生産者余剰を足した社会全体で得た利得合計（図では△ ACD）を**総余剰**と言います。

●最低賃金の労働市場に与える影響

　ところで，労働市場が非行率的な状況とは一体どのような状況を考えれば良いでしょうか。非効率な状況の例としてよく挙げられるのが，最低賃金の

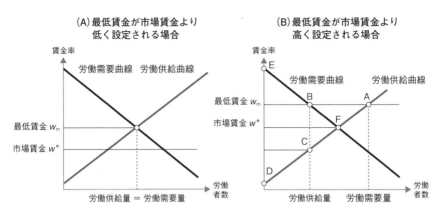

図 7.6　最低賃金制度が労働市場に与える影響

例です（**コラム 7.1** 参照）。図 7.6 **(A)**，**(B)** には最低賃金が設定されたときの労働市場が描かれています。図 7.6 **(A)** は最低賃金が市場賃金よりも低い水準に設定されている状況を示し，一方の図 7.6 **(B)** では市場賃金よりも高い水準に最低賃金が設定されています。最低賃金は，企業にその水準以下で賃金を支払うことを禁じていますから，企業はその水準以上で賃金を支払わなければなりません。すると，図 7.6 **(A)** のように市場賃金 w^* が最低賃金 w_m 以下で設定されている場合には企業は市場賃金で労働者を雇い入れても何ら問題は生じませんので，最低賃金制度は労働市場に何ら影響を与えません。

　しかし，図 7.6 **(B)** のように最低賃金が市場賃金を上回って設定されるような場合には，労働市場に影響を与えることになります。この場合，企業は市場賃金ではなく最低賃金 w_m で労働者を雇うことになりますから，労働需要量は点 A までとなります。一方，労働供給量は点 B までとなりますので，労働需要が不足（あるいは労働供給が超過）する状態となります。さらに点 A と点 B の差は，失業する労働者の人数となります。

　最低賃金が市場賃金を上回っている場合の総余剰を見てみると，市場賃金

で労働需要と供給が均衡しているときの総余剰よりも明らかに小さくなっています。最低賃金が設定されてなければ総余剰は△FDEですが，最低賃金が市場賃金以下に設定されると総余剰は□BCDEとなります。市場賃金で需給が均衡しているときの総余剰と最低賃金が設定されたときの総余剰の差△ABCは**死加重**と呼ばれます。死加重は，労働市場の効率性がどれだけ失われた指標です。

コラム7.1　最低賃金制度

　最低賃金制度とは，最低賃金法に基づき国が賃金の最低限度を定め，使用者はその最低賃金額以上の賃金を支払わなければならないとする制度です。日本の最低賃金は各都道府県で決められていて（地域別最低賃金），産業や職種にかかわりなく，都道府県内の事業場で働くすべての労働者とその使用者に対して適用されています。最低賃金は，労働者の生計費や労働者の賃金，通常の事業の賃金支払能力を総合的に勘案して定めるとされており，とくに生計費との関係では生活保護施策との整合性が配慮されています。また，これとは別に，特定の産業について設定される最低賃金もあります（特定最低賃金）。

　日本の最低賃金法は1959年（昭和34年）に成立していますが，アメリカでは1938年に連邦法である公正労働基準法の成立により最低賃金制度が導入されました（ただし，1938年以前にマサチューセッツ州がまず1912年に制度を導入し，続いて他の州も導入しています）。一方，イギリスでは1999年になって全国最低賃金法が成立していますし，ドイツでは2015年から最低賃金制度が導入されています。また，スイスでは最低賃金制度がありません。国によって制度の有無に違いがあることには，各国の労使関係や労働慣行の歴史的経緯が影響しています。

コラム7.2　自然実験による最低賃金の影響

　最低賃金の引き上げは，雇用量を減らすと理論的には考えられますが，現実の労働市場で最低賃金の効果を見ることは非常に困難です。

　というのは，現実の雇用量には，最低賃金だけでなく，景気変動や産業構造といった様々な要因が影響するからです。そのため，最低賃金が引き上げられても，景気が良ければ雇用量は増えるかもしれません。逆に，景気が悪いときであれば，最低賃金とは無関係に，雇用量は減るかもしれません。

　本当に知りたいのは最低賃金の雇用量に与える影響なのですが，景気変動の影響が邪魔をして，最低賃金と雇用量に対する因果関係が正確に把握できないのです。

　こうした問題は経済学の分析ではしばしば起こりますが，解決する一つの方法としては2021年のノーベル経済学賞の授賞理由となった「**自然実験**」があります。ここでは，受賞

者の一人であるデビッド・カード教授（カリフォルニア大学バークレー校）が行った自然実験を紹介します。

　カード教授は，アラン・クルーガー教授（プリンストン大学）と共同で，最低賃金が雇用量を減らすのかについての研究を行いました。

　アメリカでは最低賃金の変更は州ごとに行われます。1992 年には，ニュージャージー州の最低賃金が 4.25 ドルから 5.05 ドルに上がり，ペンシルベニア州では据え置かれるということが起こりました。地図を見ると分かるように，この 2 つの州は隣り合っています。

　そこで 2 人は，ニュージャージー州とペンシルベニア州の境界をまたぐ隣り合う郡について，最低賃金の変更前と後で，それぞれの地域の雇用量がどう変化するかを比較しようと考えたわけです。

　このように，あるグループ（ニュージャージー州の労働者）は最低賃金の影響を受け，もう一方のグループ（ペンシルベニア州の労働者）は影響を受けないという状況を利用できれば，最低賃金の影響を分析できるのです。

　具体的には，2 つの州の雇用率について 92 年前後で差を計算し，その差を 2 つの州で比較しました。それぞれの州で差を計算し，その後に 2 つの州の差をとることから，この手法は「差の差分析」と呼ばれます。その結果，最低賃金の上昇は雇用を減少させないことが分かりました。興味のある読者は，D. Card and A. B. Krueger［2015］*"Myth and Measurement：The New Economics of the Minimum Wage,"* Twentieth Anniversary Edition, Princeton University Press. を読んでみてください。

　なお，最低賃金の雇用量への影響については，カード教授らの研究と同様の結論を得た研究がある一方で，それへの反論もあります。

●雇用保険の影響

　人々が失業すると，その間の生活が困窮する恐れがあります。そのため，要件を満たした失業者に対しては，基本手当（失業手当）と呼ばれる給付が**雇用保険制度**から支給されます。雇用保険制度は政府が管掌している強制保険制度です（**コラム 7.3** 参照）。労働者と労働者を雇う企業（事業主）がそれぞれ雇用保険料を支払い，国も一定割合分を拠出しています。雇用保険料は税金ではありませんが，強制保険なので要件を満たす労働者と事業主は保険料を必ず支払わなければなりません。

日本の雇用保険制度は，大きく２つの制度に分けられます。

一つは失業等給付と呼ばれる制度で，労働者が失業した場合や雇用継続が困難となるような事態（具体的には出産・育児あるいは介護）が生じた場合，あるいは労働者自らが職業に関する教育訓練を受けた場合に，労働者の生活や雇用の安定と就職促進のために，基本手当（失業手当）や教育訓練給付金，育児休業給付，介護休業給付などを労働者に支給します。

もう一つの制度は雇用保険二事業で，失業の予防や雇用状態の是正と雇用機会の増大，労働者の能力開発と向上，その他労働者の福祉の増進を図るために，雇用安定事業や能力開発事業を行います。雇用保険二事業の多くは企業に対する助成制度で，たとえば景気変動などで事業活動縮小を余儀なくされた企業が，一時的な雇用調整（休業，教育訓練または出向）を実施することによって，従業員の雇用を維持した場合に助成される雇用調整助成金制度などです。

このように，日本の雇用保険制度は，失業者に対する失業保険だけでなく，失業を未然に防ぐための各種給付や助成を備える総合的な制度となっています。

雇用保険制度とは別に，労働者災害補償保険（労災保険）や健康保険，あるいは年金保険なども，労働者と企業が折半して保険料を支払う強制保険制度となっています。これらは**社会保険制度**と総称されます。

では，社会保険制度は労働市場に対してどのような影響を与えているでしょうか。多くの社会保険の保険料は，賃金総額に一定の保険料率を乗じて計算されますが，ここでは簡単にするために，賃金水準にかかわらず一定額の保険料を支払うものとしましょう。さらに，実際の制度では保険料は労働者と企業が折半して支払っていますが，ここではまず労働者だけが保険料を負担するものとしましょう。

この場合，労働者が負担する保険料分だけ労働者の手取りは減ることになります。労働者が生活をする上では保険料込みの賃金総額よりも実際に手に入るお金のほうが大事ですから，労働者が労働供給するかどうかは手取り額で判断されることになります。このため，労働者が保険料を負担したときの労働供給曲線 Sa は，保険料負担分だけ曲線 Sb の左上へ移動することになります。

図7.7から分かるように，均衡点は保険料を負担する前の点Aから点B

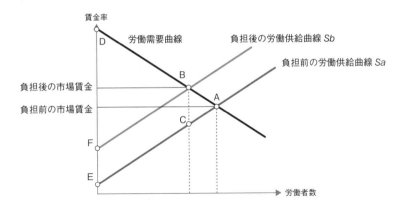

図 7.7　労働者が雇用保険料を全額負担したときの影響

に移動します。その結果，総余剰は △ADE から △BDF と変わります。つまり，労働者が雇用保険料を負担することによって，□ BAEF だけ総余剰は小さくなることが分かります。ただし，□ BCEF の部分は雇用保険料に相当する部分ですので，失われるわけではありません[5]。死加重となるのは △BAC の部分となります。

7.3　買い手独占の労働市場

◆ Technical 編　**買い手独占市場の効率性**

　ここまでは，多くの労働者と競争的企業だけが参加しているという前提で労働市場の需給調整メカニズムを見てきました。しかし，産業や地域によっ

---

[5]　雇用保険料部分は，失業が発生すれば労働者に失業手当として給付されます。このため□ BCEF の部分が失われるわけではないと考えられるわけです。

表 7.3 労働者数と労働の限界費用

賃金率 （円）	働きたい労働者 の人数（人）	企業の労務費用 （円）	労働の限界費用 （円）
w	E	w × E	
850	0	0	
900	1	900	900
950	2	1900	1000
1000	3	3000	1100
1050	4	4200	1200
1100	5	5500	1300
・	・	・	・
・	・	・	・

　ては，労働需要の多くが特定の企業に占められていることもありえます。そのような場合に労働市場はどのように機能しているのでしょうか。そして，どのような問題が労働市場に生じているのでしょうか。以下では，労働者は多数いるけれども，企業が 1 社しか存在しないような労働市場を考えて，競争的な労働市場とどのような違いがあるのかを見ていきたいと思います。

　表 7.3 を見てください。この表には，企業が 1 社しか存在しない労働市場で，企業が提示する賃金率とその賃金率で労働供給してもよいと考えている労働者数が示されています。たとえば，企業が 800 円の賃金率を提示しても働こうとする労働者はいませんが，900 円が提示されると 1 人の労働者は労働供給することが分かります。そして，企業が 2 人の労働者を雇うためには，最低 950 円の賃金を提示する必要があることも分かります。この表の数字を使って労働供給曲線を描くと，図 7.8 の労働供給曲線 L_s のようになります。

　さて，この労働市場で企業が必要な人数の労働者を雇おうとしたら何が起こるでしょうか。たとえば企業が 1 人だけ労働者が必要であれば 900 円の時給を提示すれば良いのですが，2 人の労働者が必要となれば 950 円の時給を提示する必要があります。すると，1 人の労働者を雇い入れるときの労働費用は 900 円（900 円 × 1 人）ですが，2 人を雇い入れことになれば労働費用は 1900 円（950 円 × 2 人）となります。このとき，企業が労働者を 0 人か

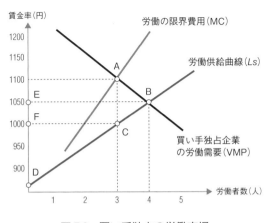

図 7.8　買い手独占の労働市場

ら 1 人へ増やすと 900 円が，1 人から 2 人に増やすと 1000 円が，それぞれ追加的に必要となる労働の限界費用ということになります。

　労働の限界費用を図 7.8 に描くと，労働の限界費用曲線 MC のようになります。図から分かるように，労働の限界費用曲線は右上がりで，労働供給曲線 L_s に比べて傾きが大きく，上方に位置しています。これは，追加的に雇う労働者に支払う賃金率が，既に雇用されている労働者にも適用されるためです。

　では，企業は何人を雇えば良いでしょうか。もし企業が利潤を最大化するように行動しているならば，限界費用と限界生産物が等しくなるまで労働者を雇うことになります。図 7.8 では，限界費用曲線 MC と限界生産物曲線 VMP が交わる点 A の 3 人です。このとき，企業は 3 人を 1 人 1000 円の賃金率で雇うことができます。もしこの企業が 3 人よりも少ない労働者で生産活動を行うと，限界費用よりも限界生産物が大きく，利潤を出せる余地があることになります。逆に 3 人よりも多くの労働者を雇うと，限界費用が限界生産物を上回り，利潤は減っていくことになります。したがって，企業は限界費用と限界生産物が等しくなる点 A で，3 人の労働者数を雇うことが合理

的となります。

　ところで，もし労働市場が競争的だとしたら，点B（4人，1050円）で労働市場は均衡することになるはずです。この場合，4人の労働者が雇われることになったはずです。しかし，買い手独占市場の場合には3人しか労働者は雇われないということになります。さらに，競争市場であれば賃金率は1050円になるはずですが，買い手独占市場であると1000円になります。このように，買い手独占市場の場合，それが競争市場である場合に比べて，雇われる労働者は少なくなり，賃金率も低くなることが分かります。

　図7.8に戻って，労働市場が競争的である場合に比べて，買い手独占の場合にどれだけ非効率的になっているのかを見てみましょう。まず総余剰は，△ABCだけ少なくなっています。さらに，労働者の余剰は△BDEから△CDFへと，競争的である場合よりも小さくなっています。他方，企業の余剰は競争的である場合よりも大きくなることが分かります。

 第7章の確認問題

[1] 人口が減少すると労働供給曲線はどのように変化するでしょうか。さらに，労働需給と均衡賃金率がどうなるかについて図示して説明しましょう。

[2] 労働供給曲線が右側に移動するのはどのようなケースかを説明し，労働需給と均衡賃金率がどうなるかについて図示して説明しましょう。

[3] 社会保険料全額を企業が負担することになったとしましょう。この場合，労働者が社会保険料を全額負担した場合と比べて，総余剰や労働者余剰，企業余剰がどうなるかを図示して説明しましょう。

[4] 労働市場が買い手独占市場の場合，最低賃金の設定次第で労働市場の効率性は改善すると考えられます。具体的にどのように設定すれば良いかを図示して説明しましょう。

第8章 どうして賃金が違うの？（その1）
——補償賃金仮説

Outline

　経済学では一物一価の法則が成り立つと説明します。ここまでも，労働力は等質であるとして，労働市場でも賃金は一つの水準で均衡すると考えてきました。しかし，現実の労働市場では人々の賃金は同一水準にあるわけではありません。たとえば，職業によって賃金水準に大きな差が生じています。こうした差がなぜ生じるのかを，この章では補償賃金格差をもとに説明していきます。

8.1 賃金格差の実態

◆ Story 編　仕事の内容と賃金

「サトシ，アルバイトを探しているって言っていたよね。」

「うん。」

「僕のアルバイト先が新しい店を出すので，人を探しているんだけど。」

「時給が高ければやりたいな。」

「そんなに高いわけじゃないけど……。」

「仕事内容で時給とか労働時間とかが違うじゃない。条件を見てみないと決められないよ。」

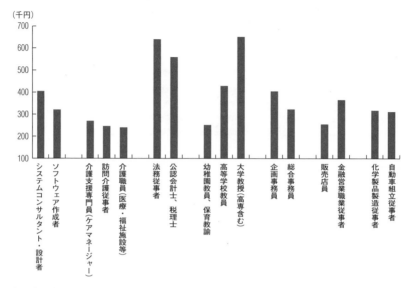

(千円)

（出所）「賃金構造基本統計調査」（厚生労働省），2020年

図 8.1　主な職業の所定内給与

　経済学では，一物一価が成り立つと教えられます。ここまでも，労働力はすべて同じ質であるとして，労働市場でも賃金は一つの水準に均衡すると考えてきました。しかし現実には，労働者間で支払われる賃金水準が異なる場合が多々見受けられます。仕事内容や会社が異なるために賃金水準が異なる場合もありますが，仕事内容や会社が同じでも性別によって賃金水準が異なっていたり，正社員とアルバイトの間に賃金水準に差があったりする場合もあります。

　労働者間で支払われる賃金が異なることを，一般には**賃金格差**があると言います。ただし一口に賃金格差といっても，その原因によって格差発生のメカニズムは異なります。この章では会社や仕事内容が異なるために生じる賃金格差について見ていきます。

　では，図 8.1 を見てください。この図は，厚生労働省の「賃金構造基本統

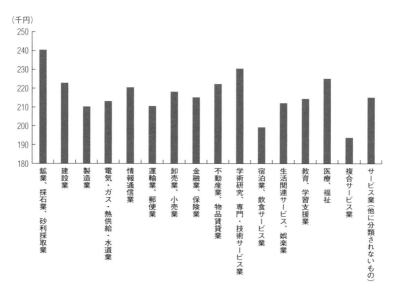

(千円)

（出所）「賃金構造基本等統計調査」（厚生労働省），2020 年

図 8.2　産業別に見た大卒・大学院卒 20 〜 24 歳の所定内給与

計調査」を用いて，主な職業の平均賃金を示したものです。この図で利用している平均賃金は，**所定内賃金**です（**コラム 8.1** 参照）。この図によれば，職業によって賃金水準が異なっていることが分かります。たとえば，大学教授と介護職員とでは月給で約 41 万円の差があります。**第 7 章**では労働市場の需要曲線と供給曲線とが交わる 1 点で市場賃金が決定するということを学びましたが，現実の労働市場では職業が違うと賃金水準も異なっているのです。

　次に，図 8.2 を見てください。この図は，大卒・大学院卒 20 〜 24 歳の産業別と企業規模別の所定内給与を示しています。やはり，産業や企業規模によって賃金水準が異なっていることが分かります。

賃金には，様々な呼び方と定義があります。

まず呼び方としては，公務員の場合は「給与」を一般には用いますが，民間企業の場合には「給料」や「俸給」などの呼び方も用いられています。

また，支払い方としては，1年間でいくらと決めて支払われる「年俸」，1ヶ月で支払われる「月給」（あるいは「月俸」），1日でいくら支払うという「日給」，そして時間あたりいくらとする「時給」があります。なお，年俸でも時給でも，一般には月毎に支払われます。年俸の場合には年俸を12で割って1ヶ月分としたり，時給の場合には当該月に働いた総労働時間を時給に掛けて1ヶ月分としたりして，払われるのが一般的です。

月給は，「所定内給与」に残業代が加算されて支払われます。賃金構造基本統計調査では月給総額を「決まって支給される給与」と呼んでいます。「所定内給与」は，「基本給」に加えて，「職務手当」や「精皆勤手当」，「通勤手当」，「家族手当」など各種手当の合計額です。また，残業代は，所定労働日における所定労働時間外労働に対して支給される「時間外勤務手当」，深夜勤務に対して支給される「深夜勤務手当」，所定休日の勤務に対して支給される「休日出勤手当」などの合計額で，賃金構造基本統計調査では「超過労働給与」と呼んでいます。なお，企業の中には，残業時間にかかわらず一定の残業代をあらかじめ月給に含めて支給する，固定残業制を採用しているところもあります。

もし皆さんがアルバイトをしているなら，アルバイト先からもらう給与明細を見てみてください。皆さんがもらっている給与がどのようにして計算されているかが分かるはずです。

8.2　仕事の内容や性質と補償賃金

◆ Technical 編　「大変な仕事」に対する補償

皆さんもアルバイトを探したときに，仕事をする条件として単に時給だけを気にしていたわけではないと思います。たとえば，その仕事が屋外の仕事か屋内の仕事か，肉体的にきついのか楽なのか，労働時間が長いのか短いの

かなど，仕事の性質といえる条件についても気にしたはずです。また，事務系の仕事なのか，あるいは接客の仕事なのか，それとも営業の仕事なのかなど，仕事の内容も気にしたかもしれません。これら仕事の性質や内容は，時給とは別に，アルバイトを探す上で重要な条件だったと思います。

ここで，「楽なアルバイト」と「大変なアルバイト」を想像してみてください。

たとえば「楽なアルバイト」は，快適な空調が効いた最新の店舗でゆったりと接客をする仕事だとしましょう。一方の「大変なアルバイト」は，夏はカンカン照りで冬は極寒となるような屋外での仕事だとしましょう。

いま「楽なアルバイト」の時給が 950 円だとしましょう。このとき，あなたが「大変なアルバイト」をしても良いと思うには最低いくらの時給が必要かを考えてみてください。皆さんの中には 950 円以下の時給でも働くという人がいるかもしれませんが，大部分の人は 950 円よりも高い時給じゃなければ「大変なアルバイト」はしないと思うのではないでしょうか。

ではなぜ皆さんは「大変なアルバイト」で働くために，「楽なアルバイト」に比べて高い時給じゃないと嫌だと考えるのでしょうか。それは，仕事から得られる満足度が，賃金水準の高さだけでなく，仕事の性質や内容によっても左右されるからでしょう。

ここからは，例として，アルバイト探しをしているサトシ君について考えていきましょう。サトシ君が仕事をすることで得る満足度を効用 U で表せるとします。

$$U = f(w, P) \tag{8.1}$$

ただし，w は時給を，P は仕事の性質や内容を意味しています。つまり，(8.1) 式はサトシ君の効用 U が時給 w と仕事の性質や内容 P によって左右されることを意味しています。

この (8.1) 式で示されているサトシ君の効用 U について，詳しく見てみます。まず，仕事の性質や内容 P には変化がなく，時給 w だけが変化した

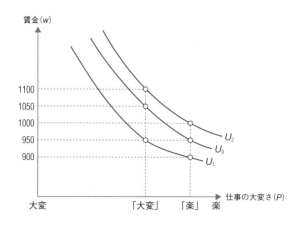

図8.3　サトシ君の無差別曲線

としましょう。このとき，サトシ君の効用はどう変化するかを考えてみます。一般的に考えれば，賃金が高くなるほどサトシ君の効用水準は高くなるはずです。**時給に関する限界効用**はプラスだからです。

　では，時給 w は同じだけど仕事の性質や内容 P が変化した場合に，サトシ君の効用 U はどうなるでしょう。一般的に，仕事の性質や内容が「大変」の場合の効用は，仕事の性質が「楽」の場合の効用よりも低くなるはずです。したがって，時給が同じで，仕事の性質や内容が「楽」から「大変」へと変化すると効用水準は低くなると考えられます。このことを，**仕事の性質や内容に関する限界効用**はマイナスであると言います。

　図8.3は，以上のような効用に関する性質をふまえて，(8.1) 式で表されるサトシ君の無差別曲線を描いたものです。縦軸には賃金水準がとられ，下から上へいくほど賃金水準は高くなります。また，横軸は仕事の性質がとられ，左から右へ向かうほど仕事が「大変」から「楽」になることを示しています。

　図中の曲線 U_0 や U_1 は，**第2章**でも説明した無差別曲線ですが，同一の効用をもたらす賃金と仕事の性質の組合せを結んだものです。したがって，図

中の曲線 U_0 では，時給 1050 円の「大変なアルバイト」をしたときの効用が時給 950 円の「楽なアルバイト」をしたときの効用と同じであるようになっています。また，曲線 U_0 よりも左下側に位置している曲線 U_1 は U_0 よりも低い効用水準であることを示しており，曲線 U_0 よりも右上側に位置している曲線 U_2 は U_0 よりも高い効用水準にあることを意味しています[1]。

ここで，サトシ君がいくらの賃金なら「大変なアルバイト」をするのかを，考えてみましょう。無差別曲線 U_0 は，「時給 950 円の楽なアルバイト」と「時給 1050 円の大変なアルバイト」が，それぞれ同じ効用をサトシ君にもたらすことを示しています。だとすれば，1050 円よりも高い時給が得られれば，サトシ君は「大変なアルバイト」をしても良いと考えるでしょう。彼の効用水準が U_0 よりも高くなるからです。

同じことは，無差別曲線 U_1 や U_2 についても言えます。「楽なアルバイト」の時給が 900 円（U_1 の場合）あるいは 1000 円（U_2 の場合）のとき，「大変なアルバイト」の時給が 950 円（U_1 の場合）あるいは 1100 円（U_2 の場合）より高いのであれば，サトシ君は「大変なアルバイト」をすることになるでしょう。

このように，人々は「楽なアルバイト」の時給 w に加えて一定金額 w_c 以上が支払われるならば，「大変なアルバイト」をしても良いと考えることになるはずです。この一定金額 w_c は，「大変なアルバイト」をするときの効用が「時給 w の楽なアルバイト」をするときの効用と等しくなるよう，「大変なアルバイト」をする負の効用を補償する金額になっています。これを**補償賃金**といいます。上の例では，サトシ君の補償賃金は 100 円となります。

---

[1] なお，図 8.3 はサトシ君の効用を描いたものですが，人によって嗜好が違うので無差別曲線の傾きは異なります。

8.3 仕事に対する需要と供給

◆ Technical 編 **ヘドニック賃金関数**

●「大変なアルバイト」の賃金はどう決まるのか

さて，図 8.4 は縦軸に「大変なアルバイト」をする負の効用を補償する「楽なアルバイト」との補償賃金を，そして横軸には「大変なアルバイト」をする労働者数をとったものです。「大変なアルバイト」の負の効用を補償する賃金差が大きくなると「大変なアルバイト」をしても良いと考える人は増えると一般的には考えられますから，「大変なアルバイト」への労働供給曲線は右上がりの曲線で描けます。

図 8.4 には右下がりの曲線も描かれています。これは，雇い主による「大変なアルバイト」への需要数と雇用主が支払ってもよいとする補償賃金の関係を表しており，「大変なアルバイト」に対する労働需要曲線になります。そして，労働供給曲線と労働需要曲線の交点は，これまでの労働需要と供給の関係と同様，「大変なアルバイト」の需要と供給が均衡する点です。この交点が，「大変なアルバイト」をする（均衡）人数（$L_H{}^*$）と（均衡）補償賃金（$w_c{}^*$）を表します。なお，補償賃金は「楽なアルバイト」の賃金との差ですから，仕事の内容や性質によって賃金格差が生じることが，この図からも分かります。

ところで，人によっては「楽なアルバイト」よりも「大変なアルバイト」を好む場合もあります。たとえば，快適な室内で仕事をするよりも暑い太陽の下で仕事をするのが好きという人もいるかもしれません。もし大多数の人々が「楽なアルバイト」よりも「大変なアルバイト」をするのが好きだとすれば，その人の「大変なアルバイト」をするのを補償する賃金差はマイナスとなります。

このため，「大変なアルバイト」を好む人が存在する場合には，「大変なア

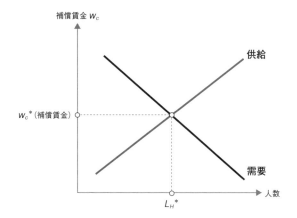

図 8.4　大変なアルバイトの需要と供給

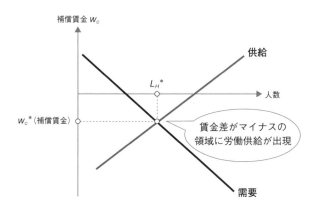

図 8.5　大変なアルバイトを好む人がいるときの需要と供給

ルバイト」の労働供給曲線は図 8.5 のように賃金差がマイナスの領域にも出
現し，均衡する補償賃金（w_c^*）はマイナスの値をとるかもしれません。つ
まり，「大変なアルバイト」の時給は「楽なアルバイト」よりも低い水準で
均衡する可能性はあります。

●仕事の内容や性質と雇い主の等利潤曲線

　図8.4で，仕事の内容や性質によって賃金格差が生じることが分かりました。でも，雇い主が「楽なアルバイト」よりも高い賃金を支払って，「大変なアルバイト」を雇おうとするのはなぜでしょうか。

　皆さんの中には，「大変なアルバイト」には人が集まらないから，高い賃金を支払うに違いないと考えている人もいるでしょう。たしかに，それが補償賃金の原理でもあるのですが，もう一度よく考えてみてください。と言うのも，雇い主は仕事の内容や性質を「大変なアルバイト」ではなく，「楽なアルバイト」に変えることも不可能ではないからです。「楽なアルバイト」にして，高い賃金を支払わないという考え方もあるはずです。

　そこで，雇い主が「大変なアルバイト」を「楽なアルバイト」にすると，どうなるかを考えてみましょう。たとえば，駐車場を屋内にして自動車誘導員を「楽なアルバイト」にすることができるかもしれません。しかし，駐車場を屋内にするためには，その建設費用が必要となります。つまり「大変なアルバイト」を「楽なアルバイト」にすることは不可能ではありませんが，そのためには別な費用が発生することになります。この場合，雇い主が同じ利益を確保しようとすれば，建設費用の分だけ賃金を下げなければならなくなります。そうしないと，建設費用の分だけ雇い主が負担しなければならなくなるからです。つまり，雇い主にしてみれば，仕事を「楽」にする代わりに賃金を安くしようということです。

　図8.6は，横軸に仕事の大変さ（左の楽から右の大変を），縦軸には賃金がとられており，駐車場運営の等利潤曲線が描かれています。この等利潤曲線は，雇い主が駐車場から得る利潤を等しくする，仕事の大変さと賃金支払いの組合せが示されています。たとえば，雇い主が利潤 P_0 を得るときには，アルバイトの仕事の大変さが h のレベルにあるときに賃金を w_h を支払い，仕事の大変さが m のレベルにあれば賃金は w_m だけ支払うことになります。

　等利潤曲線は，図のように上に凸の傾きを持つ曲線となっています。これは，仕事を楽にするためには費用がかかり，その分だけ賃金を下げないと同

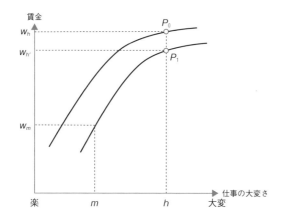

図 8.6　駐車場運営会社の等利潤曲線

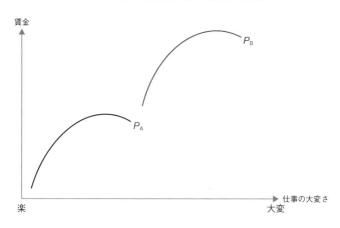

図 8.7　2 社の等利潤曲線

じ利潤を得られないからです。また，仕事の大変さが h のレベルで賃金 w_h'（$< w_h$）を支払うと，雇い主はより高い利潤 P_1 を得ることができます。したがって，右下に位置する等利潤曲線ほど利潤が高い水準にあることを意味しています。

　図 8.7 は，異なる雇い主が 2 社あった場合について，それぞれの等利潤曲

線を描いたものです。雇い主A社とB社を比べると，A社のほうが全般に仕事は「楽」だということが分かるでしょう。等利潤曲線が「楽」に近いからです。B社のほうは「大変」な仕事で，仕事を「楽」なものにするにはA社よりも費用をかける必要があります。

●ヘドニック賃金

図8.8を見てください。これは，図8.3の横軸を左右反転させて，図8.7と合わせたものです。この図は，**エジワースの箱**と呼ばれ，労働者と雇い主の二者が行う取引を経済学的に分析するために用いられるものです。以下で，この図を用いて労働者と雇い主がどのように取引し，雇用契約を結ぶのかについて見ていきます。

図8.8には，サトシ君とトシオ君という2人の労働者と，A社とB社という2つの雇い主が登場しており，それぞれの無差別曲線と等利潤曲線が描かれています。サトシ君とトシオ君を比べると，サトシ君のほうが「楽な仕事」を好み，トシオ君はむしろ「大変な仕事」を好む傾向があります。また，A社とB社を比べると，A社よりもB社のほうが「大変な仕事」で，さらに「楽な仕事」にする費用はA社よりB社のほうがかかります。

この図ではサトシ君の無差別曲線 U_{S0} がA社の等利潤曲線 P_{A0} と接しており，トシオ君の無差別曲線 U_{T0} がB社の等利潤曲線 P_{B0} と接しています。これは，サトシ君はA社で働くことがB社で働くよりも効用水準が高く，A社はサトシ君を雇ったほうがトシオ君を雇うよりも利潤が高くなっていることを意味します。この点を，サトシ君に注目して，もう少し詳しく説明しましょう。

まず，サトシ君の無差別曲線は左上に位置するほど効用水準が高くなるので，サトシ君の効用水準は $U_{S1} < U_{S0} < U_{S2}$ のようになります。他方，A社の等利潤曲線は左上に位置するほど利潤が低いことを意味し，$P_{A1} < P_{A0} < P_{A2}$ の順に利潤は高いことになります。

ここで点A，点B，点Cのそれぞれで，サトシ君の無差別曲線とA社の

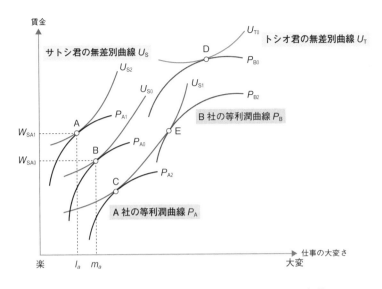

図8.8 サトシ君とA社，トシオ君とB社の雇用契約

等利潤曲線が接していることが分かります。これは，それぞれの点で，サトシ君の効用最大化とA社の利潤最大化が達成していることを意味します。その意味では，点A，点B，点Cのいずれでも，サトシ君とA社は雇用契約を結ぶことが可能です。たとえば点Aでは，賃金がW_{SA1}，仕事の大変さはl_aという労働条件で，サトシ君とA社は雇用契約を結ぶことになります。

しかし，実際にサトシ君とA社の間で雇用契約を結ぶのは点Bで，その労働条件は賃金がW_{SA0}，仕事の大変さはm_aとなります。この点が両者から選ばれるのは，簡単に言えば，サトシ君もA社も点Aや点Cよりも合理的だからです。サトシ君にとって点Aで雇用契約を結ぶほうが点Bや点Cよりも効用水準は高いのですが，A社にとっての点Aは点Bや点Cよりも利潤は低くなります。一方，A社にとっては点Cで雇用契約を結ぶほうが点Bや点Cよりも利潤は高いのですが，サトシ君にとっての点Cは点Bや点Aよりも効用水準は低くなります。サトシ君とA社にとって点Bで雇用契

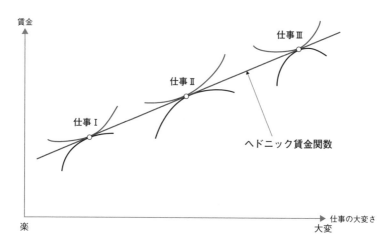

図8.9 ヘドニック賃金関数

約を結ぶことは，互いに納得できる点Bだということになります。

　これでサトシ君とA社の間では点Bで雇用契約を結ぶことが分かりましたが，サトシ君がB社と雇用契約を結ぶことはないのでしょうか。結論から言うと，サトシ君とB社が雇用契約を結ぶことはありません。サトシ君の無差別曲線とB社の等利潤曲線が接する点Eは，トシオ君とB社が契約している点Dに比べて，B社の利潤は低いため，B社がサトシ君と雇用契約を結ぶことはないからです。同様のことは，A社とトシオ君についても言えます。

　このように，サトシ君はA社と，トシオ君はB社と雇用契約を結びます。サトシ君とトシオ君の間では，仕事の内容や性質に違いが生じるとともに，賃金格差が生じます。

　現実の世界でも，同じような仕事なのに，仕事の内容や性質が異なり，その結果として賃金に違いがあることは多々見られます。仕事の内容や性質が違い，そのために賃金格差が生じているのを説明しているのが**ヘドニック賃金仮説**です。図8.9は，図8.8と同様にエジワースの箱を描いたものですが，

多くの労働者と雇い主が登場しています。そして，雇用契約を結んだ労働者と雇い主の点をつないだ線が引かれていますが，この線を**ヘドニック賃金関数**と呼んでいます。

このヘドニック賃金関数は，それぞれの仕事に対する需要と供給によって変化します。たとえば，「楽な仕事」を嗜好する人が多くなれば「大変な仕事」への労働供給が少なくなり，「大変な仕事」の賃金は高まります。また，経済が成長して所得水準が高まれば，賃金よりも仕事の内容や性質をより重視する人が増えます。いわゆる 3K（きつい，汚い，危険）の仕事が最近は敬遠されるようになりました。そして，3K の仕事は平均的に賃金が高いのですが，こうした理由が背景にあると考えられます。

 第 8 章の確認問題

[1]「楽なアルバイト」の時給が 950 円のときに，「大変なアルバイト」を時給 1000 円でならやっても良いという A さんと，時給 1300 円でならやっても良いという B さんがいます。
   ① A さんと B さんの無差別曲線を図示してください。
   ② A さんと B さんの仕事の性質に対する考え方は，サトシ君と比べるとどのように異なっていると言えるでしょうか。
[2] トシオ君が B 社と雇用契約を結ぶのはなぜなのかを説明してみましょう。
[3]「賃金構造基本統計調査」の職業別賃金を調べて，相対的に高い賃金の職業はなぜ賃金が高いのかを考察してみましょう。

第9章 どうして賃金が違うの？（その2）
——差別の経済学

> **Outline**
>
> 　日本には「男は仕事，女は家庭」といった性別役割分担意識が幅を利かせていた時代がありました。結婚を機に仕事を辞める「寿退社」が不文律としてある会社も昔はたくさんありました。現在では，性別役割分担意識も薄れてきたと言われており，結婚や出産後も仕事を続ける女性は増えています。しかし，男女間には賃金水準に明確な格差が存在しているのも事実です。この章では，賃金水準が性によって異なる理由を考えてみたいと思います。

9.1 男女間賃金格差の実態

◆ Story 編　労働市場における男女の差

「あれ，アキコじゃない。こんなところで何してるの。」

「ユウタこそ，こんなところでどうしたの。今日は就活で，カリーズの面接を受けに来たのよ。」

「そうなんだ。僕はここでアルバイトしてるんだよ。で，就活の調子はどう？」

「男子の多くは既に就職先が決まっているみたいだけど，私はまだ一つも内定がないのよ。同じ大卒なのに，どうして女子には内定が出ないんだろう。」

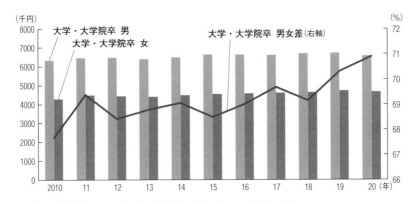

図 9.1　男女別，大卒・大学院卒の年間給与の推移（産業計，企業規模計）

　どうやら，アキコさんの就職活動は苦戦しているようですね。一般に，男性に比べると，女性の就職は容易ではなく，また就職しても賃金が男性に比べて低いのが現状です。では，同じ大学，同じ学部を卒業しても，男女で差が生じるのはなぜなのでしょうか。この章では労働市場における男女差別について見ていきます。

　図 9.1 を見てください。この図は，2010 年以降の「賃金構造基本統計調査」を用いて，年間給与[1]の推移を大卒・大学院卒の一般労働者について男女別に見たものです。一般労働者とは短時間労働者以外の労働者で，正社員・正職員以外の労働者も含まれています（**コラム 9.1** 参照）。棒グラフを見ると，女性の年間給与はどの年についても男性のそれを下回っていることが分かります。男性の年間給与を 100 とした男女差も折れ線で示されていますが，2010 年の 67.7％から 19 年の 70.3％の間で推移しています。つまり，2010 年以降も女性の年間給与は男性のおおよそ 7 割程度ということになります。

---

[1] 年間給与は，決まって支給される給与を 12 倍し，これに年間賞与を加えて求めています。

コラム 9.1　賃金構造基本統計調査での労働者の種類

　「賃金構造基本統計調査」は，厚生労働省が毎年6月分の給与等を調査して公表されるものです。具体的には，全国の5人以上の「**常用労働者**」を雇用している事業所に対して，労働者の性，雇用形態，就業形態，学歴，年齢，勤続年数，労働者の種類，役職，職種，経験年数，実労働日数，所定内実労働時間数，超過実労働時間数，きまって支給する現金給与額，超過労働給与額，調査前年1年間の賞与，期末手当等特別給与額，在留資格について調査しており，とても詳細で規模の大きな統計調査です。

　その調査対象となる労働者は，企業などに期間を定めずに雇われている労働者，あるいは1ヶ月以上の期間を定めて雇われている労働者で，常用労働者と呼ばれます。この常用労働者は，下の図のように，就業形態と雇用形態という2つの区分によって区別されています。

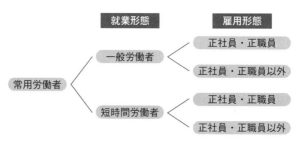

図 9.2　労働者の種類

　「一般労働者」は「短時間労働者」以外の労働者です。「短時間労働者」は，同一事業所で一般的な労働者に比べて1日の所定労働時間が短いあるいは1日の所定労働時間が同じでも1週の所定労働日数が少ない労働者を言います。さらに，「正社員・正職員」は事業所で正社員，正職員と呼ばれる労働者で，「正社員・正職員以外」は正社員・正職員に該当しない労働者です。

　なお，総務省「労働力調査」でも就業形態と雇用形態が定義されていますが，「賃金構造基本統計調査」の定義とは異なっていることに注意する必要があります。

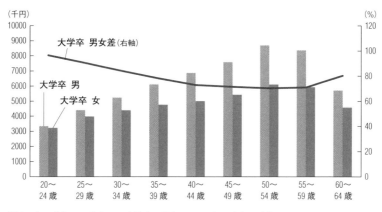

（注）　年間給与は，決まって支給する給与× 12 ＋年間賞与で計算した。
（出所）　「賃金構造基本統計調査」（厚生労働省，2020 年）

図 9.3　年齢階級別，男女別，大学卒の年間給与（産業計，企業規模計）

　図 9.1 で示されている年間給与は，男女それぞれの平均値です。そのため，労働者の構成が男女で異なることで，平均値が影響されているかもしれません。たとえば女性は男性に比べて若い労働者が多いとすると，若い労働者の年間給与は相対的に低いため，女性の平均賃金は低くなってしまいます。

　そこで，年齢階級別に大学卒者の年間給与を男女別に見てみたのが図 9.3 です。すると，学校卒業直後の男女差はほとんどありませんが，年齢階級が上がるとともに男女差が拡大していることが分かります。20 ～ 24 歳の大学卒の年間給与の男女差は 96.0％ですが，50 ～ 54 歳のそれは 70.6％にもなっています。つまり，同じ学歴，同じ年齢階級であっても，男女間にはやはり賃金格差があることが分かります。

　ただし，同じ年齢でも仕事の内容に違いがあれば，賃金格差が生じることは十分考えられます。そこで，役職の違いを男女別に見たのが表 9.1 です。男性に比べて，女性は役職者の割合が低く，非役職者割合が高いことが分かります。役職者の割合が低いことが，女性の賃金が男性に比べて低い一因と考えられます。このように，同じ学歴，同じ年齢であっても，仕事内容の違

表 9.1　男女別，役職者の割合（学歴計）

	部長	課長	係長
男	15.8%	29.2%	22.4%
女	7.8%	20.1%	31.4%
女性割合	9.1%	12.1%	22.0%

（注）　雇用期間の定め無しの労働者に占める役職者の割合を男女別に計算した。なお，女性の割合については，各役職者に占める女性の割合を計算した。
（出所）　「賃金構造基本統計調査」（厚生労働省，2020 年）

いが男女間賃金格差に影響しているのですが，しかし，そもそもなぜ雇用形態や役職に男女差が生じてしまうのでしょうか。

　一般に，男女で差がつく理由としては 2 つあると言われます。その一つは，先天的に男女で異なる性質に由来する性差です。たとえば，男女で身体能力や認知能力，あるいは嗜好といった生物学的な性差があります。たとえば心理学者達のこれまでの研究によると，心的回転能力や空間知覚能力には男女差が大きく，男性のほうが高いと言われています。一方で，言語流暢力は女性が高いことも知られています。

　もう一つは，生まれた後の男女の育ち方の違いなどに由来する性差で，後天的な性差です。私たちは生まれた直後から，「男は男らしく，女は女らしく」育てられます。たとえば子どもの頃の洋服は，男の子なら青系，女の子なら赤系を，本人の嗜好に関係なく着させられたと思います。男の子と女の子で話し方が違ったり，身振り手振りが違ったりするのも，後天的につく性差です。

　こうした差によって，男女で就く職業や仕事が異なるようになり，結果として男性が多い職業や仕事と女性の多い職業や仕事で賃金などに差が生じている可能性もあります。ただし，こうした男女の差のすべてが問題というわけではありません。経済学で問題として取りあげる男女の差は，能力が等しいにもかかわらず，単に性別を理由に女性が男性よりも不利な処遇を受けて

いる場合です。

　皆さんも，性別を理由にして，男性と女性とで見方を変えている場合があると思います。たとえば，仕事が終わった後に上司と部下が２人で食事に行くことを想像してみてください。上司も部下も同性の場合と，上司と部下が異性の場合とでは，それぞれどんな印象を持つでしょうか。たぶん，同性の場合と異性の場合とでは，異なる印象を持ったのではないでしょうか。では，バスや電車の運転手が男性の場合と女性の場合とでは，それぞれどんな印象を持つでしょうか。これも，男性と女性では印象を異にするのではないかと思います。

　このように，性によって受け取る印象が異なって，私たちが偏見を抱くことは多々あります。職場内で性に対する印象が異なる場合もあるし，顧客が性に対して異なる印象を持つ場合もあります。そして，結果的に，こうした性に対する人々の印象が，男女の雇用に対する企業の好みに影響する可能性があります。

◆ Technical 編　差別の経済学

●企業の好みによる女性差別

　では，人々の性によって異なる印象が，男女の雇用に対してどう影響するのでしょうか。ここではベッカー（Becker［1957］)[2]をもとにして，雇用主である企業が持つ性別に関する好みを取りあげ，それが男女間の賃金格差にどのように影響するのかについて考えてみましょう。

　まず，労働市場は完全競争的であり，企業は労働市場で決まる賃金で労働者を雇う，とします。また，男女ともに賃金水準に関係なく労働供給され，男女間で能力には差がなく，仕事の遂行に性別が関係することはないとします。さらに，同一の生産関数を持つ企業が多数存在する経済を考えます。つ

---

[2] 興味のある人は，G.S. Becker［1957］"*The Economics of Discrimination,*" University of Chicago Press. を参照してください。

まり，企業の技術構造が同じで，費用の構造も同じだということになります。

　ただし，雇用主が性別に対して異なる印象を持っているため，企業の中には女性を雇うことを嫌う企業があるとしましょう。こうした企業では，女性を雇うとコストが発生すると考えます。このため，企業は利潤を最大化しようと行動するのではなく，利潤から女性を雇うコストを差し引いた純利潤を最大化しようとします。

　いま，女性を1人雇うことで生じる企業のコストが，女性の賃金の何倍になるかを考え，これを d（ただし $0 \leqq d \leqq 1$）で表します。この d を**差別係数**と呼ぶことにしましょう。

　以上が，これから説明するモデルの前提条件です。以下では，2つのケースについて見ていきましょう。

ケース1：すべての企業で差別係数 d が同じ場合

　では，まず，すべての企業の差別係数 d が等しい場合に，この経済でどのようなことが起こるのかを考えましょう。

　はじめに，男女間で賃金格差がない場合を考えます。この場合，女性を雇うと差別係数 d の分だけコストが発生するので，その分だけ純利潤は低くなってしまいます。このため，企業は男性だけを雇おうとし，女性を雇おうとする企業は存在しません。もし女性が雇われるとするなら，女性の賃金は男性の賃金に比べて低くならなければなりません。

　では，どのくらい安くなれば女性は企業に雇われるでしょうか。ここで，男性と女性の賃金を，それぞれ w_m と w_w で表すとします。女性を雇うと企業には $d \cdot w_w$ のコストがかかりますから，企業が女性を雇う場合に支払う賃金を含めた総コストは，

$$(1 + d) \cdot w_w \tag{9.1}$$

となります。このとき，女性を雇う総コストが男性を雇った場合に負担する w_m 以下となれば，企業は女性を雇うことになるはずです。つまり，企業が

女性を雇うのは,

$$(1 + d) \cdot w_w \ \leqq \ w_m \tag{9.2}$$

です。これを, 整理すると,

$$w_w \ \leqq \ \frac{1}{1 + d} w_m \tag{9.3}$$

となります。つまり, 女性の賃金 w_w が男性の賃金 w_m の $\dfrac{1}{1 + d}$ 倍であれば,企業は女性を雇い入れることが分かります。したがって, 女性の均衡賃金 $w_w{}^*$ は $\dfrac{1}{1 + d} w_m$ となり, 男女間に $\dfrac{1}{1 + d}$ 倍の賃金格差が発生することになります。

ケース 2：企業の差別係数 d が 2 種類の場合

では, 差別係数 d が 2 種類ある場合を考えましょう。具体的には, 男女を差別しない企業 ($d = 0$) と, 男女を差別する企業 ($d > 0$) の 2 種類があるとします。

この場合, 男女を差別しない企業は男女に等しい賃金を支払いますが, 男女で差別する企業は, ケース 1 で見たように, 女性に男性の $\dfrac{1}{1 + d}$ 倍だけの賃金を支払います。そうすると, 女性は男女を差別しない企業に雇ってもらおうと殺到することになるでしょう。なぜなら, 男女を差別する企業に比べて ($1 + d$) 倍だけ賃金水準が高いからです。

このとき, 男女を差別しない企業が十分に多く存在していて, すべての女性が男女を差別しない企業に雇われたならば, 男女間で賃金格差は生じません。この場合には, 男女を差別する企業には男性だけが雇われ, 男女を差別しない企業には女性だけが雇われます。

しかしながら, 男女を差別しない企業がすべての女性を雇えるほど存在していなければ, 女性の一部は男女を差別する企業に雇ってもらわなければなりません。そうなると, 女性の均衡賃金は, 男性の賃金の $\dfrac{1}{1 + d}$ 倍だけに

なってしまいます。

　ところで，皆さんの中には，男女を差別しない企業に雇われた女性の賃金は男性の賃金に等しくなるのではないか，と考える人もいるかもしれません。このモデルの前提条件を思い出して欲しいのですが，労働市場は完全競争的で，企業は労働市場で決まる賃金で労働者を雇うことになっています。それゆえ，男女を差別しない企業も差別する企業と同様に，女性には男性の$\frac{1}{1+d}$倍の賃金を支払うことになるのです。結局のところ，男女を差別しない企業があったとしても，そうした企業がすべての女性を雇えなければ，男女間で賃金格差は発生することになります。

　ただし，このモデルの帰結はこれだけではありません。実は，男女を差別しない企業は，男女を差別する企業に比べて，大きな利潤を得ることができると考えられます。というのは，男女を差別しない企業は，男性と同じ賃金を女性に支払っても利潤最大化できるわけですが，実際には男性の$\frac{1}{1+d}$倍の賃金しか女性に支払っていないので，その分だけ超過利潤が発生するからです。このとき，財・サービス市場が完全であれば，男女を差別する企業は淘汰され，最終的には男女間賃金格差はなくなると，理論的には考えられるのです。

9.2　合理的な差別

◆ Story 編　男性と女性，どちらを採用するか

●統計的差別とは

　企業に女性を差別しようという意識がなくても，男女間賃金格差が発生する可能性はあります。このことを以下で説明したいと思います。

　カリーズが新卒者を一名採用することになったとします。この求人には多くの大学4年生が応募したのですが，ユウタ君とアキコさんも応募していま

した。2人は同じ大学の同じ学部を優秀な成績で卒業する見込みです。

　カリーズの採用選考では履歴書審査や複数の面接を行い，能力の高い人物を採用しようと努力してきました。最後まで選考に残ったのが，ユウタ君とアキコさんでした。履歴書や面接審査からは，2人が同じように優秀な人材であるように思われるのですが，カリーズにとってどちらが必要な人材なのかを店長は確信できません。皆さんにも経験があると思いますが，履歴書や面接では応募者の多くは自分の能力を実際よりも高くアピールする傾向にあり，採用する側は応募者の真の能力を的確に把握することが難しいからです。店長はとても悩みましたが，最終的に決めた採用候補者は，アキコさんではなく，ユウタ君でした。

　なぜカリーズの店長はユウタ君を採用したのでしょうか。その理由は，ユウタ君がアキコさんに比べて長く勤務してもらえると，店長が期待したからです。カリーズには仕事をするために特殊な知識と技能が必要で，そのための教育と訓練が入社後長期にわたって行われます。このため採用者にはできるだけ長く勤務してもらわなければなりません。しかし，カリーズがこれまでに雇った女性は，男性に比べて長く勤めたことがありません。もちろん，アキコさんがこれまでのどの男性より長く勤めるかもしれませんが，この時点ではそれは不明です。店長はこれまでの女性の平均的な勤務状況から推測して，アキコさんがユウタ君よりも採用候補者としては劣ると判断したのです。

　このように，企業の多くは過去の経験やデータにもとづいて，採用や配属先などを決定することがあります。その結果，男性に比べて女性の採用が少なくなったり，女性の配属が特定職種などに偏ったりするということが生じます。過去の経験やデータをもとにして，企業が将来の勤続やパフォーマンスを推測することで生じた差は，**統計的差別理論**として説明されています[3]。以下では，統計的差別理論を用いて，男女間賃金格差が発生するメカニズムを説明したいと思います。

　いま，カリーズの店長はアルバイトを採用するにあたり，応募者の応募書類や面接などを十分に行い，それぞれの応募者に点数 T を付けていたとします。そして，店長はこの点数 T をもとにしてアルバイトの時給 w を決めています。たとえば T が 10 点の応募者には 1000 円の時給を支払い，T が 20 点の応募者であれば 1100 円の時給を支払っているという具合です。

　ただし，点数が 10 点だった人が実際に働くと，20 点の人よりも限界生産性が高かったり，その逆のケースもあったりと，店長が付けた点数には誤差があります。そこで，店長は点数と限界生産性の関係を過去から遡って統計的に分析し，性別に両者の関係を把握しようとしています。そして，応募書類や面接などで付けた応募者自身の点数だけでなく，応募者と同じ性別で過去に採用したアルバイトの平均点 $\overline{T}_i$ も参考に推測して，店長は時給を決定することにしています。具体的に店長が考えた時給 w と点数 T の関係は以下の通りです。

$$w = \alpha_i T + (1 - \alpha_i)\overline{T}_i \qquad i = m, f \tag{9.4}$$

i は性別を表しており，$i = m$ なら男性を，$i = f$ なら女性を，それぞれ表します。また，$\alpha_i \, (0 \leqq \alpha_i \leqq 1)$ は，店長が点数を時給決定の要因としてどれだけ重視しているかを表すものです。たとえば α_i が 1 であれば，店長は過去の経験を完全に無視して，応募者自身の点数のみで時給を決定することになります。そこでは，応募者の性が賃金決定に影響することはありません。逆に α_i が 0 であれば，応募者自身の点数とは全く無関係に，応募者の性別の平均点によって時給が決定することになります。この場合は，過去の経験

3　統計的差別は生命保険や損害保険でも起きています。たとえば自動車保険では，自動車事故の発生確率が高い若者の保険料を高く設定しています。これを読んでいる読者は大学生が多いと思いますが，あなた自身が自動車事故を起こさなくても，保険会社は過去のデータをもとにあなたの保険料を高くしているはずです。結局，将来に何が起こるか分からない場合は，我々は過去の経験やデータをもとに判断しているため，このような統計的差別が起こってしまうわけです。

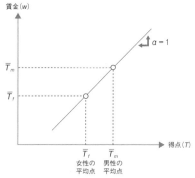

(a) 得点(T)と賃金(w)の関係

(平均点は男女で異なるが, a は男女共通で1の場合)

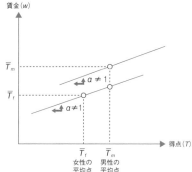

(b) 得点(T)と賃金(w)の関係

(平均点は男女で異なるが, a は男女共通の場合)

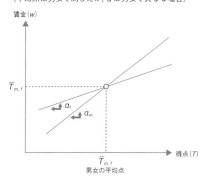

(c) 得点(T)と賃金(w)の関係

(平均点は男女で同じだが, a は男女で異なる場合)

図 9.4　統計的差別の男女間
賃金格差への影響

から，店長が性別の平均点と限界生産性の関係を重視していることになります。したがって，α_i の値が 0 に近づくほど，店長は平均点と限界生産性の関係を重視していることになります。

　では，統計的差別が男女間賃金格差にどう影響するかについて，平均点 $\overline{T}_i$ と点数の重視度 α_i の 2 つから（9.4）式を用いて見ていきましょう。まず，店長が過去の経験を完全に無視している場合を考えましょう。すると，（9.4）式の α は 1 になります。この場合，図 9.4 **(a)** のように，男女間で賃金格差は生じません。注目して欲しいのは，この図では男女で平均点 $\overline{T}_i$ が異な

るように描かれているのですが，それでも男女間の賃金格差は生じていない点です。賃金決定に応募者の点数が完全に反映されており，性別は無関係となっているからです。

　次に，男女で点数の重視度 α_i は同じだけれども，男女で平均点 $\overline{T_i}$ が異なる場合を見てみましょう。このケースでは，店長は点数と限界生産性の関係はあるものの，それが男女で異なるわけではないと，過去の経験から推論していることになります。その結果，図 9.4 **(b)** で示されるように，男女間の平均点の差の分だけ賃金格差が生じます。

　では，点数と限界生産性の関係は女性よりも男性のほうが強いと，店長が認識している場合はどうなるでしょう。この場合，α_i は男女で異なることとなり，$\alpha_m > \alpha_f$ としましょう。ただし，ここでは α の効果だけを見たいので，平均点 $\overline{T_i}$ は男女で同じだとします。すると，図 9.4 **(c)** で示されるように，平均点以下では女性の時給は男性よりも高くなりますが，平均点以上では女性の時給は男性よりも低くなることが分かります。この結果，点数の高い女性は同じ点数の男性よりも時給は低くなり，点数の低い女性は同じ点数の男性よりも時給は高くなることになります。

　このように，過去の経験から，点数と限界生産性の関係が性によって異なることが考慮されてしまうと，平均点が同じであっても，男女間で賃金格差が生じることになります。このときの賃金格差は，過去の経験から合理的に導き出された推論が元になっているため，**合理的差別**とも呼ばれます。

9.3　日本における女性活用

　ここまで，男女間賃金格差の現状とその原因を経済学的な観点から見てきました。では，男女間賃金格差を解消するためには，どうすれば良いでしょうか。

●女性の就労環境を整備する法制度

　図 9.5 は，雇用者に占める女性割合の推移を示しています。日本の労働市場全体では女性比率は高まっており，正社員に占める女性比率も高まっていることが分かります。中でも 2014 年以降は，正社員に占める女性比率が一段と高まる傾向が見てとれます。

　こうした女性労働者の割合の高まりには，法制度が影響を与えた可能性があります。2014 年には「女性活躍推進法」が成立しており，この影響が一定程度あったと考えられます。この法律では，女性採用比率や勤続年数男女差，労働時間，女性管理職比率などについて自社の状況を把握・分析し，行動計画を策定することを企業に求めています。

　女性労働者の就労環境の改善を企業に促し，男女間格差を解消しようとする法律は以前からありました。1985 年の男女雇用機会均等法，1991 年の育児休業法，1993 年のパートタイム労働法，2003 年の次世代育成支援対策推進法です。

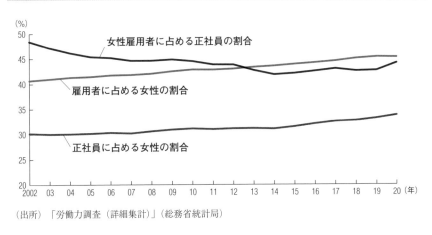

（出所）「労働力調査（詳細集計）」（総務省統計局）

図 9.5　雇用者に占める女性の割合

　この法律は，国や地方公共団体，そして常用労働者数が301人以上の企業に対して，(1)女性活躍に関する状況把握と課題分析，(2)課題解決のための行動計画の策定・届出・周知・公表，(3)女性活躍に関する情報の公表，それぞれを行わなければならないとしています。

　さらに，取組の実施状況が優良な企業は，「えるぼし」認定を受けることができます。認定を受けた企業は，認定マークを商品や広告に用いて企業イメージ向上につなげたり，国や地方公共団体の公共調達において優遇措置を受けられたりできます。

　認定にあたっては，以下の項目のそれぞれについて基準が決まっています。

- ・採用
  採用時の競争倍率（応募者数／採用者数）の格差が小さいこと。
- ・継続就業
  男女の平均継続勤続年数や継続雇用割合の格差が小さいこと。
- ・労働時間等の働き方
  法定時間外労働及び法定休日労働時間の合計時間数の平均が45時間未満
- ・管理職比率
  管理職に占める女性労働者の割合が産業平均以上など。
- ・多様なキャリアコース
  女性の非正社員から正社員への転換などの制度があること。

　認定を申請する企業は，「女性の活躍推進企業データベース」（https://positive-ryouritsu.mhlw.go.jp/positivedb/）に実績等を公表することになっています。認定取得後も，毎年1回以上は実績や取組状況を更新することになっており，これらのデータを誰でも見ることができます。皆さんもこのデータベースを就職活動などで活用してみたらどうでしょうか。

●女性労働者の活躍と企業利益

　9.1節で説明したように，理論的には，男女を差別しない企業は超過利潤を得ることができるので，男女を差別する企業はいずれ淘汰されると考えられます。では，現実はどうでしょうか。男女を差別しない企業は従業員に占

める女性労働者の割合が高いと考えられるので，そうした企業ほど利益は高くなっているはずです。

こうした観点から，企業の女性正社員比率と利益との関係を分析している研究があります。これらによると，女性正社員比率と利益率の間には，正の相関関係があるとする研究がある一方で，両者には明確な関係は見られないという研究もあります[4]。

最近の研究である山本［2014］では，正社員女性比率が高いほど利益率が高まる傾向があり，中でも30歳代の女性正社員比率が高い企業ほど利益率が高くなることが示されています。30歳代の女性は結婚・出産・育児などで離職する傾向が強いわけですが，そうした年齢層の女性が活躍することで，新たなビジネスチャンスを見出すことなどにつながり，企業の利潤も高くなっていると考えられます。

●育児休業制度の効果

女性に関して統計的差別が生じる理由の一つは，企業への定着が男性に比べて女性は低い傾向にあるからです。**第10章**で詳しく説明しますが，労働者の離職が多くて定着が悪いと見なすと，企業は労働者に対して教育や訓練を行うのは避けようとします。費用をかけて教育や訓練を行っても，労働者に離職されてしまうと，企業は訓練費用を回収できなくなってしまうからです。結婚や出産などで離職する傾向のある女性は，結果として，教育や訓練を受ける機会が制限される傾向にあります。

---

[4] 女性活用と企業利益に関する論文としては，以下のようなものがあります。

D. Kawaguchi［2007］"A Market Test for Sex Discrimination：Evidence from Japanese Firm-Level Data," *International Journal of Industrial Organization*，Vol. 25(3)，pp.441-60.

佐野晋平［2005］「男女間賃金格差は嗜好による差別が原因か」『日本労働研究雑誌』，No. 540, 55-67頁

Jordan Siegel・児玉直美［2011］「日本の労働市場における男女格差と企業業績」，RIETI Discussion Paper Series，11-J-073

山本勲［2014］「上場企業における女性活用状況と企業業績との関係——企業パネルデータを用いた検証」，RIETI Discussion Paper Series，14-J-016

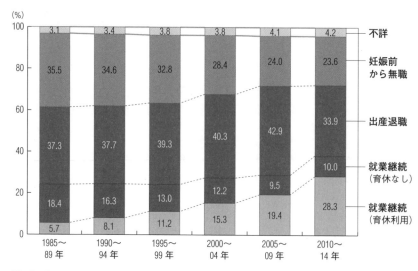

(%)

| | 不詳 |
| 妊娠前から無職 |
| 出産退職 |
| 就業継続（育休なし） |
| 就業継続（育休利用） |

	1985〜89年	1990〜94年	1995〜99年	2000〜04年	2005〜09年	2010〜14年
不詳	3.1	3.4	3.8	3.8	4.1	4.2
妊娠前から無職	35.5	34.6	32.8	28.4	24.0	23.6
出産退職	37.3	37.7	39.3	40.3	42.9	33.9
就業継続（育休なし）	18.4	16.3	13.0	12.2	9.5	10.0
就業継続（育休利用）	5.7	8.1	11.2	15.3	19.4	28.3

（出所）「第15回　出生動向基本調査（夫婦調査）」（国立社会保障・人口問題研究所，2016年）

図 9.6　出産前に就業していた女性の第1子主産前後の就業状況

　そこで，もし女性の結婚や出産などによる離職が少なくなれば，以上のような統計的差別が生じることはなくなるはずです。こうした観点から，1991年に「育児休業法」が成立し（95年「育児・介護休業法」に改正），育児休業制度が整備されました。当初の制度利用者は女性に限定されていましたが，幾度かの法改正を経て，現在では原則として1歳未満の子を養育する男女労働者で，同一の事業主に引き続き1年以上雇用されていて，子が1歳6か月に達する日まで労働契約期間が満了しない労働者であれば，原則として誰でも育児休業を取得できます。また，育児休業期間中は，休業開始から6か月までは休業開始前賃金の67％相当額が，それ以降は50％相当額が，雇用保険制度から「育児休業給付」として支給されます。

　では，実際に育児休業制度は女性の離職を抑制しているのでしょうか。図9.6は，「出生動向基本調査（夫婦調査）」（国立社会保障・人口問題研究所）を用いて，第1子出産前後での女性の就業継続の割合について見たものです。

これによると，結婚や出産後も就業を継続する女性が増える傾向が見てとれます。特に，育児休業を所得して出産後も就業を継続している女性の割合は高まる傾向にあり，2010 年代に入ると 28.3％の女性が育児休業を取得して就業を継続しています[5]。これまでに行われた研究でも，育児休業制度は女性の就業継続に正の効果があるとされています[6]。

 第 9 章の確認問題

[1] 男女間賃金格差の問題を考える際に，平均賃金を用いることの是非を説明してください。また，あなたなら，男女間賃金格差の問題を考えるとき，どのような指標を用いて説明しますか。

[2] 図 9.1 で見たように，年齢が上がると男女間賃金格差は拡大しています。なぜ年齢が上がると男女間賃金格差が拡大するのでしょうか。その理由を説明してください。

[3] 1985 年に男女雇用機会均等法が成立すると，企業の中にはコース別雇用管理を導入して，総合職と一般職に分けて採用を行うようになりました。現在も，総合職と限定総合職，そして一般職と職種を分けて採用する企業は少なくありません。こうしたコース別雇用管理を企業が導入する背景と女性の就業への影響を説明してください。

[4] 男女間賃金格差を解消するために，ポジティブ・アクション（女性の積極的な登用や採用）が用いられます。あなたは企業などがポジティブ・アクションを用いることについてどのように考えますか。

---

[5] ただし，就業を継続する女性が増える傾向にあることは確かですが，最近でも 5 割以上の女性が結婚や出産を機に仕事を辞めているのは事実です。

[6] 育児休業制度の効果に関する論文としては以下のようなものがあります。

樋口美雄・阿部正浩・Jane Waldfogel［1997］「日米英における育児休業・出産休業制度と女性就業」『人口問題研究』，53(4)，49-66 頁

今田幸子・池田心豪［2006］「出産女性の雇用継続における育児休業制度の効果と両立支援の課題」『日本労働研究雑誌』，No. 553, 34-44 頁

駿河輝和・張建華［2003］「育児休業制度が女性の出産と継続就業に与える影響について：パネルデータによる実証分析」『季刊家計経済研究』，59 号，56-63 頁

第10章　賃金はどう支払われる

Outline

　一般に年功賃金と呼ばれていますが，雇用者の賃金は年齢が上がるととも
に賃金が上がるという構造になっています。この章では，賃金が年齢ととも
に上がるのはなぜなのかを，効率賃金仮説や人的資本仮説といった経済理論
で説明します。さらに，退職金が支払われる理由についても考えてみたいと
思います。

10.1　賃金はどう支払われているのか

◆ Story 編　どうして賃金が上がるのか

「ユウタ君の時給もそろそろ上げてあげよう。」

「店長，ありがとうございます。でも，先輩の時給も上がるって聞きましたよ。」

「アルバイトの時給を半年ごとに上げているからね。」

「どうして，半年ごとにアルバイトの時給を上げるんですか。」

「それは，みんなに一生懸命働いてもらうためもあるし，辞められても困るし。」

「でも店長，僕たちの時給って，どう決めてるんですか。働いている期間で
すか，それとも年齢ですか。仕事がどれだけできるかも関係してますか。よ
く年功序列って言うけど，どうなんですか。」

ユウタ君の時給が上がりそうですね。でも，ユウタ君が疑問に思っているように，賃金はどう支払われているのでしょうか。この章では，賃金がどう決められているかを見ていきましょう。

●賃金プロファイル

　わが国の賃金は**年功序列**によって決まるとしばしば言われます。年功序列とは年齢や勤続年数によって企業内での地位に上下がつけられことを意味します。したがって，年功を基準にして賃金が決まるということは年齢や勤続年数とともに賃金が高くなっていくことを意味します。

　図 10.1 と図 10.2 は，横軸にそれぞれ年齢と勤続年数をとり，縦軸には賃金をとって大学・大学院卒の賃金が年齢や勤続年数とともにどのように伸びていくかについて描いたグラフです。元になっているデータは厚生労働省「賃金構造基本統計調査」（2020 年）で，賃金は年齢 20 ～ 24 歳および勤続年数 0 年の所定内給与を 1 としてそれぞれの年齢および勤続年数の所定内給与を基準化した値です。すると，年齢や勤続年数とともに賃金水準が上がっていることが分かります。確かに賃金は年功序列によって決まっているようです。なお，図 10.1 や図 10.2 のように年齢や勤続年数によって賃金の水準がどう変化するかを描いている図を**賃金プロファイル**と呼びます。

　では，図 10.1 に示されている年齢–賃金プロファイルをもう少し詳細に見てみましょう。この図ではまず，男性も女性も 50 ～ 54 歳のピークまで賃金水準は上がっていることが分かります。そして，50 ～ 54 歳以降の賃金は下がっていることも分かります。学校卒業直後の 20 ～ 24 歳の賃金を 1 とすると，50 ～ 54 歳の賃金は，男性が約 2.5，女性は約 1.9 となります。女性に比べ男性の賃金の傾きが急なことが分かります。

　一方，勤続年数を横軸にとった図 10.2 では，その水準に若干の違いはありますが，男女ともに勤続年数が長くなるほど賃金水準も高まっていること

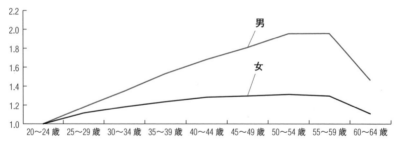

（出所）「賃金構造基本統計調査」（厚生労働省，2020 年）

図 10.1　年齢–賃金プロファイル

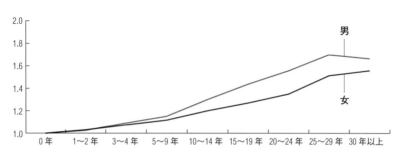

（出所）「賃金構造基本統計調査」（厚生労働省，2020 年）

図 10.2　勤続年数–賃金プロファイル

が分かります。そのピークは勤続 25 〜 29 年で，それ以上の勤続年数になると男性では賃金水準は下がっています。勤続 0 年の賃金を 1 とすると勤続 25 〜 29 年の賃金は，男性が約 1.7，女性が約 1.5 で，賃金の傾きは男女ともにほぼ同じであることが分かります。

　ところで，年齢や勤続年数とともに賃金が上がるという年功序列的な賃金は，日本だけに見られる現象ではありません。図 10.3 はイギリス，ドイツ，フランスについて，年齢別と勤続年数別の賃金プロファイルを描いたものです[1]。賃金の傾きは異なりますが，どの国も年齢や勤続年数とともに賃金が

---

[1] いずれも賃金には月間平均収入額を用い，年齢 29 歳以下と勤続年数 0 年を 1 として基準化している。

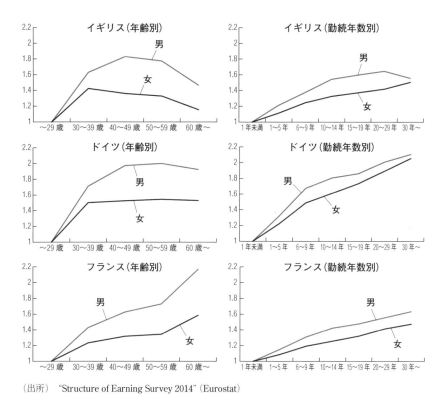

（出所）"Structure of Earning Survey 2014"（Eurostat）

図 10.3　イギリス，ドイツ，フランスの賃金プロファイル

高くなっていることが分かります。

10.2　なぜ年齢や勤続年数とともに 賃金は上がるのか

◆ Technical 編　**3つの仮説**

● 賃金が年齢や勤続年数とともに上がるのは生活を保障するため

　では，なぜ年齢や勤続年数とともに賃金は上がるのでしょうか。実際，企

表 10.1　基本給の決定要素

（単位：%）

	職務・職種など仕事の内容	職務遂行能力	業績・成果	学歴，年齢・勤続年数など	学歴	年齢・勤続年数など
管理職						
2017 年調査	77.4	64.9	40	61.5	21.1	60.1
2012 年調査	72.5	70.7	42.2	48.6	14.7	47.0
管理職以外						
2017 年調査	74.1	62.8	39	69	26.8	67.1
2012 年調査	68.2	68.7	40.5	61.3	20.9	58.5

（注）　数値は，全産業の結果で，調査対象企業に占める割合を示す。
（出所）　「就労条件総合調査」（厚生労働省）

業に対して給与をどのような観点から支払っているかを尋ねると，**職務・職種**や**職務遂行能力**，そして**業績・成果**と並んで，単に**年齢**や**勤続年数**の観点だけから給与を支払っているという回答が得られています（表 10.1）。職務・職種や能力，あるいは業績・成果とは関係なく，年齢や勤続年数によって給与を支払うという企業がかなり存在しているのです。

　年齢や勤続年数と賃金の関係を説明する仮説はいくつかありますが，その一つが**生活費保障仮説**です。この仮説は，年齢が 1 歳加齢するときの賃金上昇と勤続年数が 1 年経ったときの賃金の上昇を比べると，（特に男性で）年齢の効果のほうが大きいのはなぜかという点から考えられた仮説です[2]。

　生活費保障仮説では，一般に年齢とともに生活費は増えるはずだが，企業が少なくとも生計を賄える賃金を労働者に支払わなければ，労働者の企業帰属意識を高めることができないので，年齢とともに賃金が伸びていくと説明します。働いても生活できなければ，労働者はその会社を辞めてしまうので，会社も生活費は保障しようとすると考えられるからです。

　実際のところ，企業が現実に支払っている給与には**生活給**あるいは**生活保**

---

[2]　より詳細については，小野旭［1989］『日本的雇用慣行と労働市場』（東洋経済新報社）の第一章と第四章を参考にしてください。

障給という考え方があります。この生活給には長い歴史があり，その源流を辿ると大正年間まで遡ると言われています[3]。ただし，この生活給が広く企業に普及し確立したのは，戦後の「電産型賃金体系」が成立した1946年（昭和21年）以降だと言われています。この電産型賃金体系では，給与の6割程度が生活給という性格を持っていました。その後，1965年頃から職能給と呼ばれる賃金制度が徐々に普及していきますが，そこでも基本給は本人給（年齢給）と職能給の合計とするのが一般的でした。

こうした生活費保障仮説や生活給については，パターナリズムや企業一家主義，あるいは日本社会の伝統的性質を反映したものであると説明されます。年齢が上がっても能力や業績・成果と関係がなければ，限界生産性と実質賃金が等しいという経済学の基本的な原理は成立しません。しかし，一見すると経済合理的ではない年齢で賃金が決まる生活給ですが，日本の企業の給与決定にとって重要な要素と考えられてきました。長い年月にわたり生活給が重要な役割を担った理由について，小野［1989］は①技術変化の下でも労働力管理が容易であったこと，②平等を尊ぶ社会での公平感の維持，③日本企業の経営体質，をその背景として挙げています。

●賃金が年齢や勤続年数とともに上がるのには経済合理性がある

生活費保障仮説では，年齢や勤続年数とともに賃金が上がることをパターナリズムや企業一家主義で説明し，実質賃金と限界生産性は必ずしも等しくなくとも良いとしている点で，経済学的には合理的な説明とは言えません[4]。

これに対して，年齢や勤続年数とともに賃金が上がるのには経済合理性があるとする仮説があります。その一つが後払い賃金仮説です。しかし，この仮説は年齢や勤続年数とともに限界生産性が上がるわけではないということを前提にするのですが，それでも年齢や勤続年数とともに賃金が上がること

---

[3] 生活給に興味があれば，笹島芳雄［2011］「生活給——生活給の源流と発展」『日本労働研究雑誌』，No. 609 を参照してください。

[4] とは言え，パターナリズムや企業一家主義の理由から労働者に賃金を支払っても企業が経営できているなら，経済合理性はあると言えるのかもしれません。

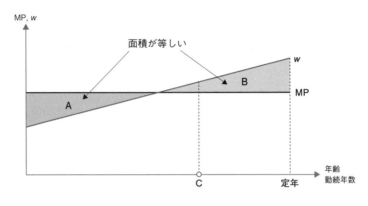

図10.4　後払い賃金仮説の概念図

は経済合理的だと説明しており，生活費保障仮説とはややニュアンスが異なっています。

　図10.4を見てください。この図の横軸は年齢あるいは勤続年数で，縦軸は限界生産性（MP）あるいは実質賃金（w）となっています。

　さて，この図では年齢や勤続年数によって限界生産性が変わることなく一定です。それに対して，実質賃金は年齢や勤続年数とともに上がるように描かれています。ただし，年齢が若く勤続年数が短いときは限界生産性よりも実質賃金は低くなり，年齢が高く勤続年数が長くなると限界生産性よりも実質賃金が高くなるように描かれています。そして，生産性よりも実質賃金が低い部分（図中のA）と，生産性よりも実質賃金が高い部分（図中のB）は，両者の面積が等しくなるように描かれています。

　この図10.4が意味することは，年齢や勤続年数にかかわらず限界生産性が一定だとしても，若いときに生産性以下の実質賃金を支払い，歳をとってから限界生産性以上の実質賃金を支払うような賃金プロファイルを設定できるということです。ただし，生涯にわたって実質賃金と限界生産性が等しくなっているという点がここでのポイントです。労働者も企業も，両者が等しければ，損も得もないからです。生涯にわたって実質賃金と生産性が等しけ

れば，生活費保証仮説とは違い，経済合理性も認められます。

　では，なぜ企業はこのような賃金プロファイルにするのでしょうか。

　まず企業にとっては，労働者が定年まで勤めあげれば生涯の限界生産性と等しい生涯賃金が得られるように賃金プロファイルを作ることで，労働者に定年まで働くインセンティブを与えることができます。労働者が定年まで勤めなければ，生涯賃金が生涯の限界生産性よりも低くなるため，損をするようにできるからです。たとえば図の点Cで辞めるとすると，点Cまでの限界生産性と実質賃金の差の分が損したことになるわけです。こうすることで，労働者の定着率を高めたり，労働者のサボりをなくすことを促せるのです。

　他方，このような賃金プロファイルを労働者はどう考えるでしょう。

　若いときには生産性よりも低い賃金が支払われるので，不満を持つ人もいるかもしれません。でも，歳をとると生産性よりも高い賃金が支払われますから，若いときの生産性と賃金の差を貯蓄だと思えば不満も解消するかもしれません。むしろ，若いときの生活費は低くて歳をとってからの生活費は高いから，こうした賃金プロファイルを望ましいと思う人もいるでしょう。定年まで勤めれば生涯の生産性と生涯賃金は等しくなるので，労働者には痛くも痒くもありません。それよりも，途中で辞めたり解雇されたりすると損をしますから，辞めないで一生懸命に働こうとするでしょう。

●年齢や勤続年数で賃金が上がるのは能力が上がるから

　年齢や勤続年数とともに賃金が上がることに経済合理性があるとする仮説として，**人的資本仮説**もあります。この仮説では，年齢や勤続年数とともに賃金が上がるのは生産性も上がるためだと説明します。年齢や勤続年数にかかわらず生産性は一定とする後払い賃金仮説とは前提が異なります。

　図10.5を見てください。図の横軸は年齢あるいは勤続年数で，縦軸は限界生産性あるいは実質賃金となっています。この図は，学校を卒業して会社に入社した労働者が，入社1年目からt年までは，仕事を行う上で必要な知識や技能を身につけるために教育や訓練を受け，t年以降は仕事だけを行う

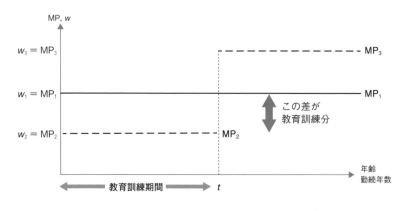

図 10.5　人的資本仮説の概念図

という仮定の状況を示しています。

　さて，図では教育や訓練を受けなかった場合の限界生産性（MP_1）と教育や訓練を受けたときの限界生産性（MP_2，MP_3）が描かれています。t 年までについて見ると，MP_2 は MP_1 よりも低くなっています。MP_1 は学校を卒業した時点で労働者が持っている知識や技能を利用してフルに働いたときの限界生産性ですが，労働者が教育や訓練を受ければその分だけ働く時間が短くなるので限界生産性は MP_2 に落ちます。逆の見方をすれば，MP_1 と MP_2 の差は教育や訓練に伴う費用ということになります。

　ところで，労働者が受ける教育や訓練は，労働者の仕事をするための知識を増やし，技能を向上させます。その結果，教育や訓練を受ける前に比べて，労働者の限界生産性は高まると考えられます。それゆえ，図では，t 年以降の限界生産性 MP_3 は MP_1 よりも高く描かれているのです。ここで，教育や訓練が労働者の生産性をどれだけ高めたかを求めると

$$（MP_1 と MP_3 の差）÷（MP_1 と MP_2 の差） \tag{10.1}$$

となります。

　生産性 = 賃金が成り立つと考えると，教育や訓練を受けなければ生涯に

わたって賃金は w_1（$= \text{MP}_1$）ですが，教育や訓練を受けると t 年までは w_2（$= \text{MP}_2$）で，t 年以降は w_3（$= \text{MP}_3$）となります。したがって，（10.1）式は教育訓練によってどれだけ賃金が上昇したかを示していることになり，教育・訓練の収益率を表しています。そして，この収益率がプラスであれば，年齢や勤続年数とともに賃金は上昇することになります。

10.3 退職金が支払われる理由

◆ Technical 編　定年退職制度のインセンティブ

　上で説明した人的資本仮説には，実は理論的な弱点があります。人的資本仮説が説明するように，もし教育や訓練で生産性が高まって生産性に等しい賃金が支払われているなら，企業には労働者に辞めてもらう合理的理由はないはずです。生産性も高まっていますし，何より賃金は生産性に等しい分しか支払っていないので，企業も労働者も損をしていないからです。

　しかし，現実には多くの企業は定年年齢を設定して，労働者に辞めてもらっています。なぜ企業が定年年齢を設定し，労働者に辞めてもらわなければならないのかを，人的資本仮説ではうまく説明できないのです。この弱点を指摘したのがラジアー（Lazear ［1979］）[5] です。

　ところで，多くの企業が定年退職制度を持っていますが，それはなぜでしょうか。よくなされる説明の一つは，年齢が高くなると労働者の生産性が低下して働けなくなるからだ，というものです。歳をとれば，仕事は肉体的，体力的にもきつくなるし，新しい技術や仕事環境にもついていけないケースも出てくることが多いので，この説は一見正しいように思われます。しかし，

---

[5] 興味のある人は，以下の論文を参照してください。
　 E.P. Lazear ［1979］ "Why Is There Mandatory Retirement," *Journal of Political Economy*, Vol. 87（6），pp.1261–84.

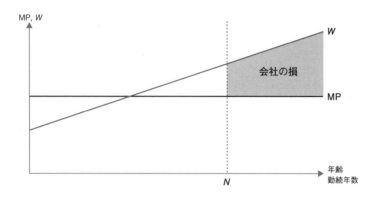

図 10.6　定年退職制度はなぜ必要か

生産性が低下してもそれに等しい賃金が支払われれば，労働者も企業も損は
しないはずです。生産性低下を定年年齢を設定する合理的な理由にはできま
せん。

　他にも，定年退職制度があれば労働者は定年年齢で一律に辞めるので，企
業が辞めさせたい人を選別する必要がなくなる，という説明もあります。も
し定年退職制度がなければ，企業は辞めさせたい労働者を選別しなければな
りませんが，そのような選別を法律は通常認めていません。しかし，定年退
職制度は労働者を差別することなく辞めてもらえるので，法律上問題がない
というわけです。

　こうした説明に対して，ラジアー（Lazear［1979］）は別の角度から定年
退職制度の存在理由を説明します。彼は，後払い賃金仮説に準拠して，生涯
にわたっての生産性と賃金支払額が等しくなる時点で，労働者に会社を辞め
てもらわなければ，会社は損をするだろうと考えたのです。

　図 10.6 を見てください。この図では，勤続年数がちょうど N 年のときに
生涯にわたっての生産性と生涯にわたっての賃金支払額が等しくなります。
これよりも短い勤続年数で労働者が離職すると，生産物よりも少ない賃金し
か得られませんから，労働者は損をします。また，労働者が N 年よりも長

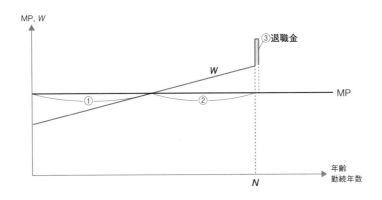

図 10.7　後払い賃金と退職金

く勤めると，生産物よりも多い賃金を企業は労働者に支払うことになり，企業が損をします。そこで企業が勤続 N 年に定年退職を設定すれば，労働者も企業も損をしなくて済むことになります。このようにラジアーは定年退職制度の存在理由を説明したのです。

　今度は図 10.7 を見てください。この図は定年退職が設けられている勤続 N 年のところに退職金が設定されていることを表しています。退職金も生涯賃金の一部ですから，後払い賃金仮説に従えば，退職前に支払われる賃金（図の①と②の部分）と退職金（図の③の部分）を合計した額が生涯にわたる限界生産物（MP）と等しければ企業も労働者も損をしないことになります。

　このような退職金を企業が支払うのは，労働者の定着性を高めたり，労働モラルを高めたりするインセンティブを，通常の後払い賃金よりも強くすることができるからです。と言うのも，退職金は定年退職しなければ支払われず，退職金があることで通常の賃金プロファイルの傾きは抑えられるからです。このため，通常の後払い賃金よりも定年退職まで一生懸命働こうとするインセンティブが労働者に働くと考えられるのです（**コラム 10.1** 参照）。

　図10.7では退職金は定年退職時だけに支払われるように描かれていますが，現実には定年退職時以外でも支払われることがあります。具体的に退職金は次のような算定式によって額が求められます。

　　　　退職金 ＝ 基本額（退職時の給与月額）× 退職金乗率

　退職金乗率は，退職金支給割合などとも呼ばれますが，退職の理由や勤続年数によって変わってきます。表10.2は国家公務員が自己都合で退職した場合に用いられる勤続年数別の退職金乗率です。この表を見ると，勤続年数が長くなるほど乗率の値が大きくなることが分かります。勤続年数が長くなれば基本額も高いですから，結果として退職金額も勤続年数に応じて高額になります。

表10.2　退職金乗率（自己都合退職の場合）

勤続年数	1年	2年	3年	4年	5年	6年	7年	8年	9年	10年
退職金乗率	0.522	1.0044	1.5066	2.0088	2.511	3.0132	3.5154	4.0176	4.5198	5.022

11年	12年	13年	14年	15年	16年	17年	18年	19年	20年
7.43256	8.16912	8.90568	9.64224	10.3788	12.88143	14.08671	15.29199	16.49727	19.6695

21年	22年	23年	24年	25年	26年	27年	28年	29年	30年
21.3435	23.0175	24.6915	26.3655	28.0395	29.3787	30.7179	32.0571	33.3963	34.7355

31年	32年	33年	34年	35年	36年	37年	38年	39年	40年
35.7399	36.7443	37.7487	38.7531	39.7575	40.7619	41.7663	42.7707	44.7751	45.7795

41年	42年	43年	44年	45年
45.7839	46.7883	47.709	47.709	47.709

（注）　平成30年1月1日以降の退職の場合。
（出所）　「国家公務員退職手当支給率早見表」内閣官房（2021年9月1日閲覧）
　　　　　https://www.cas.go.jp/jp/gaiyou/jimu/jinjikyoku/files/h300101_taishoku.pdf

　第10章の確認問題

［1］　2012年に高年齢者雇用安定法が改正され，65歳未満の定年を定めている事業主は，65歳までの雇用を確保するために，①定年年齢を引き上げる，②継続雇用制度を導入する，③定年を廃止する，のいずれかの高年齢者雇用確保措置を導入する義務があります（法第9条）。この措置によって，希望者全員の65歳までの雇用が確保されるようになりましたが，その結果とし

て賃金プロファイルにも影響が出ています。どのような影響が賃金プロファイルに出ているのかを調べてみてください。

補論　賃金関数はなぜ片対数になるのか

　賃金プロファイルの傾きなどを推定している実証研究の論文を読むと，たとえば

$$\ln(\text{wage}) = \hat{\alpha} + \hat{\beta}_1 \, \text{age} + \hat{\beta}_2 \, \text{tenure} + \cdots + u$$

のような式が推定されます。$\ln(\text{wage})$ は自然対数の賃金，age は年齢，tenure は勤続年数，$\hat{\alpha}$ や $\hat{\beta}_1$，$\hat{\beta}_2$ は推定される係数，u は誤差項です。ここで，この推定式の意味を簡単に解説すると，推定される $\hat{\alpha}$ は年齢や勤続年数がゼロのときの（対数）賃金の水準を，$\hat{\beta}_1$ や $\hat{\beta}_2$ は賃金プロファイルの傾きで，年齢や勤続年数が 1 年増加したときの（対数）賃金の増分を，それぞれ意味します。

　ところで，この式では，左辺（従属変数）の賃金は対数になっていますが，右辺（説明変数）の年齢や勤続年数などは実数のままです。では，なぜ左辺だけが対数の式を推定するのでしょうか。

　その理由は，人的資本仮説と関係があります。上で説明したモデルをここではもう少し一般化して説明します。まず，労働者が t 期に受け取る賃金 $W(t)$ は，t 期に実現する限界生産物 MP^* に等しいとします。つまり，

$$W(t) = \text{MP}^*(t)$$

です。

　ここで，t 期に訓練をすれば労働者の限界生産物は高まるが，訓練を行うにはコスト $C(t)$ がかかるとしましょう。このとき，労働者の実現する限界生産物 $\text{MP}^*(t)$ は，訓練を受けなければ実現した限界生産物 $\text{MP}(t)$ から訓練コストを引いたものと考えると，

$$\mathrm{MP}^*(t) = \mathrm{MP}(t) - C(t)$$
$$= (1 - k(t)) \times \mathrm{MP}(t)$$

となります。ただし，$k(t) = \dfrac{C(t)}{\mathrm{MP}(t)}$で，$t$期の人的資本投資割合を示しています。

人的資本投資の収益率（訓練を受けることで限界生産物が高まる割合）を ρ（ロー）としましょう。すると，翌期の潜在的限界生産物（訓練前の生産物のこと）は

$$\mathrm{MP}(t + 1) = \mathrm{MP}(t) + \rho \times C(t)$$

となります。したがって，訓練を受けることで高まる限界生産物は，

$$\mathrm{MP}(t + 1) - \mathrm{MP}(t) = \rho \times C(t) = \rho \times k(t) \times \mathrm{MP}(t)$$

あるいは，

$$\frac{\mathrm{MP}(t + 1)}{\mathrm{MP}(t)} = 1 + \rho \times k(t)$$

となります。

ここで，$\mathrm{MP}(0)$ を仕事に就く直前で訓練前の人的資本レベルだとします。すると，1期目と2期目の人的資本レベルは，それぞれ

$$\mathrm{MP}(1) = (1 + \rho \times k(0)) \, \mathrm{MP}(0)$$
$$\mathrm{MP}(2) = ((1 + \rho \times k(1)) \, \mathrm{MP}(1)$$
$$= ((1 + \rho \times k(1)) \, (1 + \rho \times k(0)) \, \mathrm{MP}(0)$$

となります。したがって，t期の人的資本レベルは，

$$\mathrm{MP}(t) = (1 + \rho k(0)) \, (1 + \rho k(1)) \, \cdots \, (1 + \rho k(t - 1)) \, \mathrm{MP}(0)$$

となります。ここで，この式の両辺に関して対数をとると，

$$\log(\mathrm{MP}(t)) = \log \mathrm{MP}(0) + \sum \log(1 + \rho k(j))$$

となります。ただし，$\log(1 + Y)$ はyが十分に小さいときはyにほぼ等しいので，以下のように左辺だけが対数の式に変形できます。

$$\log(\mathrm{MP}(t)) = \log \mathrm{MP}(0) + \rho \sum k(j)$$

この式はミンサー型賃金関数と呼ばれています。

第11章 どうやってスキルを身につけるのか
──人材開発

Outline

　労働者が仕事を遂行するためには，その仕事に関する知識や技能が必要となります。そのため，企業は労働者に対して教育訓練を行い，知識や技能を労働者に蓄積させます。この章では，企業が労働者に対して行う教育訓練について，どのような特徴があるのか，その費用を誰が負担するのかを見ていきます。また，非正規雇用者が増加した背景に，教育訓練が少なからず影響していることについても見ていきます。

11.1　賃金プロファイルと教育訓練

◆ Story 編　技能による賃金プロファイルの違い

「店長はこの店をどうして始めたんですか。」

「学校を出て，ホテルでコックの見習いをした。はじめは鍋洗い。そのうち，いろいろと仕事を覚えた。ホテルで10年ぐらい働いたころ，独立しようかなと何となく思ってね。子どものころからカレーが好きだったから，カリーズを開いたってわけよ。」

「そうだったんですか。コックさんの修行って大変そうですね。」

「怖い先輩もいたけど，技術をいろいろ教え込まれたな。今考えると良かったよ。うちのカレーは修行したホテルの味とは違うけど，カレーを作る技術

はホテルで仕込まれた。仕事なんて何でもそうだけど，若いときに基本をみっちり教えられないと，良い仕事はできないよ。ユウタにもだんだん難しい仕事を覚えてもらわないとね。」

　店長はホテルでコックの修行をしていたようですね。私たちは必要な知識や技術，技能を身につけなければ，一人前の仕事を行えないわけですが，それらは生まれつきのものではありません。一般には，学校や職場での教育や訓練を受けて身につけるものです。この章では，仕事を行うのに必要な知識や技術，技能を，人々がどう身につけるのか，そのための費用を誰がどれだけ負担するのかについて，見ていきたいと思います。

●運転手たちの賃金プロファイル

　図11.1は，バス運転手，電車の運転士，航空機の操縦士の年齢賃金プロファイルを示しています。バス運転手の場合，若いときの賃金水準は相対的に高いのですが，その後は年齢が上がっても賃金水準は高まりません。一方，電車の運転士の場合は，航空機の操縦士ほどではありませんが，年齢が上がるとともに賃金水準も高くなっています。航空機の操縦士になると，年齢が上がるとともに急速な勢いで賃金水準が高くなっていて，45 〜 49歳の賃金で比較するとバスやトラックの運転手の5倍以上にも達しています。

　乗り物を運転するという意味では，バス運転手も，電車の運転士や航空機の操縦士も同じ仕事のように思えるのですが，これほど賃金プロファイルが異なるのはなぜなのでしょうか。

　第10章では，賃金プロファイルの傾きについて生活費保障仮説や後払い賃金仮説，そして人的資本仮説の3つの仮説によって説明することが可能なことを見てきました。では，運転手たちの賃金プロファイルの傾きの違いをこれらの仮説によって説明できるでしょうか。

　まず生活費保障仮説で説明できるかどうか検討しましょう。生活費保障仮説では，会社は労働者の生計が維持できるような賃金を支払うけれど，生計

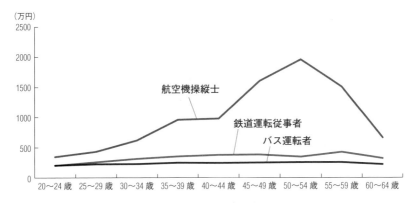

（万円）

航空機操縦士

鉄道運転従事者

バス運転者

20〜24歳 25〜29歳 30〜34歳 35〜39歳 40〜44歳 45〜49歳 50〜54歳 55〜59歳 60〜64歳

（注）　図の鉄道運転従事者は，本文の鉄道の運転士を指します。
（出所）　「賃金構造基本統計調査」（厚生労働省，2020年）

図11.1　運転士たちの年齢–賃金プロファイル（所定内給与）

費が労働者の年齢とともに上昇することから，賃金プロファイルには傾きが生じると説明します。だとすると，バス運転手と電車の運転士や航空機の操縦士の間で生計費が異なることを説明できないと，生活費保障仮説によって賃金プロファイルの傾きの違いは説明できません。通常では仕事によって生計費が異なるとは考えられませんから，この仮説で賃金プロファイルの傾きの違いを説明するのには無理があります。

　では，後払い賃金仮説はどうでしょう。後払い賃金仮説では，労働者の怠業や離職を予防するために，会社は労働者が若いときには限界生産物の一部を預託させ，その預託分を中高齢期に上増しして賃金を支払うため，賃金プロファイルに傾きが生じると説明します。だとすると，仕事によって怠業や離職の予防に差があることを合理的に説明できないと，賃金プロファイルの傾きの違いをこの仮説で説明することはできません。運転手たちの賃金プロファイルの傾きの違いを後払い賃金仮説で説明することは，やはり難しいようです。

　生活費保障仮説や後払い賃金仮説で説明するのが難しいなら，人的資本仮

説はどうでしょう。人的資本仮説では，学校や会社での教育や訓練によって労働者は知識や技術あるいは技能を身につけ，彼らの限界生産性は上昇するから，賃金プロファイルには傾きができると説明します。だとすると，運転手たちの受ける教育や訓練の量や質が違うのであれば，それぞれの賃金プロファイルの傾きが違うことを説明できるはずです。

●運転手たちの技能と教育訓練

　運転手たちの仕事は，乗客や荷物を目的地まで安全で快適に，そしてスケジュール通りに運ぶことです。そのために一定の技能や知識が運転手たちには必要となり，それを証明する資格，つまり運転免許などの取得が義務づけられています。したがって，運転手になるにはどうしても免許を取得する必要があります。

　バス運転手の場合，中型あるいは大型自動車免許を取得しなければ仕事になりません[1]。その費用については，会社が負担するケースもないわけではありませんが，運転手自身で負担することが多いようです。もちろん，自動車免許以外にもバスを運行するために必要な知識もあります。たとえば路線バスの場合には，路線の特徴を把握するなどの知識が必要です。しかし，バスを安全で快適にそして時間通りに運行するという基本的な仕事は，自動車免許を取得している人なら誰でもできるということです。このため，安全教育などの例外はありますが，電車や飛行機に比べ，会社は運転手に対する教育や訓練をあまり行っていないようです。なお，年齢や経験年数によってバスを運転する技能に差はなく，運転手の生産性が年齢や経験で高くなることはないとのことです。

　他方，電車の運転士や航空機の操縦士の場合，会社に入ってから教育や訓練を受けるのが普通です。その費用は会社が負担するのが普通です[2]。

　電車の運転士の場合，一人前の運転士になるまでに入社5年程度は少なく

---

[1] 営業用バスを運転するには大型自動車二種免許が必要となります。
[2] **コラム 11.1** で紹介するような例外もあります。

ともかかるようです。ある会社の場合，入社1年目は駅係員として改札やホームでの業務を経験し，入社3年目になって試験に合格すると車掌見習いとなり，車掌業務に関する訓練を3ヶ月程度受けてその後に一人前の車掌となります。

　この間の訓練は，電車のメカニズムや運行に関する法律や規制などを勉強するOff-JT（オフ・ザ・ジョブ・トレーニング：主に座学）もありますが，実際に電車に乗務して先輩車掌から指導を受けるOJT（オン・ザ・ジョブ・トレーニング：実地訓練）が基本です。このOJTが終わると，一人前の車掌として業務を一定期間行います。この後，運転士登用試験を受けて合格すれば9ヶ月程度の運転士見習いとなり，その間にOff-JTやOJTを通じて電車を安全に快適に運転するための技能や知識を学びます。そして動力車操縦者運転免許[3]を取得すると，一人前となって運行業務に就くのです。しかし，一人前とは言ってもすぐに上手な運転ができるわけではないそうで，電車の出発や到着をスムーズにしかも定刻通りに行うためには長い経験が必要なのだそうです。こうしたこともあり，電車の運転士たちは一定間隔で再教育訓練が行われ，定期的に技能を磨きます。

　航空機の操縦士の場合は，電車の運転士よりもさらに長い期間にわたって教育と訓練を受けます。このときの教育と訓練の費用は会社が負担します。ある航空会社の場合，操縦士の候補生として採用された人は，入社1年目に各空港で地上業務を行い，2年目からは訓練生として航空法や航空機操縦などに関する座学と操縦訓練に明け暮れます。そして，最短の人では2年半後に，比較的小さな航空機の副操縦士となります。副操縦士になって15年程度すると機長昇格テストが行われ，合格すれば晴れて機長になれます。この航空会社では早く機長になれる人でも40歳前後になります。なお，副操縦士あるいは機長は，3〜4ヶ月に一度は座学とシミュレーターを使った操縦

---

[3] 動力車操縦者運転免許には大きく二種類あります。電車や電気機関車の運転に必要な「甲種電気車免許」と，軌道を走る路面電車の運転に必要な「乙種電気車免許」です。ただし，新幹線の運転にはこれらとは別の「新幹線電気車免許」が必要です。

訓練を行い，定期的に技能を磨きます。電車の運転士と同様に，航空機の操縦士も航空機を安全にしかも定刻通りに運航するためには経験が最も大事な要因だそうです。

コラム 11.1　教育訓練費用を個人が負担!?　特殊な例

　鉄道の運転士になる教育訓練の費用は，通常は企業が負担するのが一般的です。しかし中には例外もあります。千葉日報が 2013 年 4 月 2 日に配信した「運転士目指し "再挑戦の春" 4 期目の訓練生，3 人採用　いすみ鉄道」と題する記事はその例外を話題にしています。

　　いすみ鉄道（大多喜町）は 1 日，社会人に訓練費 700 万円を自己負担してもらい鉄道運転士になれる機会を提供する事業で，4 期生を採用した。いずれも転職組の 40 代男性 3 人。「先輩方がレールを敷いてくれた。期待の方が大きい」と再挑戦の春を迎えた。
　　「自社養成列車乗務員訓練生」と銘打った全国でも珍しい試み。訓練生は契約嘱託社員として運転技能などを学び，2 年後にも同鉄道で「ムーミン列車」などのディーゼル車の運転を目指す。
　　これで訓練生の採用は延べ 13 人。1, 2 期生のうち 5 人は国の資格試験に合格し運転士として巣立った。

　このように，バス運転手の場合には入社後の教育や訓練はあまり行われず，年齢や経験年数によって生産性が高まることがあまりないので，賃金プロファイルの傾きは緩やかになっていると考えられます。一方，電車の運転士と航空機の操縦士の場合は，技能や知識を高めるために多くの教育と訓練を継続的に受けますし，経験によっても技能は高まります。これが賃金プロファイルの傾きをバス運転手よりも急なものにする要因と考えられます。

11.2 誰が費用を負担するのか

◆ Technical 編 技能の種類による費用負担の違い

●一般的人的資本

上で見たように，バス運転手と電車の運転士や航空機の操縦士とでは，教育や訓練の量と質に違いがありますし，その費用を誰が負担するかという点でも違いがあります。バス運転手の場合には，会社は運転手に対して教育や訓練をあまり行っていないようですし，免許取得の費用は個人が負担することが多いようです。これに対して電車の運転士や航空機の操縦士の場合は，会社に入ってから相当な量の教育と訓練が継続的に行われていますし，その費用は会社が負担しています。

では，なぜこうした違いが生まれるのでしょうか。

まず，バス運転手のように，教育訓練の費用を労働者個人が負担するのは，その教育訓練によって得られた技術や技能，知識がどの会社でも通用するような**一般的人的資本**の場合です。なぜ労働者個人が一般的人的資本の教育訓練費用を負担するのかというと，会社は一般的人的資本投資を行う動機をそもそも持たないからです。

会社が一般的人的資本のための教育訓練を行う動機を持たないのは，教育訓練の費用を回収できなくなる可能性が高いからです。このことを以下で確かめましょう。

いま仮に会社が一般的教育訓練の費用をすべて負担するとします。そして，教育訓練を行えば，労働者の生産性は高くなるとしましょう。もしこの労働者がこの会社でずっと働くならば，会社は教育訓練で負担した費用を回収することができます。ただし会社は，費用を回収するために労働者の賃金を生産性よりも抑える必要があります。

このことを模式的に表しているのが図 11.2 の①です。図の MP^* は教育訓

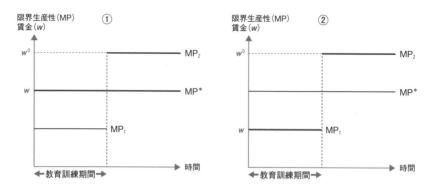

図 11.2　一般的人的資本の場合

練を受けないときの生産性を，MP_1 と MP_2 は教育訓練を受けたときの生産性を，それぞれ表します。また，w は労働者に支払われる賃金です。

　会社が負担する教育訓練費用は，教育訓練期間中の MP^* と MP_1 の差となります。というのは，教育訓練期間中の労働者の生産性は MP^* と MP_1 の差の分だけ落ちているわけですが，この期間中も会社は MP^* と等しい賃金 w を支払っているからです。本来であれば，生産性が MP_1 になれば，会社はそれに等しい賃金を支払えば良いわけなのですが，教育訓練費用を会社が負担するため賃金 w を支払うことになります。

　さて，教育訓練を受けた後の期間は，教育訓練によって労働者の生産性は高まります。図では，教育訓練期間後の MP_2 が MP^* を上回るように描かれています。ただし，会社が支払う賃金は w なので，MP_2 と w の差が会社の回収する教育訓練費用ということになります。

　ところで，教育訓練を受けた後に労働者が他の会社に転職すれば，労働者はより高い賃金を得られます。というのも，一般的人的資本はどの会社でも役に立つ技術や技能，知識ですので，別の会社に転職しても MP_2 に等しい生産性を発揮でき，それに伴って高い賃金を得ることができるからです。図11.2 の①では，他の会社で得られる収入が MP_2 に等しい w^0 となっており，

この w^0 は w よりも高い水準になっています。労働者が合理的に行動すれば，w^0 が w を上回るので，教育訓練を受けた会社を辞めて，別の会社に転職するはずです。

労働者が別の会社に転職してしまうと，会社は負担した費用すべてを回収できなくなります。このため，労働者が転職する可能性が高く，費用の回収ができなくなればなるほど，会社は教育訓練をしなくなるのです。そこで，一般的人的資本の場合には，労働者個人が教育訓練費用を負担するのが一般的です。教育訓練費用を労働者が負担したとしても，それによって生産性が高くなれば賃金も上がるので，労働者が負担する教育訓練の費用は無駄にはなりません。また，生産性が高くなって賃金が上がるのならば，教育訓練の費用を自身で負担しようという動機も生まれます（図 11.2 の②がこの状況を表しています）。

●企業特殊的人的資本と雇用慣行

では，電車の運転士や航空機の操縦士のケースでは，誰が教育訓練の費用を負担するのでしょうか。

彼・彼女らの教育訓練で得た人的資本は，バスやトラックの運転手と違って，どの会社でも通用するものではありません。たとえば電車を運転するには，それぞれの会社で路線毎にどこでスピードを上げたり落としたりするのかという詳細な情報があり，運転する際には重要な情報になります。と言うのも，電車はバスやトラックと違って線路と車輪の摩擦係数が小さいので，スピードは出しやすいのですがブレーキは利かないからです。そのため，どこでスピードを出して，どこでブレーキを利かせるのかが路線毎に決まっています。気候やその時々の混雑具合によってもスピードやブレーキの頃合いは変わってくるので，上手く運転するには長い経験も必要になります。

この場合に，運転士が他の会社に転職してしまうと，それまでに身につけた技能や技術が無駄になってしまい，新しい会社で最初から勉強しなおす必要があります。このように，ある会社でしか有用でない人的資本を**企業特殊**

的人的資本と呼びます。

　企業特殊的人的資本の場合，それを身につけるための費用を労働者が負担しようとはしません。と言うのも，企業特殊的人的資本を身につけた後で転職を余儀なくされると，身につけた企業特殊的人的資本が転職先で無用の長物になってしまい，労働者は教育訓練の費用を回収できなくなるからです。

　この一方，会社には企業特殊的人的資本を労働者に身につけてもらわないと，会社経営に支障を来たすことになりかねません。企業独自の技術を労働者が習得できなければ，競争力は落ち，生産性も高まりません。このため，労働者に企業特殊的人的資本を身につけてもらうため，会社には教育訓練の費用を負担しようとする動機が生じます。

　企業特殊的人的資本は，その会社で働く間は価値がありますが，離職してしまうとその価値はなくなります。そのため，労働者は企業特殊的人的資本のための教育訓練を自身の費用負担では行おうとはせず，会社が費用負担をして教育訓練することになると説明しました。このことを模式的に表すと図11.3 の①のようになります。図 11.2 と同様に，MP^* は教育訓練を受けないときの限界生産性を，MP_1 と MP_2 は教育訓練を受けたときの限界生産性を，w は労働者に支払われる実質賃金を，それぞれ表しています。

　図 11.3 の①では，図 11.2 の①と同様に，教育訓練期間中の w が MP_1 ではなくて MP^* に等しくなっていますので，教育訓練の費用は会社が負担していることが分かります。教育訓練後になると労働者の限界生産性は MP^* よりも高い MP_2 になりますが，w は教育訓練中と同じ MP^* の水準にとどまっているのは，会社が負担した教育訓練の費用を回収するために w が MP^* と同じにしているからです。

　ところで，このように会社は企業特殊的人的資本のための教育訓練の費用を負担し，それを教育訓練後に回収するのですが，ここで一つの問題が生じます。それは，教育訓練後の期間に労働者がこの会社で働き続けるかどうか分からないという点です。というのも，労働者はこの会社とは別の会社に転職しても MP^* に等しい賃金が支払われるはずです。この会社で働けば限界

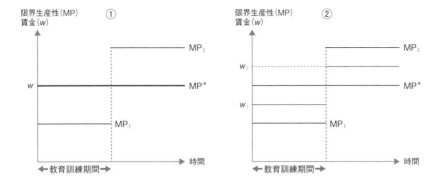

図 11.3　企業特殊的人的資本の場合

生産性は MP_2 ですが，転職すれば企業特殊的人的資本は役立たないので，限界生産性は MP^* に等しくなるからです。しかし，この会社も教育訓練費用を回収するために賃金を MP^* に等しくしているため，労働者にとってはこの会社に残るのも転職するのも無差別になります。

　仮に労働者が別の会社に転職するとどうなるでしょう。会社にとっては，企業特殊的人的資本のために行った教育訓練費用を回収できなくなります。だからといって企業特殊的人的資本を労働者に身につけてもらわないと，企業経営にとっては困ります。

　この問題を解決するための一つの解決策は，企業特殊的人的資本のための教育訓練費用を会社と労働者が折半して負担することです。図 11.3 の②がその状況を模式的に表しています。まず，教育訓練期間中の賃金 w_1 が MP_1 と MP^* の中間で支払われている点が図 11.3 の①と異なります。MP^* と MP_1 の差が教育訓練費用になりますが，このうち MP^* と w_1 の差が労働者による教育訓練費用の負担分で，w_1 と MP_1 の差が会社の負担分となります。また，教育訓練期間後は，労働者の賃金 w_2 は MP^* よりも高くなっていますが，これは労働者が負担した教育訓練費用の回収分になります。

　このように会社と労働者が教育訓練費用の負担を折半すると，労働者の転

職は抑制され，会社も安心して企業特殊的人的資本に対する教育訓練を行えるようになります。労働者は転職すると w_1 と MP^* の差の分を損してしまうので，この会社で働き続けようとするからです。実際，日本の企業は他国に比べて教育訓練を熱心に行っていると言われています。この背景として，日本の労働者の賃金が年功的なため，転職をする人が少なかったことが，しばしば挙げられます。

11.3　正規労働者と非正規労働者の境界

◆ Technical 編　**賃金格差が生じる理由**

　近年，労働者に占める**非正規労働者**の割合が高まってきています。図11.4は，総務省統計局「労働力調査」を用いて，労働者に占める正規と非正規労働者の人数の推移を見たものです。この図中の非正規の職員・従業員とは，勤め先でパート・アルバイトや労働者派遣事業所の派遣社員，契約社員・嘱託，あるいはその他の呼称で呼ばれている労働者を言います。

　この図によれば，非正規労働者で最も多いのはパート・アルバイトで，次いで契約社員・嘱託です。労働者派遣事業所の派遣社員（いわゆる派遣労働者）はほんのわずかに過ぎません。

　また，非正規労働者が年々増加傾向にあることも，この図から分かります。1984年2月の非正規労働者の雇用者に占める割合は15.3％に過ぎませんでしたが，2020年平均では37.2％にまで達しています。1980年代中頃には雇用者の7人に1人に過ぎなかった非正規労働者が，今や3人に1人を超えているのです。

　こうした非正規労働者の増加は，近年では社会問題になっています。非正規労働の雇用が不安定で，賃金水準も低いため，非正規労働者の多くが苦しい生活を余儀なくされていると言われているのです。

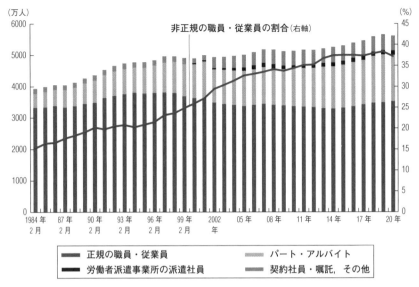

（注）　2002 年以前は各年 2 月の人数。2002 年以降は年平均の人数。
（出所）　「労働力調査（詳細集計）」（総務省統計局）

図 11.4　雇用形態別に見た雇用者数の推移

　図 11.5 は，正規労働者と非正規労働者の年齢‐賃金プロファイルを描いた
ものです。この図は厚生労働省「賃金構造基本統計調査」を用いており，正
規労働者と非正規労働者は次のように定義しました。正規労働者は正社員・
正職員で雇用期間に定めのない者とし，非正規労働者は正社員・正職員以外
で雇用期間に定めのある者としています。「賃金構造基本統計調査」には，
これ以外に，正社員・正職員で雇用期間に定めのある者と，正社員・正職員
以外で雇用期間に定めのない者についても調査していますが，この図では省
略しています。また，正規労働者と非正規労働者で労働時間が違うので，

$$\frac{\text{「決まって支給される給与」}+\text{「年間賞与」}\div 12}{\text{「所定内労働時間」}+\text{「超過労働時間」}}$$

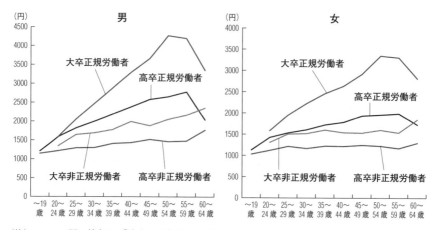

(注) 1. この図の賃金は，「決まって支給する給与」に「年間賞与÷12」を加えたものを，「所定内労働時間」に「超過労働時間」を加えた「総労働時間」で割って計算した。
2. 正規労働者とは，正社員・正職員で雇用期間の定め無しの者を言う。非正規労働者とは，正社員・正職員以外で雇用期間の定め有りの者を言う。
(出所) 「賃金構造基本統計調査」（厚生労働省，2016年）

図11.5　正規労働者と非正規労働者の年齢−賃金（時給）プロファイル（産業計，企業規模計）

で求められる時間あたり賃金（時給）を，この図では用いています。

　図11.5によれば，男女にかかわらず，また学歴にかかわらず，正規労働者に比べて圧倒的に非正規労働者の時間あたり賃金は低いことが分かります。また，正規労働者の場合には年齢とともに賃金水準は高まっているのに対して，非正規労働者の場合にはその様な関係はあまり見られません。大卒男性の非正規労働者の時間あたり賃金は，辛うじて年齢とともに伸びているように見えますが，高卒男性の正規労働者ほどは伸びていません。

　では，なぜこのように正規労働者と非正規労働者では時間あたり賃金に格差が生じるのでしょうか。

　第一に，結婚や出産後の女性は，家事や育児と仕事を両立させるために，パートタイム労働を選ぶ傾向があります。そのため，パートタイムの仕事に対する労働供給が増え，**第8章**のヘドニック賃金仮説で説明されるように，

パートタイムの仕事の賃金は相対的に下がります。正規労働者と非正規労働者の間で賃金に差がつくのは，家事や育児と仕事を両立させようとする女性がパートタイムの仕事に就く結果でもあります。

　第二に，パート・アルバイトの仕事が比較的簡単で企業内教育・訓練が不必要なものが多いため，賃金が低くなる傾向にあります。パート・アルバイトの仕事には主婦や学生が就く傾向にありますが，そのために勤続年数も平均的には短くなります。勤続年数が短い労働者に対して，会社は費用をかけてまで教育・訓練を行わないことは，この章での説明から理解できると思います。そうだとすると，パート・アルバイトには，教育・訓練をしなくても遂行できる仕事，比較的簡単で単純な仕事を会社は任せることになります。実際のところ，パート・アルバイトの仕事は，短時間の研修はありますが，基本的にはマニュアル通りの仕事をすれば良いはずです。このため，パート・アルバイトの人的資本は正規労働者に比べて小さく，賃金にも格差が生じることになります。

　これら以外にも，会社が非正規労働者について非合理的な差別的扱いをしているという理由も考えられます。

 第 11 章の確認問題

[1] 一般的人的資本の場合，会社が教育訓練費用を負担するケースで，教育訓練期間後の MP と賃金 w の差が会社の回収する教育訓練費用になることを説明してみてください。

[2] 非正規労働者に対して企業内教育訓練がより必要になるなら，非正規労働者の賃金プロファイルはどうなるでしょうか。

[3] 1990 年代後半から，IT など情報通信技術の発展によって，企業特殊的人的資本の重要性が薄れたと言われるようになりました。また，今後の人工知能（AI）やロボットの本格的な活用によって，そうした傾向はますます強まると言われています。IT などの人的資本への影響がどうだったのかを，具体的に調べてみましょう。

第12章　失業はなぜ起こる

Outline

　第7章では，労働市場で賃金水準が均衡賃金よりも高くなると失業が発生することを見ましたが，この章ではさらに一歩踏み込んで，失業の特徴や発生のメカニズムについて見ていきます。

　失業が生じるのは，仕事を辞めて職探しをしている人たちが，なかなか次の仕事を見つけ出せないからです。仕事を辞める人が多くなったり，職探しが上手くいかなくなったりすることが，失業には強く影響します。この章では，仕事を辞める人が多くなる理由と，職探しが上手くいかない理由とは何なのかについて考えていきます。

12.1　失業率の定義とその推移

◆ Story 編 ｜ 日本の失業率

「店長，どうかしました。浮かない顔をしていますね。」

「ユウタ君か。新型ウイルスのお陰で赤字が続いていて，この状態が2ヶ月も続くと二号店は閉めないといけない。」

「二号店の従業員はどうするんですか。」

「それで困っているんだよ。本店だけの営業になると二号店の従業員は余剰になるから，辞めてもらうしかない。」

「他の飲食店も厳しいらしいので，次の仕事を探すのが大変ですよ。なんとかなりませんかね。」

　新店舗の開店も束の間，カリーズが新型ウイルスの蔓延によって危機を迎えたようです。店長が解雇に踏み切れば，従業員たちは失業してしまいます。他の飲食店でも経営は厳しそうなので，彼・彼女らが同業他社で次の仕事を見つけるのは難しそうです。

●失業率の定義とその意味

　この章では失業について考えてみたいと思いますが，まずは**失業率**の定義を確認しておきましょう。失業率（u）は，15歳以上人口（P）に占める失業者（U）の割合です。また，失業者は労働力人口（LF）のうち就業者（W）以外の人たちですので，式で表すと，

$$u = \frac{U}{LF} = \frac{LF - W}{lP} \tag{12.1}$$

となります。ただし，lは**労働力率**（$= \dfrac{\text{労働力人口}（LF）}{15\text{歳以上人口}（P）}$）を示しています。

　ここで，（12.1）式の意味を考えてみましょう。まず$u = \dfrac{U}{LF}$と表されることから，働くことの可能な人々のうちで仕事に就けない人々の割合を失業率は示すということが分かります。このことは，働く能力があって働ける状態にあるにもかかわらず仕事に就けない人たちがいるという意味で，その社会が失業中の人々の能力を有効に活用できていない度合いを表しているとも言えます。もし失業者が就業できれば，その人の能力が有効に活用されて，社会にとってプラスになるはずです。それゆえ，失業率は人的資源の無駄遣いを示す指標です。

　また，$u = \dfrac{LF - W}{lP}$とも表されているので，15歳以上で働く意思があるにもかかわらず仕事に就いていない人々の割合を失業率は示しているということも分かります。人々がなぜ働くかというと，自分自身や家族の家計を維

持するためでしょう。しかし，家計を維持するために働こうと考えても，仕事が見つからなければ人々は生活に困ります。したがって，失業率は貧困度を示す指標だとも言えます。

● 失業率の推移

　図 12.1 は日本の失業率の推移を示したものです。失業率は，総務省統計局「労働力調査（基本集計）」で毎月公表されています。この図も，労働力調査で調べられている失業率を用いています。

　日本の失業率は，80 年代後半までは低位で安定して推移していました。1973 年と 78 年に生じた二度のオイルショックでも，他の先進各国の失業率が上昇したのに対して，日本の失業率は比較的安定して推移しました。

　ところが，1990 年代半ばになると，バブル経済崩壊による景気悪化に伴って，失業率はうなぎ登りに上昇しました。そして 2000 年代に入ると，失業率は高止まりしたままとなり，就職氷河期と呼ばれたように，労働市場の需給状況は長期にわたって悪化しました。

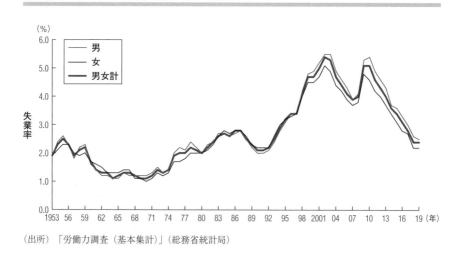

（出所）「労働力調査（基本集計）」（総務省統計局）

図 12.1　失業率の推移

2000年代半ばになると景気は回復し，失業率は低下します。しかし2007年のリーマン・ショックによって，失業率は再度上昇します。2010年代に入ると，東日本大震災の影響はありましたが，景気が良好になったこともあり失業率は低下しました。

ところで，失業率の変化Δu（ $= u_t - u_{t-1}$）は，（12.2）式のように労働力率と15歳以上人口，そして就業者数のそれぞれの効果に分解して表すことが可能です（章末の**補論**を参照）。

$$\Delta u_t \cong \underbrace{\frac{\Delta l_t}{l_{t-1}}}_{\text{労働力率の効果}} + \underbrace{\frac{\Delta P_t}{P_{t-1}}}_{\text{15歳以上人口の効果}} - \underbrace{\frac{\Delta W_t}{W_{t-1}}}_{\text{就業者数の効果}} \tag{12.2}$$

ただし，lは労働力率，Pは15歳以上人口，Wは就業者を，それぞれ意味します。また，Δは差分オペレーターで，たとえばΔl_tなら$l_t - l_{t-1}$を意味します。すると，（12.2）式から，①労働力率の上昇や②15歳以上人口の増加は，失業率を上昇させることに寄与し，③就業者数の増加は，失業率の低下に寄与することが分かります。

失業率の変動を（12.2）式を用いて要因分解した結果が図12.2です。すると，1980年代まで，15歳以上人口の効果が失業率に大きな影響を与えていたことが分かります。第二次世界大戦後からこの時期まで，15歳以上人口が増加しており，失業率を上昇させることに大いに寄与しました。しかしこの一方で，この時期には就業者数も大きく増加しており，失業率を低下させることに寄与しています。結果として，失業率の変動は低位に安定することになったようです。なお労働力率の効果に関しては，景気が良い時期には労働力率が上昇して失業率の上昇に寄与する一方，景気が悪くなると労働力率は低下して失業率の下落に寄与する時期もありました。

1990年代以降になると，15歳以上人口の効果は以前に比べて小さくなり，2000年代後半にはその効果はなくなります。これは人口増加率が小さくなり，2000年代半ばに日本が人口減少社会を迎えたためです。この一方で，

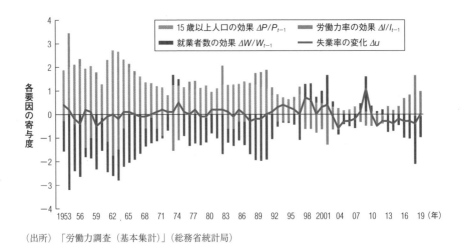

図12.2　失業変動の要因分解

（出所）「労働力調査（基本集計）」（総務省統計局）

労働力率や就業者数の失業率変動に与える影響は相対的に大きくなっています。例えば1990年代後半や2000年代後半の不況期には，就業者数が減少することで失業率上昇に寄与していた一方，労働力率は下落して失業率低下に寄与していたことが分かります。2012年以降は，就業者数は増加して失業率低下に寄与し，労働力率は上昇して失業率上昇に寄与しています。

12.2　性別と失業率

◆ Technical 編　就業（求職）意欲喪失効果と追加的労働力効果

　図12.1には男女の失業率についても示されています。それぞれの推移を注意深く見ると，次のようなことが見てとれます。

①　1990年代前半より以前では，失業率が上昇する時期には女性に比べ

て男性の失業率水準は高く，逆に失業率が低下する時期は男性よりも
女性のほうが高い。

② 1990年代前半以降になると，失業率が上昇する時期でも女性の失業
率は男性と同じように高まっている。

③ 2000年代以降は，男性と女性の失業率はパラレルに推移しており，
男性に比べて女性の失業率は低い。

では，男女によって失業率の動きが違うのは，どのような要因によって生
じているのでしょうか。

しばしば指摘される要因は，**就業（求職）意欲喪失効果**と**追加的労働力効
果**です。就業（求職）意欲喪失効果は，職探しをするコストが高くなってし
まうことによって，失業者が職探しを諦めてしまうことを言います。失業率
が上昇する不況期は求人も少ないため，失業者が仕事を見つけようとしても
容易でありません。履歴書をたくさん書いたり，面接をたくさん受けたりし
ても，なかなか内定が得られなかったり，そもそも自分に合う仕事の求人が
なかったりします。このため，所得稼得の必要性が相対的に低い失業者は職
探しをせず，非労働力となるという選択もあり得ます。

1990年代前半までは，女性の社会的地位は今以上に低く，結婚で仕事を
辞めると，専業主婦となる女性が多かった時代です。結婚後に働くとしても，
今以上に家計補助的に働く女性が多く，就業意欲喪失効果が働きやすかった
と考えられます。

一方，追加的労働力効果は，家計の所得を補うために人々が追加的に働こ
うとすることを言います。不況期には失業や残業削減などに直面する人々が
増え，家計所得が減少する可能性も高まります。そうなると，人々は貯蓄を
取り崩したり，消費を切り詰めたりして対応しますが，場合によっては新た
に仕事を探したり，別の仕事をするなどの対応も考えられます。

1990年代に入ると女性の大学進学率も上昇し，結婚後も仕事を続ける女
性が増えました。また，バブル崩壊後の長引く景気悪化によって男性の失業
率が高まったり賃金上昇も鈍ったりする中で，家計を維持するために就業す

る女性が増えました。女性の就業意欲喪失効果は弱まり，追加的労働力効果
が強まったと考えられます。

12.3　年齢と失業率

●労働力のフロー指標

　図 12.3 は，年齢階級別に失業率の推移を見たものです。景気変動などで
時期による違いはありますが，全般的に 15 ～ 24 歳の失業率は高く，次いで
55 ～ 64 歳と 25 ～ 34 歳の失業率が高くなる傾向が見られます。

　若年と中高齢者で失業率が高くなる傾向は，日本だけでなく，多くの国々
でも観察される事実です。表 12.1 には OECD に加盟している代表的な国の
年齢階級別失業率を示しました。国によってその水準に違いはありますが，

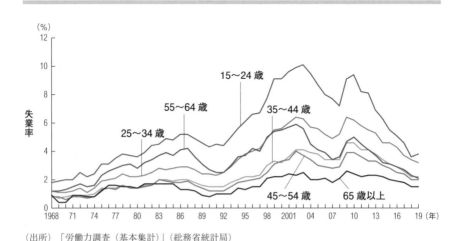

（出所）「労働力調査（基本集計）」（総務省統計局）

図 12.3　年齢別失業率の推移

表 12.1　各国の年齢階級別失業率（2019 年）

	15 ～ 24 歳	25 ～ 34 歳	35 ～ 44 歳	45 ～ 54 歳	55 ～ 64 歳	65 歳以上	計
フランス	19.6	9.8	7.0	5.9	6.8	2.6	8.4
ドイツ	5.8	3.9	3.0	2.3	2.7	0.8	3.1
日　本	3.7	3.3	2.2	2.0	2.0	1.7	2.4
スペイン	32.5	16.2	11.5	12.0	12.6	5.5	14.1
スウェーデン	20.0	6.2	5.0	4.6	4.6	2.4	6.8
英　国	11.3	3.6	2.5	2.5	2.9	1.5	3.9
アメリカ合衆国	8.4	3.7	2.7	2.7	2.6	3.0	3.7
OECD 加盟国平均	11.7	6.3	4.5	4.0	3.8	2.3	5.4

（出所）　OECD Employment and Labour Market Statistics
https://www.oecd-ilibrary.org/employment/data/oecd-employment-and-labour-market-statistics_lfs-data-en（2021 年 9 月 1 日閲覧）

若年と中高齢者で相対的に失業率が高くなっていることが分かります。

　では，なぜ若年や中高齢者の失業率は高くなるのでしょうか。その理由は若年と中高齢者で異なります。簡単に説明すると，若年では就業から失業に移る確率が高いために失業率が高くなり，中高齢では失業から就業に移る確率が低いために失業率が高くなります。このことをもう少し詳しく見るために，**労働力のフロー指標**について説明したいと思います。

　図 12.4 を見てください。これは t 期と $t + 1$ 期における人々の労働力状態を模式的に示したものです。労働力状態は就業（E），失業（U），非労働力（N）の 3 つに分かれています。上で説明してきた失業率は，t 期における労働力状態に占める失業者の割合，つまり $\dfrac{U}{E + U}$ ですが，これは**ストック指標**と呼ばれます。これに対してフロー指標は，図の横方向に失業者の割合を計算したものになります。図の矢印で示すように，t 期に E, U, N それぞれの状態にある人々は，時が経過して $t + 1$ 期になると，同じ状態のままの人もいれば，別の状態に移っている人もいます。たとえば t 期に就業状態にある人々に注目してみましょう。この人々のうち $t + 1$ 期にも就業状態を継続する人たちもいますが，失業状態や非労働力状態に移ってしまう人たちも

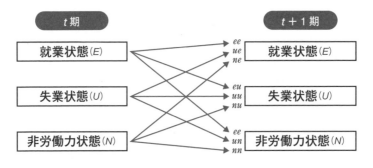

図 12.4　t 期から t + 1 期にかけての労働状態の変化

います。このとき，t 期に就業している人を 100 として，t + 1 期の各状態にどのような割合で移ったかを計算できます。これが**フロー指標**（遷移確率とも言います）で，図 12.4 の各矢印で示されています。

　ここで注目する指標は 2 つです。一つ目の指標は，t 期から t + 1 期にかけて失業状態に流入する確率，**インフロー確率**です。t 期に就業していた人や非労働力状態だった人のうち t + 1 期に失業状態になってしまう割合のことで，それぞれ eu と nu と表します。これらの確率が高くなると t + 1 期の失業率は高まることになります。もう一つの指標は，t 期から t + 1 期に失業状態から離脱する確率，**アウトフロー確率**です。t 期に失業状態だった人のうち，t + 1 期になって就業したり，非労働力状態になったりする割合のことで，それぞれ ue と un で表します。これらの確率が高くなると t + 1 期の失業率は低くなります。

●年齢階級で異なるフロー指標

　このように，ある期の失業率は失業状態への流入と失業状態からの離脱に影響されることになります。表 12.2 は，「労働力調査（基本集計）」（総務省統計局）の「今月及び前月の就業状態・産業，年齢階級別 15 歳以上人口」を用いて，上で説明した遷移確率を計算したものです。たとえば全年齢の表

表 12.2 労働力状態の遷移確率

(単位：%)

全年齢		今月		
		就業者	失業者	非労働力人口
前月	就業者	98.0	0.2	1.0
	失業者	17.0	69.9	11.9
	非労働力人口	1.6	0.6	97.2

15 ～ 34 歳		今月		
		就業者	失業者	非労働力人口
前月	就業者	96.9	0.4	1.3
	失業者	18.1	75.0	6.9
	非労働力人口	3.5	0.8	94.7

55 歳以上		今月		
		就業者	失業者	非労働力人口
前月	就業者	97.8	0.1	1.7
	失業者	12.8	64.1	23.1
	非労働力人口	0.9	0.3	98.2

(注)　表中の数字は先月の各状態をそれぞれ100％として計算した。
(出所)　「労働力調査（基本集計）」（総務省統計局，2019 年）

を見ると，前月就業者で今月も就業者である確率（ee）は，98.0％であることが分かります。また，前月就業者で今月失業者になった確率（eu）は 0.2％で，非労働力人口になる確率（en）は 1.0％です。一方，前月は失業者で今月就業者になった確率（ue）は 17.0％で，今月も失業者のままでいる確率（uu）は 69.9％であることも分かります。

　表 12.2 には 15 ～ 34 歳の若年層の遷移確率と 55 歳以上の中高齢層のそれが示されていますが，2 つのグループを比べると次のようなことが分かります。

① 　前月就業していた人が今月失業している確率（eu）に関して，中高齢層の 0.1％に比べて若年層は 0.4％と高い。

② 　前月失業していた人が今月就業している確率（ue）に関して，中高齢

層の 12.8％に比べて若年層は 18.1％と高い。

③　前月失業していた人が今月も失業している確率に関して，中高齢層の
64.1％に比べて，若年で高い。ただし中高齢層は，前月失業していた
人が今月に非労働力人口となる確率が 23.1％と高い。

つまり，若年では就業から失業に移る確率が高く，中高齢では失業から就
業に移る確率が低いことが分かります。

12.4　失業が発生する理由

◆ **Technical 編**　**失業の様々な要因**

　図 12.4 や表 12.2 で見たように，労働者の労働力状態は刻々と変化します。
就業を継続する労働者もいますが，就業から失業状態に移る労働者もいます。
また，失業から就業状態に移動する労働者もいる一方で，失業状態を継続す
る労働者もいます。こうした労働力状態の変化は何によって生じるのでしょ
うか。以下では，①景気変動によって生じる失業，②季節によって生じる失
業，③産業や職業の構造が変化することで生じる失業，④職探しに時間がか
かるために生じる失業，それぞれについて見ていきたいと思います。

●失業の要因①：景気変動によって生じる失業

　皆さんが失業と聞いて真っ先に思い浮かぶ理由は景気変動，つまり景気が
良いかどうかではないでしょうか。景気が良いときは企業の労働需要が増大
し，労働者の就業継続の確率も高くなるし，失業から就業へ移動する確率も
高まるので，失業率は下がります。景気が悪くなると企業の労働需要は減退
し，就業継続の確率は低くなるし，失業から就業への確率も低くなるので，
失業率は上がります。このように景気により失業が増えたり減ったりするわ
けですが，景気の影響によって生じる失業を**循環的失業**と呼ぶことがありま

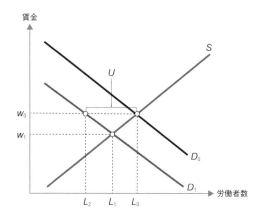

図 12.5　失業が発生する理由

す。

　では，なぜ景気変動によって失業率が変動するのでしょうか。たしかに景気が悪くなれば，企業倒産や工場や店舗の閉鎖などで離職を余儀なくされる労働者が増え，失業者が増加するというのは理解できます。しかし，失業が発生する理由はそう単純なものではありません。

　ここで，**第7章**で見た（完全競争的な）労働市場の均衡について思い出してください。そこでは，労働需要と供給は市場賃金で均衡し，就業する労働者数が決定することを学びました。このモデルを使って循環的失業がどのように発生するかを考えてみましょう。

　たとえば景気が悪化し，倒産したり労働者を解雇したりする企業が増えたとしましょう。すると労働需要は減退するので，図 12.5 の労働需要曲線はD_0からD_1へ移動することになります。このとき市場賃金はw_0からw_1へ低下し，就業できる労働者数はL_0からL_1へ減少します。

　ところで，このケースでは労働者数は減少しますが，失業は発生していないという点に注意してください。なぜ労働需要が減少したのに失業が発生しないのかというと，市場賃金が低下したことで労働者の一部が非労働力化し

てしまうからです。労働者が労働供給を行うのは，自身の留保賃金率よりも市場賃金が高くなる場合でした。しかし，L_0 と L_1 間の労働者の留保賃金率は市場賃金 w_1 よりも低くなります。このため，これらの労働者は労働供給をやめて非労働力化すると理論的には考えられます。つまりこの理論では，労働需要の減退が生じたとしても，市場賃金が低下して労働需要と労働供給は一致することになるので，失業は発生しないと考えられるのです。

しかし，現実には景気が悪化すれば失業は発生しています。ですので，その原因を理論的に考えておく必要があります。そこで図 12.5 をもう一度眺めると，何らかの理由で市場賃金が低下せずに w_0 のままになってしまうと，失業が発生することが分かります。というのは，労働需要曲線が D_0 から D_1 へ移動しても市場賃金が w_0 のままなら，労働需要量は L_2，労働供給量は L_0 となります。すると，就業できる労働者は労働需要量に等しい L_2 ですから，L_0 と L_2 の間の労働者は労働供給しているけれども就業できない状態，つまり失業状態になると考えられます[1]。

●なぜ市場賃金は下がらないのか

では，景気が悪化して労働需要曲線が左下に移動しても，市場賃金が低下しないのはなぜなのでしょうか。

その理由の一つは**効率賃金仮説**によって説明できます。この仮説は，第 10 章の後払い賃金仮説で説明したように，労働者の限界生産物よりも高い賃金を支払うインセンティブが企業にはあることを説明します。たとえば労働需要が減退して市場賃金が低下するような状況を考えましょう。この場合，企業が支払う労働費用（賃金 × 労働者数）は低下しますから，企業の利潤は良くなるはずです。しかし，もし企業が賃金を下げてしまうと，労働者のモチベーションやモラルが低下する恐れがあります。皆さんも自身のアルバイトの賃金が下がったらどう思いますか。仕事をするのが嫌になったり，別

---

[1] 労働供給しているということは，労働力人口だということです。労働力人口に含まれるのに就業していないので失業者になるのです。

のアルバイトを探したりするのではないでしょうか。賃金低下による労働者の仕事に対するモチベーションやモラルの低下を回避するため，企業は賃金を下げようとはしないと考えられます。

　もう一つの理由として，労働者側も賃金低下を受け入れようとしない可能性があります。たとえば，賃金を下げる代わりに労働者全員の雇用を継続するか，賃金を下げない代わりに労働者の一部を解雇するという二者択一を，企業側が労働者側に対して提案したとしましょう。この場合，労働者側は前者の選択肢を受け入れようとはしないはずです。というのも，賃金を下げて雇用を継続するという提案を受け入れるということは，労働者側の留保賃金率はもっと低いということを暗に示すことになるからです。もし労働者側が賃金引き下げを受け入れたとすると，企業側は景気が良くなっても賃金を上げなくても良いだろうと高を括ることになりかねません。このため，労働者側も賃金を下げようとはしないのです。

　こうした理由で，労働需要が減退しても賃金が下がりづらいと考えられます。このことを**賃金の下方硬直性**と呼びます。

●失業の要因②：季節によって生じる失業

　季節が労働力状態の変化に影響し，失業を発生させる場合もあります。たとえば日本では，夏にはお中元の時期があり，冬にはお歳暮がありますが，これが人々の消費需要を喚起し，季節的な労働需要に影響することになります。こうした時期には，百貨店やスーパーで労働需要が増大するだけでなく，商品の生産や運搬に従事する企業の労働需要も増大します。こうした労働需要の増大に合わせて就業者が増えますが，時期が過ぎると労働需要は元に戻り，この期間中だけ雇われた労働者は離職して，その一部は失業することになります。このように時季によって失業率は変動しますが，このような理由で生じる失業を**季節的失業**と呼んでいます。

●失業の要因③：産業や職業の構造が変化することで生じる失業

　失業が発生するのは，短期的な景気変動によるものだけではありません。経済の長期的な変動によって産業や職業の構造が変化することによって，失業が発生することがあります。

　日本経済を長期的に見ると，農林漁業から軽工業，そして重化学工業へと徐々に産業の高度化が進み，現代のようなサービス業中心の産業構造へと移り変わってきました。図 12.6 は 1953 年から 2019 年までの産業別就業者の推移を示していますが，第 2 次産業から第 3 次産業へ就業者数のウェイトが移っていることが分かります。こうした変化によって，衰退する産業からは労働者の離職が増え，成長する産業では就職が増えることになりました。その結果，失業が生じることになりますが，この種の失業を**構造的失業**と呼んでいます。

　では，なぜ構造的失業は発生するのでしょうか。そのメカニズムを図 12.7 で説明したいと思います。この図の左側は，製造業の労働市場，右側はサービス業のそれを表していると考えてください。たとえば，グローバル化の影響によって国内製造業の労働需要が減退したとしましょう。このため，製造業の労働需要曲線は D_{m0} から D_{m1} へとシフトします。ただし，賃金は下方硬直性があるため w_{m0} のままとなり，L_{m0} から L_{m1} の失業者が製造業の労働市場では発生してしまうとしましょう。他方，サービス業では人口高齢化の影響を受けて，医療や介護を中心に労働需要は増加傾向にあり，労働需要曲線が D_{s0} から D_{s1} へシフトしたとします。その結果，サービス業の労働市場では賃金が w_{s0} から w_{s1} へ上昇するとともに，労働者数も L_{m0} から L_{m1} へ増加します。ここで，もし製造業の失業者がサービス業の労働市場に移動することができるなら，労働供給曲線が S_{s0} から S_{s1} へシフトしたとします。すると，サービス業の賃金は w_{m0} へ戻り，労働者数は L_{m2} に増加します。

　しかし問題なのは，製造業で働いていた労働者がサービス業に転職することは簡単ではないことです。製造業で働いて身につけた知識や技能と，サービス業で働くために必要なそれらが異なると考えられるからです（**コラム**

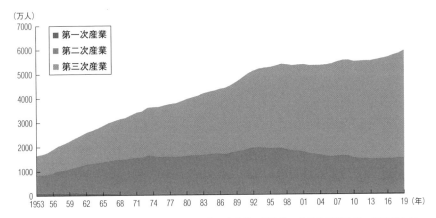

(注) 第一次産業は農林漁業。第二次産業は鉱業，建設業，製造業。第三次産業はサービス業など，第一次および第二次産業に含まれない産業。
(出所) 「労働力調査（基本集計）」（総務省統計局）

図 12.6　産業別就業者数の推移

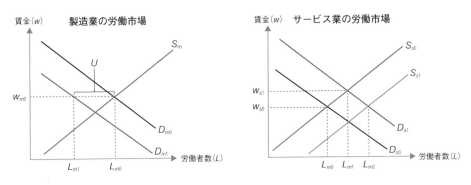

図 12.7　構造的失業が発生する理由

12.1 参照）。そこで，製造業の労働者がサービス業に転職するには仕事に必要な知識や技能を学ぶための教育訓練を受講する必要があります。このとき，もしも教育訓練のコストが高ければ，仕事があってもサービス業で職探しすることを断念することになるかもしれません。そして，サービス業への転職を諦めた労働者は，知識や技能を活かせる製造業の労働市場で職探しを行う

ことになります。しかし，衰退する製造業では仕事はなかなか見つからず，失業は長期化することになりかねません。

このように，他の産業に仕事があるにもかかわらず，転職に必要な知識や技能と労働者のそれらがマッチしないため，構造的失業は長期化する恐れがあります。ここでは産業構造の転換を例にとりましたが，職業や地域労働市場の構造変化に関しても同様のことが言えます。

コラム 12.1　日本版 O-NET

労働者が行う仕事は，産業や職業によって様々です。そうした様々な仕事内容を整理したサイトが，「職業情報提供サイト（日本版 O-NET）」（https://shigoto.mhlw.go.jp/User/about）です。

このサイトでは，職業や仕事である「ジョブ」，仕事の内容を細かく分解した「タスク」，仕事をするのに必要な技術・技能である「スキル」といった観点から，職業や仕事の情報を「見える化」したものです。具体的には，その仕事がどんな内容なのか，就業するために必要な資格の有無や学歴，実務経験，さらには労働条件の特徴などが詳細に記述されています。また，どのようなスキルや知識が必要なのかについても記述されており，類似の職業も分かります。就職活動などの参考にしてみてください。

●失業の要因④：職探しに時間がかかるため生じる失業

何らかの理由で仕事を辞めた人は次の仕事を探そうとするのが普通ですが，もし職探しの時間が不要で次の仕事にすぐ就くことができたとしたら，人々が失業状態に陥ることはないはずです。しかし，現実はそうはいきません。

労働者の中には，仕事をしながら次の仕事を探し，失業することなく転職に成功する人もいないわけではありません。その一方で，職を失ない職探しに一定の時間が必要となるために失業状態が続いてしまう労働者もいます。図 12.8 は，総務省統計局の「労働力調査（詳細集計）」を用いて，失業期間別の失業者数の推移を描いたものです。この図から，景気状況にかかわらず，どの年にあっても一定の期間の失業を経験している労働者がいることが分か

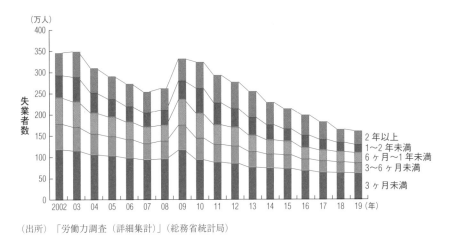

（出所）「労働力調査（詳細集計）」（総務省統計局）

図12.8　失業期間別の失業者数の推移

ります。多くの失業者は3ヶ月未満の失業期間を経験しているようですが、
2年以上もの失業期間を経験している労働者もかなりの人数になっています。

　このように職探しに時間がかかるために生じてしまう失業を、**摩擦的失業**
と呼んでいます。摩擦的失業は、長期にわたる失業は別として、必ずしも労
働市場の問題や課題と見なされるわけではありません。**第3章**で見たように、
職探しは良好な仕事を見つけ出すための労働者による一種の投資活動だと考
えられるからです。時間を要しても良好な仕事を見つけ出せれば、労働者の
厚生水準は高まるはずです。むしろ職探しの期間を短くするために自分に合
わない仕事に就くことにでもなれば、いずれ離職して職探しを再度すること
になるかもしれません。ですので、一定程度の期間は職探しに費やすのはや
むを得ないことであり、摩擦的失業を過度に問題視する必要はないと考えら
れているのです。

●失業を区別する理由

　以上のように，その発生理由別に失業の種類を区別しましたが，なぜこのような区別をする必要があるのでしょうか。その最大の理由は，失業に対する政策的対応を考える上で重要だからです。

　というのは，循環的失業に対する政策対応と，摩擦的失業や構造的失業に対するそれとは，自ずと異なるからです。循環的失業は景気が悪化して生じるものであり，一般には景気対策を行って有効需要を増やせば失業問題は解消に向かうと考えられます。これに対して構造的失業の場合は，景気対策を行っても衰退産業の労働需要が元に戻る可能性は低いと考えられます。

　摩擦的失業や構造的失業への政策対応としては，労働市場のマッチング機能を整備したり，衰退産業から離職を余儀なくされた労働者に職業訓練を行ったり，人々の転職活動を支援して失業期間を短縮化し，効率的なマッチングを促していくことが考えられます[2]。ただし，実際に生じている失業を区別することは非常に難しいのが現実です。

12.5　均衡自然失業率

◆Technical 編　就業プールと失業プール

　一般に景気が良くなると失業率は低下しますが，景気変動がなくなったとしても失業率が0％になることはありません。景気変動がなく，循環的失業が生じていないようなときの平均的な失業率を**均衡自然失業率**（単に自然失業率とも言います）と言いますが，均衡自然失業率が0％にならないのは摩

---

[2] 季節的失業については一定の時間が経過すれば失業問題は解消されていくと考えられますが，政策がその解消に対応する必要がないというわけではありません。たとえば，これまで雪深い地方では冬季に仕事がなくなり，都会へ出て出稼ぎ労働をする人々が多数存在していましたが，その地に一年中働ける雇用機会を創出することで出稼ぎ労働を減らし，季節的失業も減らしてきました。こうした地域での雇用創出は，季節的失業を減らす政策として捉えることができます。

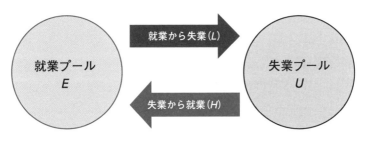

図 12.9　均衡自然失業率の概念図

擦的失業や構造的失業が生じるためです。上で見たように摩擦的失業は，人々の職探しに伴って生じる失業であり，労働市場のマッチング機能の効率性が強く影響します。効率的なマッチング機能を有する労働市場では，人々の職探し期間は短くなり，それだけ摩擦的失業の水準は低くなります。構造的失業は，失業した人々がそれまでに身につけた知識や技能が新しい仕事にマッチしなかったり，住んでいる地域には就職できる仕事がなかったりして失業が長引いてしまうもので，産業や地域経済の構造が影響します。つまり均衡自然失業率には，労働市場のマッチング機能の効率性や産業構造，地域経済の構造などが影響すると考えられます。

　ところで，均衡自然失業率は循環的失業が生じていないということですから，失業率が変動しないような経済を考えてみましょう。図 12.9 は，t 時点の労働力人口（LF 人）の状態を模式的に示したものです。就業者（E 人）は就業プールに属しており，失業者（U 人）は失業プールに属します。そして，$t + 1$ の時点までには就業者のうち一定の確率（$eu = \dfrac{L}{E}$）で職を失い，L 人が失業プールに移動するとします。また，失業者は一定の確率（$ue = \dfrac{H}{U}$）で職が見つかり，H 人だけ就業プールに移動するとします。なお，上でも触れたように eu は就業状態から失業状態へ移動する確率，ue は失業状態から就業状態へ移動する確率です。

　ここで，失業率は変動しないということですから，失業者数は一定のはず

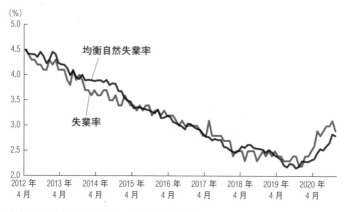

(注) 均衡自然失業率は12ヶ月移動平均の値。
(出所) 「労働力調査（基本集計）」（総務省統計局）

図 12.10　均衡自然失業率の推移

です。このことは，就業プールから失業プールに移動する人数 L と，失業プールから就業プールへ移動する人数 H が等しいということを意味しますので，

$$L = euE = H = ueU \tag{12.3}$$

となります。労働力人口 LF は $E + U$ に等しいので，$E = LF - U$ を (12.3) 式に代入すると，

$$eu(LF - U) = ueU \tag{12.4}$$

となります。これを整理すると，

$$\frac{U}{LF} = \frac{eu}{eu + ue} \tag{12.5}$$

となります。失業率に変動がない均衡自然失業率は，就業状態から失業状態へ移動する確率 eu と，失業状態から就業状態へ移動する確率 ue で表すこと

ができることが分かります。そして，確率 eu が高まると均衡自然失業率は上昇し，確率 ue が高まると均衡自然失業率は低下することも分かります。

　図 12.10 は，「労働力調査」（総務省統計局）の月次データを用いて，(12.5)式で計算した均衡自然失業率の推移を 2012 年 4 月から描いたものです。月次データを用いると均衡自然失業率の変動が大きいため，12 ヶ月移動平均の値をプロットしています。この図には失業率も描かれていますが，均衡自然失業率も失業率も 2012 年から 2019 年までは一貫して低下傾向にあったことが分かります。しかし，2020 年になると両者ともに上昇傾向へ転じており，均衡自然失業率に比べて失業率の水準が高くなっています。これは新型コロナウイルスによって景気が悪化し，循環的失業が多く発生していることを意味しています。

12.6　雇用の創出と消失

◆ Technical 編　労働需要と失業率

●企業の労働需要と雇用の創出・消出

　ここまでは，労働者の移動に注目して，失業発生の理由やその特徴について見てきました。そして，離職した労働者が次の仕事を見つけ出すのに時間がかかると，失業問題の深刻度がより高まるということが分かりました。では，労働者が離職を余儀なくされるのはなぜでしょうか。そして，労働者が次の仕事をすぐに見つけられないのはなぜなのでしょうか。

　これらの問に答えるには，労働者の離職や職探しに大きく影響する，企業の労働需要についても見ておく必要があります。労働需要が弱まると離職は増えて職探しは難しくなるし，逆に労働需要が強まると離職は減って職探しはしやすくなると考えられるからです。

　企業の労働需要を詳細に見るために，2 つの事柄に区別して見ていきます。

まず一つ目の事柄は，企業が新たに創出する仕事です。たとえばカリーズが二号店を開店した際には新たに従業員を雇っていましたが，それは新店舗の開店に伴って新たに仕事が作り出されたからです。仕事が作り出されれば，それだけ雇われる人が増えることになりますね。他にも，企業が新規に開業すれば，その企業で仕事が作られて新たに雇われる人が出てくるかもしれません。このように，既存企業や新規開業企業で新たな仕事が生まれて，新しい雇用が作り出されることを，**雇用の創出（雇用創出）**と言います。

これに対してもう一方の事柄は，企業が不要だとして消失する仕事です。カリーズの二号店は新型ウイルスのために閉店するかもしれませんが，そうすると二号店での仕事はなくなってしまいます。仕事がなくなれば，そこで働いていた労働者の雇用はなくなることになります。企業の倒産や解散でも仕事はなくなりますし，生産活動の縮小に伴って仕事がなくなるケースもあります。このように，企業の倒産や解散，あるいは生産活動の縮小で仕事がなくなり，労働者の雇用がなくなってしまうことを，**雇用の消失（雇用消失）**と言います。

ある期間に経済全体で創出される仕事と消失した仕事がどれくらいあるのかを見る指標が，以下の式で示される**雇用創出率**と**雇用消失率**です。

$$雇用創出率 = \frac{期間中に雇用を増やした企業の雇用増分 + 期間中に新設された企業の期末の雇用者総数}{前期末の雇用者総数}$$

$$雇用消失率 = \frac{期間中に雇用を減らした企業の雇用減少分 + 期間中に廃止された企業の前期末の雇用者総数}{前期末の雇用者総数}$$

なお，これらの式では企業単位で雇用創出・消失率を計算していますが，事業所単位でも計算されます。

図 12.11 は，厚生労働省「雇用動向調査」で公表されている雇用創出・消

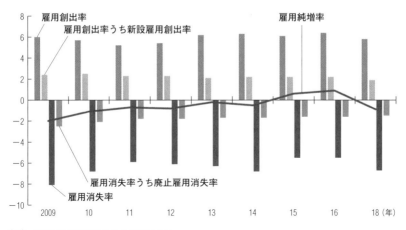

（出所）　「雇用動向調査」（厚生労働省）

図 12.11　雇用創出・消失指標の推移

失率の推移を示したものです。なお，この図には雇用純増率の推移も描かれていますが，これは雇用創出率から雇用消失率を引いて計算され，雇用量の対前年増減率を表しています。すると，2009 年から 2014 年までは雇用創出よりも雇用消失が上回っており，雇用純増率はマイナスで推移していたことが分かります。2008 年にはリーマン・ショックがあり，2011 年には東日本大震災があり，これらの影響が雇用を消失させたのでしょう。2015 年からは，アベノミクスの効果もあって，雇用創出が雇用消失を上回って雇用純増率はプラスに転じていますが，18 年には雇用消失が上回ってしまい，雇用純増率はマイナスになっています。

　一般的には，景気が良いと創出される仕事は増えて，消失する仕事は減ります。逆に景気が悪くなると創出される仕事は減り，消失する仕事が増えます。ただし，景気の善し悪しと関係なく，同じ時期でも仕事の創出と消失は起きます。「景気が悪いのに，あそこの会社は儲かっている」とか，「あの会社は景気に左右されない」といった話を聞いたことがあるかと思いますが，

経済全体の景気とは関係なく仕事を創出している企業がある一方で，仕事が消失している企業もあるからです[3]。

●仕事や労働者の再配置と UV 曲線

労働市場では日々，雇用が創出されると同時に雇用の消失も起きています。雇用が創出されるとその仕事に雇われる労働者が出てくるし，雇用が消失すれば離職を余儀なくされる労働者が出てきます。雇用の創出・消失の動きの背後では労働者の就職と離職という労働移動が起きており，**仕事の再配置**と同時に**労働者の再配置**が行われているのです。

仕事や労働者の再配置が随時生じることによって，仕事を探す労働者が出てくるでしょうし，同時に労働者を探す企業も出てくることになります。ここでは，仕事を探す労働者を**求職者**，労働者を探す企業を**求人企業**と呼ぶことにします。なお，求人企業の求人の数は，仕事はあるけれどそれを行う労働者がいない**欠員**（未充足求人とも言います）の数に一致するとします（**コラム 12.2** 参照）。

コラム 12.2 ｜ 欠員は何人か

本文中では欠員は求人の数に等しいと書きましたが，欠員数が何人になるのかに関しては，概念上の問題と統計上の問題があります。

まず，欠員が失業の対になる概念だとすれば，仕事はあるけれどもそれを行う労働者がいないのが欠員ということになります。理論的には企業は実質賃金と限界生産物が一致するように労働者数を雇うのが最適だと考えますが，だとすると最適な労働者数から既に雇用されている労働者数を引いた人数が欠員になるはずです。しかし，実際に企業が最適な労働者数を把握できているわけではありません。たとえば人手不足で猫の手も借りたい状況になったとしても，多くの企業では残業や休日出勤などによって，既存の従業員だけで仕事を遣り繰りしようと

---

[3] 経済全体の景気に影響する要因のことをマクロショック，個々の産業や企業の景気に影響する要因をミクロショックと呼ぶことがあります。マクロショックによって経済全体の景気が良く（悪く）なっても，ミクロショックによっては個々の産業や企業の景気は悪く（良く）なることがあります。

します。もちろん人手不足状態にある企業は求人を出すわけですが，それが経済学で考える最適な人数に一致するかは別の話です。

　また，欠員を把握する統計にも問題があります。日本では，厚生労働省の「雇用動向調査」と「職業安定業務統計」が欠員を把握しています。前者は，調査対象に選ばれた事業所に対して，「仕事があり，その仕事に従事する人を補充するために行う求人」である未充足求人の数を尋ねています。ただし，未充足求人は毎年6月末日現在の数しか調査していません。また，後者は全国各地にあるハローワークに登録された求職者や求人の数を把握し整理したものですが，すべての求職者や求人がハローワークに登録されるわけではありません。民間の職業紹介や求人情報誌，学校などといった職業紹介機関にも求職者や求人の登録はあり，職業安定業務統計の欠員は日本全体の一部である可能性が高いと考えられます。

　ところで，皆さんが子どものころにやった椅子取りゲームを思い出してください。並べられた椅子の周りを参加者がぐるぐる回って，合図とともに椅子に座り，椅子に座れなかった人が負けとなるゲームです。このゲームでは参加者数と椅子の数のバランスで難易度が変わりました。参加者が椅子よりも多いと，座れる確率が低くなって，ゲームは難しくなりました。逆に，参加者が椅子よりも少ないと座れる確率は高くなり，ゲームは易しくなりました。

　求職者と欠員の関係も椅子取りゲームと同様です。もし構造的失業や摩擦的失業が発生しなければ，求職者よりも求人が多いと求職者は仕事に就くことができますが，求人の中には労働者を充足できないものが出てきます。逆に求職者よりも求人が少ないと，すべての求人は労働者を充足できますが，仕事に就けない求職者が出てきて失業が発生します。つまり，

> 求人数 ＞ 求職者数 ⇒ 失業はゼロ，欠員発生
>
> 求人数 ＝ 求職者数 ⇒ 失業も欠員もゼロ
>
> 求人数 ＜ 求職者数 ⇒ 失業発生，欠員ゼロ

となります。このことを図で示すと，図12.12①のようになります。この図

① **構造的失業や摩擦的失業がない場合**   ② **構造的失業や摩擦的失業がある場合**

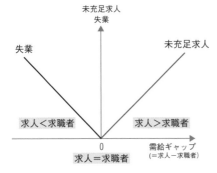 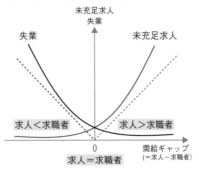

図 12.12　労働市場の需給ギャップと未充足求人や失業の関係

の横軸は求職者と求人の差（**需給ギャップ**とも言います）で，縦軸は欠員と失業者の数になっています。求人と求職者の差がゼロなら，求職者と求人の数は一致しますので，欠員も失業者もゼロとなります。しかし，求職者が求人を上回るほどに失業者が多くなり，逆に求人が求職者を上回るようになると欠員は増加します。

　ところで，図 12.12 ①は構造的失業や摩擦的業が発生しないことを前提に描かれています。では，構造的失業や摩擦的失業が発生するとしたら，どうなるでしょう。この場合，求人があっても求職者には適当な仕事ではなかったり，逆に求職者がいても求人企業には適材ではなかったりするため，需給ギャップが同じ水準にあったとしても，図 12.12 ①に比べて欠員や失業者の数は多くなるはずです。したがって，構造的失業や摩擦的失業が発生すれば，需給ギャップと欠員や失業の関係は図 12.12 ②のようになります。

　では，欠員と失業との関係はどうなるでしょうか。図 12.12 を見ると，欠員が増えると失業は減少すること，そして構造的失業や摩擦的失業がなければ求人が求職者より多い（少ない）ときだけ欠員（失業）が生じていること，が分かります。そこで，横軸に欠員（vacancy）を，縦軸に失業（unemployment）をとると，図 12.13 のような **UV 曲線**（あるいは**ベバリッジ曲線**）が描けま

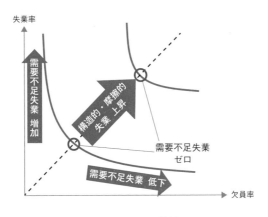

図 12.13　UV 曲線

す。図 12.13 に示されているように，需要不足失業が増加（低下）すると，欠員率と失業率の関係は UV 曲線上を左上（右下）に移動し，需要不足失業ゼロのときは原点から引かれた 45 度線との交点で欠員率と失業率は一致します。また，構造的失業や摩擦的失業が増加（減少）すると，需要不足失業が同じ水準でも失業率は高まる（下がる）ので，UV 曲線自体が右上（左下）にシフトします。

図 12.14 は，「労働力調査」（総務省）と「職業安定業務統計」（厚生労働省）を用いて，1980 年以降の雇用失業率と欠員率の関係を示している UV 曲線を描いたものです。縦軸の雇用失業率は，

$$雇用失業率(\%) = \frac{失業者数}{雇用者数 + 失業者数} \times 100$$

と計算されますが，通常の失業率の計算から自営業者など雇用者以外の人たちを省いたものです。これは，横軸の欠員率が，

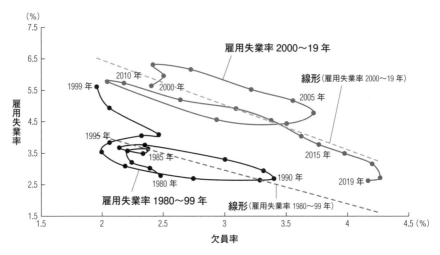

（出所）　雇用失業率は「労働力調査」（総務省統計局），欠員率は「職業安定業務統計」（厚生労働省）より作成。

図 12.14　UV 曲線（欠員率と雇用失業率の関係）

$$欠員率（\%）= \frac{（有効求人数ー就職件数）}{（有効求人数ー就職件数）＋ 雇用者数} \times 100$$

で計算され，企業が雇用しようとする求人のうち未充足となっている求人の割合を意味するため，これに合わせて失業率も雇用者をベースにするからです。なお，有効求人数は，ハローワーク（公共職業安定所）に登録されている有効な求人で，ある月に新規に登録された新規求人と前月から繰り越された求人の合計です。また就職件数はその月にハローワークの紹介で就職が決定した数です。したがって，有効求人数から就職件数を差し引いたものが欠員（あるいは未充足求人）になります。

　では，図 12.14 を詳しく見てみましょう。まず，UV 曲線が右下がりとなっていて，欠員率が高くなると雇用失業率は低くなる関係にあることが分かります[4]。また，UV 曲線が時計回りに動いていることも分かります。たとえ

ば 1980 年以降の動きを見てみましょう。まず 80 年から 86 年にかけて，景気が悪化することで欠員率が低くなると同時に雇用失業率が高まっています。その後，87 年ごろから景気が回復すると欠員率は高まり，雇用失業率は低下します。90 年以降になると欠員率が次第に低下し始めますが，93 年頃までは雇用失業率が高くなることはなく，94 年以降になって雇用失業率が急激に高まっています。80 年から 85 年かけて，あるいは 94 年から 99 年にかけて，欠員率の低下以上に雇用失業率が上昇しており，図では UV 曲線が縦に動いているように見えます。これは，欠員が相対的に少なくなったため，求職者が求人を探すまでに時間がかかったり，求人の条件などに合わなかったりして，摩擦的あるいは構造的な失業が増えてしまったからです。

さらに，1980 年から 99 年までと 2000 年以降では，UV 曲線の位置がかなり違っていることも分かります。2000 年以降の UV 曲線は，それ以前のものに比べて右上に位置しています。これは，同じ欠員率の水準にあったとしても 2000 年以降の雇用失業率がより高くなっており，摩擦的あるいは構造的な失業がより増えていることを意味します。

 第 12 章の確認問題

[1] 市場賃金が高止まりして失業が発生しているときの消費者余剰と生産者余剰はどうなりますか。また，市場賃金が変化して失業が発生しない場合と比較すると，市場の効率性はどのようになるでしょうか。

[2] 毎年 3 月になると失業率が高くなり，4 月になると失業率は低くなる傾向がありますが，なぜでしょうか。

[3] 失業の発生を抑制するために，政府はどのような政策をとったら良いと思いますか。失業発生の理由ごとに考えてください。

[4] 失業を予防するために，政府は雇用調整助成金や労働移動支援助成金を制度化しています。制度の内容を調べた上で，それぞれの制度の失業予防に与えるメリットとデメリットを考えてください。

---

4 図中の破線は欠員率に雇用失業率を線形回帰した結果ですが，マイナスの傾きになっていることからも UV 曲線が右下がりであることが確認できます。

補論　経済指標の要因分解について

　経済指標の変動がどのような原因で起こるのかを知ることは，そのメカニズムを把握する上でとても重要です。ここでは要因分解の方法について見ていきましょう。

　いま，指標 X が指標 Y や Z と $X = YZ$ という関係にあるとしましょう。このとき，X の変化率を Y や Z の変化率で表すことによって，X の変化を Y や Z の変化によってどの程度説明できるかを計算するのが，**要因分解**という手法です。

　まず，t 期と $t-1$ 期における X の変化（差分）を計算してみましょう。すると，

$$
\begin{aligned}
X_t - X_{t-1} &= Y_t Z_t - Y_{t-1} Z_{t-1} \\
&= (Y_t - Y_{t-1}) Z_t + (Z_t - Z_{t-1}) Y_{t-1}
\end{aligned}
\tag{12.6}
$$

となります。(12.6) 式の右辺で，指標 Y と Z の差をそれぞれ式で表す点がミソです。

　次に，(12.6) 式の両辺を $X_{t-1} = Y_{t-1} Z_{t-1}$ で割って変化率を計算してみます。すると，

$$
\frac{X_t - X_{t-1}}{X_{t-1}} = \frac{(Y_t - Y_{t-1}) Z_t + (Z_t - Z_{t-1}) Y_{t-1}}{Y_{t-1} Z_{t-1}} = \frac{(Y_t - Y_{t-1}) Z_t}{(Y_{t-1} Z_{t-1})} + \frac{(Z_t - Z_{t-1})}{Z_{t-1}}
$$

となりますが，$\dfrac{Z_t}{Z_{t-1}}$ を 1 と近似することができるなら，

$$
\frac{\Delta X_t}{X_{t-1}} = \frac{\Delta Y_t}{Y_{t-1}} + \frac{\Delta Z_t}{Z_{t-1}}
\tag{12.7}
$$

となります。ただし，Δ は差分のオペレーターで，$\Delta X_t = X_t - X_{t-1}$ を意味します。したがって，(12.7) 式によれば，X の変化率は Y の変化率と Z の変化率の合計で表すことができることになります。なお，(12.7) 式で Y や Z の変化率を X の変化率で割った値は，それぞれの変化が X の変化をどの

程度説明できるかを示しており，寄与率と呼ばれます。

では，(12.7) 式を利用して，失業率の変化に関する要因分解を考えてみましょう。まず t 期の労働力人口 LF_t は $LF_t = l_t P_t = W_t + U_t$ で，t 期の失業率 u_t は $u_t = \dfrac{U_t}{W_t + U_t}$ ですので，

$$l_t P_t = \frac{W_t}{1 - u_t} \qquad (12.8)$$

と変形できます。なお，l は労働力率，P は 15 歳以上人口，W は就業者，U は失業者をそれぞれ示しています。(12.8) 式の両辺について (12.7) 式の関係を当てはめて整理すると，

$$\frac{\Delta l_t}{l_{t-1}} + \frac{\Delta P_t}{P_{t-1}} = \frac{\Delta W_t}{W_{t-1}} + \frac{\Delta u_t}{1 - u_{t-1}} \qquad (12.9)$$

となります。これを書き換えると，

$$\frac{\Delta u_t}{1 - u_{t-1}} = \frac{\Delta l_t}{l_{t-1}} + \frac{\Delta P_t}{P_{t-1}} - \frac{\Delta W_t}{W_{t-1}} \qquad (12.10)$$

となります。ここで，失業率 u は小さい値なので，左辺分母の $1 - u_{t-1}$ は 1 にほぼ等しいと考えられますから，

$$\Delta u_t \cong \frac{\Delta l_t}{l_{t-1}} + \frac{\Delta P_t}{P_{t-1}} - \frac{\Delta W_t}{W_{t-1}} \qquad (12.11)$$

となります。したがって，失業率の変化 (ΔU) は，労働力率 (l) と，15 歳以上人口 (P)，そして就業者 (W) のそれぞれの変化率に分解できることになります。

第13章　団結して交渉しよう
——労使関係と労働組合

Outline

　労働組合は，憲法で保障されている勤労者の団結権にもとづき結成される団体です。しかし，時代とともに労働組合組織率は低下しており，その役割が問われるようになっています。この章では，労働組合の特徴やその役割について見ていきたいと思います。

13.1　労働者と使用者の関係——労使関係

◆Story 編　問題解決のための交渉

「サトシ，浮かない顔をしているけど，何かあった。」
「店が閉店するって話を聞いたけど，ユウタは知っているか。」
「新型ウイルスで客足が遠のいて，大赤字だという話は聞いたよ。」
「僕たちアルバイトはどうなるんだろう。」
「アルバイトが減っちゃうと困るよ。」
「アルバイト全員で店長に交渉しようと皆に呼びかけてみようか。」
「そうだね，そうしよう。」

　ユウタ君とサトシ君は，他のアルバイトと一緒に雇用の継続について店長と交渉するようです。現実の世界でも，お店や工場の閉鎖などの際に雇用維

持や解雇条件を労働者と使用者である企業が交渉しますし，通常時も賃金や労働時間などの労働条件や職場環境など，様々な問題を労使間で交渉，協議するのが一般的です。

　職場での様々な問題を労使の合意の下で解決しようとするのは，職場環境を良好に保つことが労働者の働きがいや生産性の向上につながり，労働者と企業それぞれに良い結果をもたらすと考えられるからです。こうした労働者と使用者の関係を**労使関係**と呼びます。

◆ Technical 編　労働者保護のための法制度

　労使関係には，個々の労働者と使用者の関係を考える**個別的労使関係**と，労働組合などの団体としての労働者と使用者の関係を考える**集団的労使関係**があります。もともと労使関係は集団的労使関係のことを指すと言っても過言ではなかったのですが，最近では個別的労使関係も重視されるようになってきました。というのは，人々の雇用が多様化しているために，労働条件などを集団で交渉できるほど単純ではなくなってきたからです。

　雇用者の大部分がいわゆる正社員の時代もありましたが，今や正社員以外のパート・アルバイト，派遣労働者，契約社員などが雇用者の4割ちかくを占めるようになりました。また，人々の働き方も多様化しており，以前であれば結婚や出産で仕事を辞めることが多かった女性も，今では仕事と家事や育児を両立することが増えるようになっています。職場に多様な働き方，多様な労働者が増えれば，それに合わせて労働条件も多様となり，労使関係も集団から個別へと軸足を動かしてきたのです。

　しかし，個々の労働者と使用者である企業との力関係を考えると，労働者が圧倒的に弱いと考えられます。たとえばサトシ君が職場環境や労働条件に不満を抱いたとしても，店長と個人的に交渉して簡単に変更することはできません。その結果，泣き寝入りすることになったり，場合によっては解雇されたりするかもしれません。カリーズのように小さな企業であれば労働者と

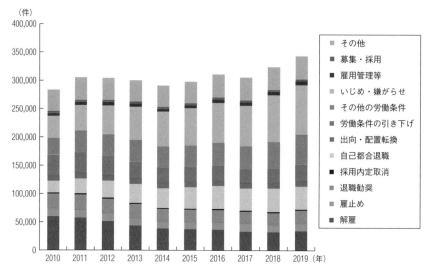

（出所）「個別労働紛争解決制度の施行状況」（厚生労働省）

図 13.1　民事上の個別労働紛争相談件数の推移（相談内容別）

使用者の距離は近いかもしれませんが，企業規模が大きくなればその距離は
遠くなり，個々の労働者の力はますます弱くなります。このため，採用の段
階から雇用契約の終了時まで，個々の労働者を保護する目的の法律，労働法
が立法されているのです[1]。

　とはいっても，個別的労使関係に問題が生じないわけではありません。そ
こで，2001 年に**個別労働紛争解決促進法**が制定され，各都道府県労働局に
個別的労使紛争を防止したり自主的解決を促したりするための総合労働相談
コーナーが設けられました。

　図 13.1 は，**総合労働相談コーナー**での民事上の個別労働紛争相談件数の
推移をその内容別に見たものです[2]。相談内容には自己都合退職や解雇，退

---

[1] 労働法について，森戸英幸［2019］『プレップ労働法（プレップ・シリーズ）』（弘文堂）や水町勇一
郎［2019］『労働法入門　新版』（岩波書店）などを是非読んでください。

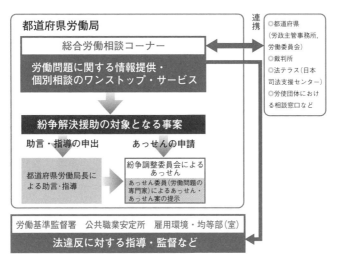

（出所）　厚生労働省ウェブサイト

図 13.2　個別労使紛争の解決手段

職勧奨などの雇用終了に関する相談が並びますが，最近になって増加が著しいのが「いじめ・嫌がらせ」に関する相談です。2019 年の個別労働紛争相談件数は約 28 万件ですが，その 4 分の 1 は「いじめ・嫌がらせ」に関するものです。いじめや嫌がらせは，職場の雰囲気を悪化させ，働く人たちの労働へのモチベーションを低下させるので，解決すべき問題です。2019 年に改正された「労働政策総合推進法」（2020 年施行）で，職場におけるパワーハラスメントについて事業主の防止措置等が義務づけられることになりました。

　万が一にも個別的労使紛争が生じてしまい，当事者の双方あるいは一方から解決のための援助を求められた場合，都道府県労働局長は当事者に必要な助言や指導をすることができることになっています。さらに当事者からの申

2　総合労働相談コーナーには様々な相談が寄せられており，法制度の問合せや労働基準法などに違反する疑いのあるものも含まれますが，図 13.1 にはこれらは含まれません。

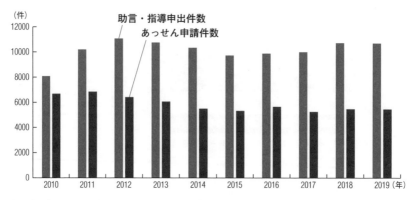

（出所）「個別労働紛争解決制度の施行状況」（厚生労働省）

図 13.3　助言・指導の申出とあっせんの申請の推移

請により，学識経験者で構成される紛争調整委員会が紛争解決のあっせんを
行うこともあります（図 13.2）。こうした助言や指導，あっせんによって解
決しない場合は，裁判所による調停や裁判なども行われます。

　図 13.3 は，都道府県労働局長による助言や指導と紛争調整委員会による
あっせんの件数を示したものです。年によって変動はありますが，助言や指
導が 1 万件前後，あっせんは 6 千件前後で，それぞれ推移していることが分
かります。これ以外にも個別的労使紛争は起こっている可能性はありますが，
表面に出てきている数字でもかなりの数であることが分かります。

　以上のように，最近になって増加する個別的労使関係の問題ですが，その
解決は法や法に基づいた機関による助言や調停などに委ねられているのが特
徴です。

13.2 集団的関係としての労働組合

ユウタ君やサトシ君は，アルバイト仲間と団結して，店長と交渉しようとしていました。もしこれが正式に団体として認められれば**労働組合**が結成されることになります。労働組合には使用者に交渉を申し入れることができる**団体交渉権**があります。ユウタ君たちの労働組合に**団体交渉**を申し入れられた店長は，原則としてそれに応じる必要があります。もし店長が応じなければ**不当労働行為**となり，**労働組合法**に違反することになります。

集団的労使関係の代表である労働組合は，賃金や労働時間など労働条件の改善を図るために，労働者が団結して作られる団体です。年に一度行われる**春闘**はとくに有名で，労働組合と企業が賃金引き上げなどの労働条件を団体交渉によって決めています。春闘以外にも，職場環境の整備や労働者の配置転換などについて，定期的に労働組合と企業は交渉や協議を行っています。さらに，景気が悪化して雇用調整が行われる際にも，企業と労働組合との間で様々な交渉が行われます。

ところで，労働者が団結して，使用者である企業と団体交渉を行い，ストライキ等の団体行動をする権利は，**憲法第 28 条**で保障された基本的権利の一つです。

> **憲法第 28 条** 　勤労者の団結する権利及び団体交渉その他の団体行動をする権利は，これを保障する。

この**団結権**を保障するため，労働組合法は，労働組合に対して使用者との間で**労働協約**を締結する権能を認めると同時に，使用者による労働組合及び労働組合員に対する不当労働行為を禁止しています。

●労働組合の形態

　労働組合と企業との間で取り交わされる労働者の採用に関する協定の内容によって，労働組合をいくつかの形態に分類できます。まず，企業が労働者を採用する際に特定の労働組合に加入していることを条件とする**クローズドショップ**という形態があります。労働組合と企業の間で**クローズドショップ制**が締結されていると，企業は組合員の中からしか労働者を採用できません。また，労働者が組合を脱退あるいは除名されて組合員の資格を失うと，企業はその労働者を解雇しなければなりません。日本ではほとんどありませんが，後で説明する職業別組合や産業別組合がある国では見かけられます。

　日本の労働組合で多く見られるのが，次に説明する**ユニオンショップ制**という形態です。この制度では，企業に採用された労働者は一定の期間内に特定の労働組合に加入する必要があり，採用の段階で組合員でなくとも企業が雇用できる点がクローズドショップ制と異なります。組合員の資格を失うと解雇される点は同じです。労働者が組合員資格を失うと解雇されるのが基本ですが，こうした規定を設けずに企業と協定を結んでいる組合もあり，「尻抜けユニオン」と呼ばれることもあります。

　さらに，労働組合への加入・不加入が労働者の採用条件ではなく，組合員になるかどうかは労働者の任意とされる，**オープンショップ制**もあります。

●労働組合の組織的特徴

　労働組合は，どのような労働者を組織化するかによっても分類できます。まず，同一の資格や技能等が必要となる職業に従事する労働者だけで組織化される**職業別組合**（職能別組合やクラフトユニオンとも呼ぶ）があります。また，職業や職種にかかわらず，同じ産業に所属する労働者を組織化している**産業別組合**があります。日本には職業別組合や産業別組合はほとんどありませんが，船員などで組織化されている全日本海員組合や港湾やその関連事業で働く労働者で組織化された全日本港湾労働組合は産業別組合の一例です。

　日本で最も多いのは，企業ごとに常勤の従業員だけを組織化している**企業**

```
┌─────────────────────────────────────┐
│      日本労働組合総連合会（連合）       │
├─────────────────────────────────────┤
│   ・組合員数　約 689 万人             │
└─────────────────────────────────────┘

┌─────────────────────────────────────┐
│      全国労働組合総連合（全労連）       │
├─────────────────────────────────────┤
│   ・組合員数　約 51 万人              │
└─────────────────────────────────────┘

┌─────────────────────────────────────┐
│    全国労働組合連絡協議会（全労協）      │
├─────────────────────────────────────┤
│   ・組合員数　約 9 万人               │
└─────────────────────────────────────┘
```

（出所）「令和 2 年 労働組合基礎調査」（厚生労働省）

図 13.4　労働組合の中央組織（ナショナルセンター）

別組合です。労働組合員の 9 割が企業別組合に所属していると言われています。さらに，多くの企業別組合は産業ごとに集まり，連合体である**単位産業別組合**（いわゆる単産）を形成しています。たとえば，単産の全日本電機・電子・情報関連産業労働組合連合組合（電機連合）は，231 の企業別組合が加盟し，組合員は 57 万人ほどです（2019 年時点）。また，単産が連合して，日本労働組合総連合会（連合）のような中央組織（ナショナルセンター）を形成しています。単産や中央組織は，春闘の主導や政策や制度実現のための国民運動，政府への要請活動など，個別の企業別組合で解決が難しい課題に取り組んでいます。

13.3　労働組合組織率

◆ Technical 編　労働組合組織率の低下と無組合企業

図 13.5 は，労働組合員数と**労働組合組織率**の推移を描いたものです。労

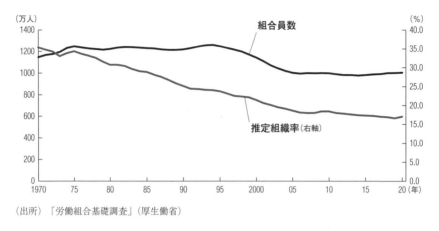

（出所）「労働組合基礎調査」（厚生労働省）

図 13.5　労働組合員数，組織率の推移

働組合組織率は，雇用者に占める労働組合員数の割合です。まず，労働組合
員数は，1990年代半ばの1200万人台から2000年代半ばの1000万人台へと，
200万人ほど減少しました。その後は，2020年まであまり変化はありません。
他方，組織率は一貫して低下傾向にあり，1970年には雇用者の35.4％は組
合員でしたが，2020年には17.1％にまで下がっています。

●組織率低下の背景

組合員数の減少や組織率の低下は，何が原因で起きているのでしょうか。
理由の一つと考えられるのは，労働組合そのものが減っていることです。上
で説明したとおり，日本の労働組合は企業別組合が基本なので，新しく企業
が設立されると，労働組合が新しく結成される可能性があります。また，ユ
ウタ君たちのように，既存の企業でも労使で紛争が起こると新しい労働組合
が結成されることがあります。一方で，企業が倒産したり廃業したりすれば，
同時に労働組合が解散することになります。また，労働組合の指導者がいな
くなったり，内部で紛争が起こったりして解散する場合もあります。

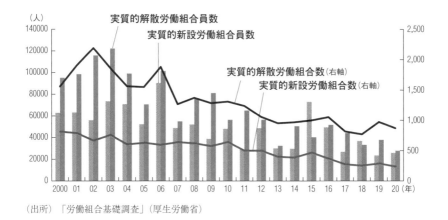

（出所）「労働組合基礎調査」（厚生労働省）

図 13.6　新設および解散した労働組合とその組合員数の推移

　図 13.6 は，労働組合の実質的な新設と解散，それに伴う組合員の変化を示しています[3]。図から明らかなように，労働組合が新設されるよりも解散される数が多く，解散に伴って組合員ではなくなる労働者数が新設に伴い組合員になる人数よりも多いことが分かります。たとえば 2019 年では，実質的に新設された労働組合は 288 組合（組合員数は約 2 万 4 千人）ですが，実質的に解散した労働組合は 971 組合（同 3 万 8 千人）です。つまり，労働組合がネットで 683，組合員数は 1 万 4 千人ほど，1 年間でそれぞれ減少したことになります。

●多数を占める無組合企業

　さらに，新設された労働組合は，同じ年に開業した企業数に比べると，圧倒的に少ないことも分かります。厚生労働省「雇用保険業務統計」によると，2019 年に開業した事業所は約 9 万 6 千でした。この大部分は企業と考えら

---

[3]　労働組合の新設や解散には，組織変更や統合，分裂などの形式的な新設や解散もあります。図 13.6 の実質的な新設と解散は，こうした形式的なものを除いたものになります。

れますが，そのうち労働組合が新設されたのは約0.3％に過ぎません[4]。また，廃業した事業所は7万7千で，そのうち解散した労働組合があった事業所割合は約1.3％です。

　これらのことから，労働組合がある企業は圧倒的に少なく，多くの企業は労働組合が無い**無組合企業**だということが分かります。無組合企業が増えると，企業別組合が基本の日本では，労働組合に加入しない労働者が増え，結果として労働組合組織率は低下します。

　では，無組合企業が多いのはなぜなのでしょうか。いくつか理由が考えられますが，①新規開業の企業には労働者を組織化するノウハウを持つ労働者がいない，②労働組合がなくても良好な労使関係が築けている，③経営者が労働組合を嫌悪している，などがしばしば指摘されています。

●労働組合に加入できない労働者

　労働組合組織率の低下は，労働組合に加入できない労働者が増えていることが原因の一つです。表13.1は，企業内労働組合への加入状況別に労働者割合を示したものです。企業内に労働組合がある労働者は全体の4割程度にすぎず，残り約6割は無組合企業で働いていることが分かります。また，企業規模が小さくなるほど無組合企業が多くなり，5000人以上規模で働く労働者の8割が企業内労働組合のある企業で働いているのに対して，99人以下の規模で働く労働者の9割以上は無組合企業で働いています。さらに，男性に比べると女性が，正社員や嘱託労働者に比べるとパートタイム労働者や有期契約労働者が，それぞれ無組合企業で働く割合が高いことも見てとれます。

　加えて，組合があっても加入資格がないために，組合員になることができない労働者が，全体の2割ほど存在していることも分かります。企業規模が

---

[4] 新規開業した企業は，新たに雇った従業員を雇用保険に加入させる義務があり，最寄りのハローワークに「事業所設置届」などを届け出ます。そして，届出のあった事業所数を集計しているのが「雇用保険業務統計」です。したがって，統計では事業数をカウントすることになりますが，新規開業企業の数として差し支えないと考えられます。

表 13.1　企業内労働組合への加入状況別労働者割合（令和元年）

（単位：％）

区　　分	計	企業内に労働組合がある		加入している	加入資格があるが加入していない	加入資格がない
計	100.0	40.7	(100.0)	(66.2)	(13.9)	(19.9)
企業規模						
5,000 人以上	100.0	80.6	(100.0)	(62.8)	(26.7)	(10.6)
1,000 ～ 4,999 人	100.0	59.0	(100.0)	(69.7)	(9.4)	(20.9)
300 ～ 999 人	100.0	25.0	(100.0)	(70.6)	(2.1)	(27.3)
100 ～ 299 人	100.0	25.2	(100.0)	(71.9)	(8.2)	(19.9)
50 ～ 99 人	100.0	4.8	(100.0)	(20.1)	(34.0)	(45.9)
30 ～ 49 人	100.0	10.9	(100.0)	(17.6)	(0.4)	(82.0)
性　別						
男	100.0	44.9	(100.0)	(71.0)	(11.2)	(17.8)
女	100.0	34.7	(100.0)	(57.5)	(18.7)	(23.7)
就業形態						
正社員	100.0	42.3	(100.0)	(72.5)	(13.3)	(14.2)
パートタイム労働者	100.0	31.6	(100.0)	(35.8)	(25.2)	(39.0)
有期契約労働者	100.0	32.4	(100.0)	(13.9)	(10.7)	(75.4)
嘱託労働者	100.0	43.2	(100.0)	(38.1)	(2.0)	(59.9)

（注）（　）内は企業内に労働組合がある労働者に対する割合。
（出所）「令和元年労使コミュニケーション調査」（厚生労働省）

小さい企業で働く労働者，男性よりも女性の労働者，そして正社員以外の労働者が，加入資格を持てない傾向にあります。

　以上のように，無組合企業で働く割合が高く，加入資格のない割合が高い傾向にある，女性や非正規の労働者が増え続けていることが，労働組合組織率を低下させた一因と考えられます。

13.4　労働組合の役割，目的

　労働組合がある企業がある一方で，労働組合のない企業があるのは，なぜでしょうか。もし労働組合が企業や労働者にとって役に立つものであれば，組合は設立されているはずです。労働組合のない企業にとっては，組合がも

はや有用ではないということなのでしょうか。

●団結による交渉力の向上

　そこで，労働組合がどのような役割を果たしているのかを，考えてみましょう。日本労働組合総連合会（連合）のホームページを見ると，「なぜ労働組合が必要なのか？」という問に対して，次のように答えています[5]。「…（略）労働条件などの問題を，たったひとりで雇い主に直接交渉することは非常に難しいです。しかし，労働組合なら，雇う側と対等な立場で話し合いができる『集団的労使関係』を築ける権利が法的に認められているので，雇用条件や職場環境の改善を実現できるのです。…（略）…」つまり，労働組合のメリットは，雇い主である企業と対等に交渉できることにあるというわけです。

　では，労働者個人が雇い主である企業と交渉するのが難しいのはなぜでしょうか。理由の一つは，**転職コスト**にあると考えられます。労働者個人が企業と交渉し，問題解決に至らなくとも，他に雇ってもらえる企業があれば転職して状況を変えられるかもしれません。転職が容易であれば，労働者も強気に交渉できそうです。また，労働者に辞められてしまうと困るなら，企業も交渉に応じて問題解決に取り組もうとするでしょう。しかし，一般的に転職は時間もお金もかかり，容易ではありません。労働者は個人で交渉することに躊躇するでしょうし，企業も交渉に応じようとはしないかもしれません。

●買い手独占と労働組合

　労働者の転職が容易でなくなるほど，企業の**交渉力**（バーゲニングパワー）はより強まると考えられます。たとえば，企業の数が少ないために労働

---

[5] 連合ホームページ https://www.jtuc-rengo.or.jp/about_rengo/toall/index.html（2021 年 4 月参照）

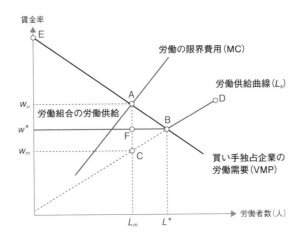

図 13.7　買い手独占企業と労働組合

市場が買い手独占的状況になると，競争的な労働市場と比べて市場賃金は低くなってしまいます。この場合，政府が最低賃金を適切に設定することで，競争市場と同じ均衡状態をもたらすことができると，**第7章**では説明しました。以下では，労働者が労働組合を結成して企業と交渉することによって，これと同様の効果が得られる可能性があることを，説明してみましょう。

図 13.7 は，労働者は多数で企業が 1 社だけの買い手独占的な労働市場を想定しています。この場合，企業は労働需要曲線（VMP）と労働の限界費用曲線（MC）の交点 A で労働者を雇うのが最適になるので，w_m の賃金で L_m 人の労働者を雇うことになります。しかし，もしもこの労働市場が競争的であれば，w^* の賃金で L^* 人が雇われたはずです。したがって，企業は $w_m \mathrm{CA} w_u$ だけの超過利潤を得ているということになります。

こうした状況下で労働者が組合を結成し，組合員以外を企業は雇わないこと，そして組合員は w^* 以上の賃金でなければ働かないことにコミットメントしたとしましょう。すると，w^* 未満の賃金で働く労働者はいなくなるので，労働供給曲線は $w^* \mathrm{BD}$ のように描けます。この場合，企業が労働需要曲線

と供給曲線の交点 B で労働者を雇うことになれば，w^* の賃金で雇うことになります。つまり，労働組合が結成されたことで，労働市場が買い手独占状態であっても，競争市場の均衡と同様の賃金と雇用量になります。

ただし，話はこれで終わりません。もし労働組合が賃金水準をより高い水準に設定した場合には，どうなるでしょうか。たとえば，w_u 以上でなければ組合員は働かないと組合が決めたとしましょう。すると，企業は w_u の賃金で L_m 人の労働者を雇うことになり，労働市場が競争的な場合に比べて，$L^* - L_m$ だけ雇用量は少なくなってしまい，総余剰は △ FAB だけ小さくなってしまいます。つまり，労働組合が賃金水準を競争的市場に比べて高く設定してしまうと，労働市場の資源配分は歪んでしまうことになります。

このように，労働組合が高い賃金の獲得を目標とすると，労働市場の資源配分をむしろ歪めてしまうかもしれません。こうしたことがあるため，労働組合は無用だという見方もされています。

●発言機構としての労働組合

組合無用論がある一方で，企業は労働組合にむしろ助けられているという見方もあります。一般的に企業は複数の職場（事業所や部署など）からできています。そして，労働者はそうした職場で日々働いており，職場での問題や不満については，企業側よりも労働者のほうが詳細に知っているはずです。そうした職場情報を労働者が企業側に伝えられれば，職場環境は改善し，生産性なども改善するはずです。

しかし，労働者個人で企業側に職場の問題や不満を伝えた結果，嫌がらせを受けたり，解雇されたりする恐れがあれば，どうなるでしょう。労働者は企業に情報を伝えず，見て見ぬふりをすることで済ましてしまうかもしれません[6]。その結果，企業側に伝わらなければ，職場の状態は改善されません

---

[6] 公益通報者保護法は，公共の利益のために企業の法令違反行為を通報した労働者に対して，企業が解雇などの不利益な取扱いをすることを禁じています。しかし実際には，公益通報が発端となって不当な異動や解雇を労働者が強いられるケースが少なからずあります。

し，労働者の帰属意識は低下し，離職率も高まってしまうかもしれません。

　そこで，労働組合が団体交渉や労使協議の場で職場の問題や不満を企業側に発言すれば，企業も放っておくことはできなくなります。組合の発言によって職場での問題や不満が解決されることになれば，労働者の職場への帰属意識が高まり，離職率も低くなるでしょう。その結果，企業による教育訓練機会の提供が増えるため，労働者の能力は高まり，企業の生産性も向上すると考えられます。

●インサイダー・アウトサイダー理論

　ここまでの話をまとめると，労働組合の役割は，

> ① 団結による交渉力の向上
> ② 発言することによる生産性向上に貢献

と考えられます。こうした役割に注目して労働組合を捉える経済理論とは別に，労働組合の目的に注目する経済理論もあります。それが**インサイダー・アウトサイダー理論**です。

　この理論は，労働組合の目的が組合員であるインサイダーの効用（満足度）を最大にすることである，ということから出発します。したがって，組合員ではないアウトサイダーの効用や目的に関しては，労働組合は全く考慮しないことになります。このアウトサイダーには，組合員以外の労働者だけでなく，これから労働市場に入ろうとする学生なども含まれます。

　たとえば，組合員たちが自身の雇用安定と賃金向上にのみ興味があるとしましょう。すると，労働組合は組合員の雇用を安定させ，賃金を高めようとします。一方，企業は利潤最大化を目的にしており，労務コストを最小化するような賃金と労働者数の組合せを労働組合と交渉して決めるとします。したがって，企業の利潤を最大化する労務コストの下では，賃金水準を向上させると労働者数は減り，逆に労働者数を増やそうとすると賃金水準は低下してしまうというトレードオフに労働組合は直面します。

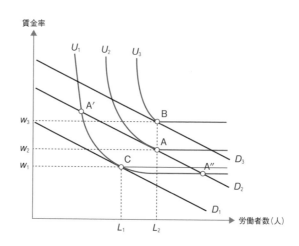

図 13.8　労働組合の無差別曲線と労働需要

このとき，組合員の集合体である労働組合の効用を模式的に表すと，図
13.8 の U_1 から U_3 のようになります。賃金が上がることや，雇用量が増え
ることは組合の効用を高めます。しかし，賃金と雇用量はトレードオフ関係
にあり，賃金と雇用量の組合せから得られる効用が無差別曲線として描かれ
るのです。また，この無差別曲線は右上に位置するほど，労働組合の効用が
高いことを意味しています。

ここで，図 13.8 の点 L_2 に注目してください。この点は組合員の総数を示
しています。組合員が全員雇用されると，それ以上に労働者が雇用されても
労働組合の効用は高まらないので，点 L_2 より右側では組合の無差別曲線は
すべて水平になっています。労働組合の目的は，あくまで組合員の雇用安定
と賃金向上にあり，組合員以外の労働者が雇用されても効用は高まらないか
らです。

さらに，図 13.8 には企業の労働需要曲線 D が描かれています。このとき，
労働組合の効用が最大となるのは，無差別曲線と労働需要曲線が接する点で
あり，賃金水準と雇用量が決まります。たとえば，企業の労働需要が D_2 の

場合，点 A で無差別曲線 U_2 と接しており，賃金水準は w_2 となり，雇用量は L_2 となります。なお，D_2 は点 A′ や A″ でも無差別曲線 U_1 と交わっています。しかし点 A′ では，賃金水準は w_2 よりも高いのですが，雇用量が L_2 よりも大幅に少なく，組合の効用は U_2 より低い U_1 となってしまいます。一方，点 A″ では雇用量は L_2 よりも増えますが，組合としては組合員の雇用が維持できればよいので，賃金水準が w_2 よりも低くなる分だけ組合の効用は下がってしまいます。したがって，賃金水準が w_2，雇用量が L_2 の点 A で組合の効用は最大となり，この点で市場は均衡状態となります。

では，労働需要が D_3 まで高まるとどうなるでしょう。図から分かるように，点 B で無差別曲線 U_3 と D_3 が接しており，賃金水準は w_3，雇用量は L_2 となります。雇用量は L_2 に達しているので，労働組合にとっては賃金水準を高めたほうが効用は高まるのです。

一方，労働需要が D_1 まで落ち込むと，賃金水準は w_1，雇用量は L_1 となります。仮に組合員の雇用を維持しようとして L_2 まで雇用量を増やそうとすれば，その分だけ賃金が下がってしまい，組合の効用は U_1 より低くなりそうです。そのため，$L_2 - L_1$ の雇用を犠牲にしても，賃金水準をできるだけ高く維持したほうが，組合にとって効用は高くなります。

➡ 第 13 章の確認問題

[1] 個別的労使紛争が生じた場合に，どのような解決方法があるでしょうか。

[2] 労働組合組織率が低下している理由を説明してください。

[3] 労働組合の目的が雇用をできるだけ増やすことにあるとします。
  ① この場合，労働市場ではどのようなことが起きるでしょうか。図 13.7 のような買い手独占的な労働市場を想定して，説明してください。
  ② 労働者と企業の余剰はどうなるでしょうか。

[4] 労働組合がインサイダーである組合員の賃金上昇や雇用安定だけを目標とすると，組合員以外の労働者（アウトサイダー）にはどのような影響があるでしょうか。

第14章 これからどうなるの？
──労働市場と働き方の未来

Outline

　少子高齢化や経済のグローバル化，技術革新などの進展で，私たちの働き方は少しずつ変化してきました。今後も人工知能（**AI**）やロボティクスが進展すれば，労働市場の環境も大きく変わるでしょう。この章では，本書を締めくくるにあたって，今後の労働市場や働き方について考えていきたいと思います。

「ユウタ，就活はどうする。」

「トラナビに登録してみたけど，AIマッチングって大丈夫かな。」

「自分で求人票を探すよりはいいんじゃない。先輩もトラナビを使って，適職を見つけたと言っていたよ。」

「でも，就職してから定年まで長い年月だから，今は適職でも20年後にどうなっているかは分からないよ。」

「たしかにそうだけど，とりあえず就活しないと始まらないよ。」

　ユウタ君たち，これから始まる就職活動を心配しているようですね。卒業して引退まで50年ちかく働くことになりますから，仕事選びが慎重になるのも仕方ありません。この章では，これからの労働市場と働き方の変化について，労働供給側と労働需要側，そして労働市場という3つの切り口から，考えてみたいと思います。

14.1 労働供給の変化とその対応

労働供給という切り口から見たとき，日本社会の少子高齢化が大きく影響することは言を待ちません。図 14.1 は，国立社会保障・人口問題研究所「日本の将来推計人口（平成 29 年推計）」を用いて，今後の日本の人口推移を描いたものですが，人口がどれだけ減少していくかがよく分かると思います。2020 年時点の日本の総人口は約 1 億 2500 万人でしたが，35 年には 1 億 1500 万人，そして 53 年頃には 1 億人を下回り，65 年頃には 8800 万人ほどになると推計されています。とくに大きく減少すると予測されているのが，65 歳未満の人口です。15 歳未満と 15 〜 64 歳の人口は，20 年の約 1500 万人と約 7400 万人から 65 年の約 900 万人と約 4500 万人になると推計されています。このうち 15 〜 64 歳人口は生産年齢人口とも呼ばれますが，この年齢層の減少は**日本経済の潜在成長力**の低下を招きかねません。

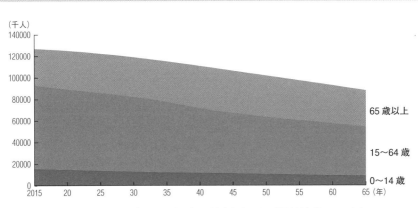

（出所）「日本の将来推計人口（中位推計）」（国立社会保障・人口問題研究所，2017 年）

図 14.1　今後の日本の人口推移

一方，20年には3600万人ほどだった65歳以上人口は，65年でも3300万人と予測されており，ほとんど減少しません。65歳以上人口を1とした15〜64歳人口との比率を計算すると，2020年には1：2.8程度だったものが，65年になると1：1.3程度になります。働いて税金や社会保障費を負担するのが現役の15〜64歳人口で，65歳以上の高齢者は引退して社会保障を受けるのが一般的だと考えると，65年には現役1.3人で高齢者1人を支えなければならないということになります。税や社会保障費の負担増は避けられそうにないという話をしばしば聞きますが，それは人口推移だけから考えても確かなようです。

　では，潜在成長力や税・社会保障への影響を小さくするために，労働力人口が減少しないようにするにはどうすればよいでしょうか。ここで，

$$労働力人口　＝　15歳以上人口　×　労働力率$$

だったことを思い出してください。つまり，労働力人口を減少しないようにするには，15歳以上人口を減らさないようにするか，労働力率を下げないようにすれば良いのです。

　15歳以上人口を減らさないようにするには，たとえば，保育園を増やしたり，児童手当を増額したりして出生率を高め，若年人口の低下に歯止めをかけることが考えられます。このことはもちろん大事な解決策の一つですが，これから出生率が回復したとしても，すでに生まれている人々を増やすことはできないので，15〜64歳人口を反転させるには長い年月がかかります。出生率を回復させる政策は重要で必要ですが，15歳以上人口を減らさないという解決策はすぐには難しいと言わざるを得ません。

●労働供給変化の鍵①：活躍が期待される女性

　15歳以上人口の減少に歯止めをかけるのが難しいというのであれば，労働力率についてはどうでしょう。

　第4章で見たように，女性の年齢階級別の労働力率はM字型を描いてお

り，依然として結婚や出産で仕事を辞めざるを得ない女性が多いようです。図9.6で見たように，出産後も就業継続している女性就業者の割合は年々高まっています。育休利用と育休なしを合わせた就業継続している割合は，1985 〜 89 年には 24.1％でしたが，2010 〜 14 年には 38.3％となっています。とはいえ，出産退職や妊娠前から無職の女性はまだまだ多いことも見てとれます。

　こうした状況を改善し，結婚や出産をしても女性が仕事を続けられるような環境を整えることができれば，30 歳台以降の女性の労働力率をもっと高めることはできそうです。女性の就業継続が高まるように環境を整備することは，これまでも重要な労働政策の一つとして位置づけられてきました。具体的には，女性の雇用機会の拡充とともに，仕事と家庭生活の両立を目指した政策です。

　まず，女性の雇用機会の拡充を図るため，1986 年に**男女雇用機会均等法**（「雇用の分野における男女の均等な機会及び待遇の確保等女子労働者の福祉の増進に関する法律」）が施行されました。それまで，男性と同じ仕事に就くことができなかったり，男性のように昇進・昇格ができなかったりと，女性が働くことには様々な壁がありましたが，この法施行によって，労働者の募集や採用，配置や昇進・昇格などに関して，性別を理由に差別的な取り扱いをしないよう，使用者である企業に求められるようになりました[1]。

　また，2016 年になると，女性の就業継続や管理職への登用を企業などに促すため，**女性活躍推進法**（「女性の職業生活における活躍の推進に関する法律」）」が施行されています。この法律では，働く女性が活躍するための環境づくりに関して，使用者である企業などにその目標や実際の活躍状況について報告することを義務づけています。

　他方，仕事と家庭生活の両立に関しては，1992 年に**育児休業法**が施行さ

---

[1] 「男女雇用機会均等法」は，1997 年と 1999 年，そして 2007 年に改正されています。このうち，1999 年改正では，募集・採用，配置・昇進，教育訓練，福利厚生，定年・退職・解雇において，男女差をつけることが禁止されました。同時に，女性の**深夜労働**・残業や休日労働の制限も撤廃されています。

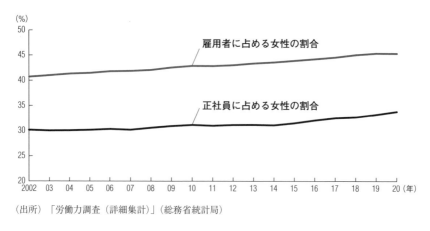

（出所）「労働力調査（詳細集計）」（総務省統計局）

図14.2　雇用者に占める女性の割合

れています[2]。それまで育児休業制度がある企業がなかったわけではありませんが、法律施行によって常時30人以上の事業所では労働者が申し出により育児休業を取得できるようになったため、制度を整備する企業が増加しました（1995年にはすべての事業所が法の適用対象となっています）。この後も育児・介護休業法は改正され、休業期間が延長されたり、有期雇用者にも適用範囲が拡大されたりと、育児休業制度の内容は充実されています。

　こうして女性が働きやすい環境は、徐々にですが、整備されてきました。図14.2は、総務省統計局の「労働力調査」を用いて、雇用者および正社員に占める女性の割合について見たものです。雇用者に占める女性の割合は、年々高まる傾向にあり、2020年には雇用者の45％を女性が占めるようになっています。他方、正社員に占める女性の割合は、2007年まではほとんど変化がなく、それ以降は徐々に女性正社員の割合が高まる傾向にあります。特に2014年以降になると女性正社員の割合は急速に高まっています。とは

---

[2] 1995年には介護休業が盛り込まれる改正がされ、現在では「育児・介護休業法（育児休業、介護休業等育児又は家族介護を行う労働者の福祉に関する法律」と呼ばれています。また、育児・介護休業法は度々改正されており、その内容が年によって変わっています。

言え，2020年の正社員に占める女性の割合は34％であり，女性の活躍の余地はまだありそうです。

　ところで，当初は女性自身の就業機会の確保や育児休業に焦点が当てられていましたが，結婚や出産をしても女性が就業を継続できるようになるには，家族，中でも男性の家庭生活のあり方が重要だと認識されるようになります。男性は長時間仕事に縛られていて，家事や育児は女性に任せっきり，というのが常識として通っており，そのしわ寄せは女性にいきます。

　そこで，男性の働き方を変え，男性も仕事と家庭生活を両立させることが必要だという観点から，2019年に**働き方改革法**が施行されます。これによって，時間外労働の上限規制，年次有給休暇の確実な取得，正規・非正規雇用労働者の不合理な待遇差の禁止などが企業に求められるようになりました。さらに2022年には，改正された育児休業制度が施行され，出生直後の時期に男性が柔軟に育児休業を取得することが可能となったり，育児休業を分割して取得したりすることが可能になります。これらの政策で，男女ともに仕事と家庭生活の両立可能性がより高まり，女性が結婚や出産をしても継続して働くことが増えることが期待されています。

●労働供給変化の鍵②：元気な高齢者

　高齢者の働き方もまた，労働力率を左右することになります。一般的には定年や仕事からの引退などによって60歳以降の人々の労働供給は減少しましたが，日本の高齢者の労働力率は国際的に高く，60歳以降の就労希望も強い傾向にあります。日本人の寿命は年々延びており，2018年時点の平均寿命は男性81.25歳，女性87.32歳です（「平成30年簡易生命表」）。高齢者が生き生き働けるような環境が整えられれば，労働力率を向上することはできるでしょう。

　図14.3は，55歳以降の労働力率の推移を見たものです。60歳以上の労働力率は，55～59歳に比べると低いのですが，上昇傾向にあることが分かります。このうち60～64歳の労働力率は，2006年と2013年に転換点があり

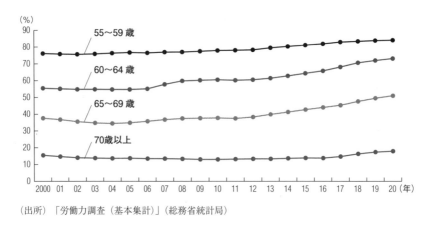

(出所) 「労働力調査（基本集計）」（総務省統計局）

図 14.3　55 歳以上の労働力率の推移（男女計）

ます。2006 年は，高年齢者雇用安定法の改正があり，定年後の労働者の継続雇用を求める雇用確保措置が企業に義務づけられた年です。団塊の世代が60 歳にさしかかった年でもありました。ただし，このときは，継続雇用する労働者を企業が選別することができたため，多くの企業は継続雇用の対象者を限定しました。そのため，一度は高まった労働力率でしたが，2012 年までは同じ水準を推移したのです。一方，2013 年は同法の改正が再度あり，企業は希望者全員を 65 歳まで雇用することが義務づけられました。この結果，多くの企業が 65 歳までの再雇用を実施し，このことが 2013 年以降の60 歳台前半の労働力率上昇に寄与したと考えられます。

　60 歳台前半の労働力率が上昇しているのに対して，65 歳以上の労働力率にはまだ上昇する余地がありそうです。そこで，2021 年には高年齢者雇用安定法が改正され，労働者が 64 歳になるまで雇用していた企業に対して，70 歳までの就業確保を措置するよう努力義務として求めています。この就業確保措置には，企業が労働者を直接雇用するだけでなく，フリーランスとして創業する高齢労働者を支援して委託契約などを結ぶことなども含まれています。労働者の働き方は，直接雇用ではそれぞれの企業の就業規則などで

縛られますが，フリーランスでは自身が決められます。高齢者が体力や健康上の都合に合わせ，自身で働き方が決められるよう，雇用だけでなくフリーランスも選択肢に含めたのです。

ところで，高齢者の就業には**年金制度**が大きく影響します。年金は，若いときに徴収された年金保険料をもとに給付されるもので，高齢者にとって非労働所得となります。**第4章**で見たように，非労働所得が高くなれば，その人の留保賃金率は高くなり，労働供給を抑制することになります。また，年金制度には在職老齢年金制度と呼ばれる制度があり，給与所得を得ると年金が減額される仕組みになっています。この制度により，労働所得が増額すると年金が減額されてしまうので，人々は年金の減額が少なくなるように，就労調整を行い，労働供給が抑制されてしまいます。働く希望のある高齢者が元気に活躍してもらうには，年金制度による高齢者の就業抑制効果を弱めることも重要な政策です。こうした点からも，年金受給の開始年齢の繰り上げや繰り下げの導入や，在職老齢年金制度の改善は重要な政策です。

●労働供給変化の鍵③：増える外国人

外国人労働力によって減少する労働力を補うことも選択肢になります。日本の外国人労働者の受け入れは，1989年の入国管理法の改正で，専門的・技術的労働者の受け入れを行うことから始まりました。この背景には，1980年代後半のバブル経済によって人手不足が深刻化していたこと，さらには日本の間で経済格差が拡大したことで東南アジアの人々には国際労働移動のメリットが大きくなったことが挙げられます。

これで外国人労働者の受け入れが始まりましたが，当初は単純労働の受け入れはしないことになっていました。しかし1993年になると，**技能実習制度**が創設されて，実質的な単純労働者の受け入れをすることになりました。ただし，違法残業や賃金未払いなど数多くの問題が指摘され，2009年に制度が改正されます。

図14.4は，厚生労働省「外国人雇用状況の届出状況」を用いて，在留資

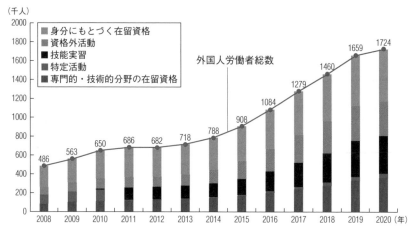

（出所）「外国人雇用状況の届出状況」（厚生労働省）

図 14.4　在留資格別に見た外国人労働者数の推移

格別に外国人労働者数の推移を示しています。これによると，外国人労働者は 2014 年以降に増加していることが分かります。2020 年時点でも最も人数が多いのは身分にもとづく在留資格の労働者ですが，専門的・技術的分野の在留資格や技能実習，そして資格外活動といった労働者の人数が大きく増えています。

　2014 年頃から外国人労働者が増加傾向にあるのは，この頃から日本経済の人手不足がより深刻な問題となり，外国人労働者への期待が高まったからです。12 年には，一定の条件を満たしている高度な技能を持つ外国人労働者には在留期間を無期限とする「高度人材に対するポイント制による出入国管理上の優遇制度」が導入され，14 年の入管法改正では「高度専門職」という新たな在留資格を創設して外国人労働者の就労範囲を拡げています。

　さらに 18 年の入管法改正では，新たに「**特定技能**」という在留資格が設けられ，人手不足が深刻となった 14 業種において外国人労働者が受け入れ可能になりました。この新しい制度で，外国人労働者の受け入れが事実上の

単純労働まで拡大することになったと言えます。

　このように外国人労働者の活躍が増えていますが，労働市場にはどのような影響があるのでしょうか。労働市場の需要と供給を考えると，外国人労働者の供給は労働市場の供給曲線を右にシフトさせることになるので，市場賃金の低下をもたらす可能性があります。ただし，外国人労働者が所得を得られれば，彼・彼女らの消費活動を通じて，労働需要を高めることになり，市場賃金は元の水準に戻るかもしれません。さらに，日本人が行う仕事と外国人労働者の仕事が異なれば，労働市場を2つに分けて考えることができるので，賃金には影響しないかもしれません。

　これまで外国人労働者による賃金への影響を分析した研究によると，その影響は確定的ではありません。賃金が低下したという結果がある一方で，低下はないとする研究もあります。日本の労働市場についての最近の研究[3]では，外国人労働者による日本人の賃金への影響は，高学歴者に対する影響は見られず，低学歴者に対してはむしろ賃金を高める効果があったとしています。外国人労働者を雇用する企業が，未熟練労働者と補完的技術を導入，活用したことによって，外国人労働者だけでなく日本人の低学歴者の雇用も増やし，賃金も高めたからではないかというのがその理由です。

　ところで，日本では外国人労働者の受け入れについては議論されてきましたが，移民の受け入れに関しては十分に議論されていません。一時的に外国人を労働力として受け入れても，中長期的な解決策にはなりません。労働の場としてだけでなく，魅力ある生活の場でなければ，外国人は移動先として日本よりも他国を選択するはずだからです。今後，文化や宗教の違い，あるいは人種差別問題などを含めて，外国人の生活の場をどう整備していくかが課題になると考えられます。

---

[3] 中村二朗・内藤久裕・神林龍・川口大司・町北朋洋［2009］『日本の外国人労働力——経済学からの検証』（日本経済新聞出版社）

14.2 労働需要側の変化

労働需要側についても考えてみましょう。**第6章**で見たように，労働需要には実質賃金と（労働に関する）限界生産物が影響します。ここでは，限界生産物に影響する要因を考えてみましょう。

限界生産物は，労働者を1人追加したときに生産物をどれだけ増やすことができるかという概念でした。したがって，労働者以外の生産に関すること，たとえば生産方法だったり，機械の投入量だったり，あるいは工場や店舗の立地などが，限界生産物に影響するはずです。

●労働需要変化の鍵①：グローバル化

たとえば，1980年代後半から日本企業は海外に工場を立地するようになりました。一つには日本経済の貿易黒字が増えたため，自国の雇用機会の減少に悩む先進各国の求めに応じて日本企業が海外に進出したということもありますが，もう一つには日本国内の労働者の賃金が高くなったため，賃金の安い中国や東南アジアに進出したということもあります。こうした日本企業の**グローバル化**は，それまで日本国内にあった製造拠点の廃止につながり，雇用空洞化として90年代になって問題化しました。

その後も，原料や部品の仕入れから製造・流通・販売までのプロセスを管理し，効率化する**サプライチェーンマネジメント**がグローバルに展開されて，多くの日本企業が海外に製造や販売の拠点を持つようになりましたし，今後も増加することでしょう。しかし，こうした企業のグローバル化は，日本国内の労働力が減少していることもあり，90年代にあった雇用空洞化のような問題にはなりにくくなっています。

最近では，拠点立地などでなく，より細かな仕事単位でもグローバル化が

進んでいます。インターネットが整備され，オンラインで会議や商談が可能となっており，国内の仕事が海外でも行えるようになっています。たとえば，顧客との電話対応業務を行うコールセンターは以前から中国や東南アジアの各国に存在しており，日本国内の顧客対応を行っています。他にも，国内で行われている仕事の一部を海外の企業が請け負うといったアウトソーシングのオフショア化も進んでいます。こうした仕事のグローバル化は国内雇用にも影響を与えるはずで，今後は国内だけでなく，グローバルな視点で労働市場を分析していく必要があるでしょう。

●労働需要変化の鍵②：技術革新

　生産方法や機械の投入といった技術も限界生産物に影響する重要な要因です。

　2020年に世界中で広まった新型コロナウイルス感染症は，人々の生活に多大な影響を与えました。多くの人々が，仕事を失ったり，休業を余儀なくされたりしましたが，その一方で在宅勤務という新しい働き方を行う人々が増えたのも事実です。インターネットが一般的になり，在宅勤務を支援する各種アプリケーションが開発され，会社に行かなくとも働ける環境が整えられました。それまでも在宅勤務はありましたが，なかなか普及しませんでした。今回はコロナ禍が人々の背中を押すことになりましたが，新しい技術の活用は人々の働き方に大きく影響するのです。

　では，新しい技術は雇用に対してどのような影響をもたらすのでしょうか。最近の研究では，「**タスク（課業）**」という概念を用いて，技術と雇用の関係を分析しています。タスクとは，要素作業のひとまとまりのことで，作業遂行上のステップであるとも定義されます。通常，生産工程は様々なタスクの組合せからなりますが，その意味で企業は多様なタスクの集合で構成されていると捉えることもできます。

　たとえば，自動車の製造工程はプレス，溶接，塗装，エンジン製造，組み立て，検査の各工程からなっています。このうち熔接工程は，プレスされた

各種製品を溶接して自動車のボディーを造形する工程ですが，自動車の室内側にあたるインナーパネルを熔接，その外側にアウターパネルを熔接，その後にドアを熔接，最後に各部がしっかり熔接されたかを検査，という複数のタスクで構成されています。

　ここで注意したいのは，これらのタスクが人手で行われることもあれば，機械で行われることもありうるという点です[4]。たとえば，熔接工程での各タスクは，人が行うこともできますが，ロボットが行うこともできます。現在では多くの自動車メーカーが熔接ロボットを導入してボディーを組み立てていますが，以前は熟練の熔接工が行っていました。このように，タスクの視点から考えると，**技術革新**とはタスクの分担を人手から機械へ変更することだとも言えます。

　新しい技術が人手の担うタスクに適用されて機械化が進むと，雇用にはどのような影響があるのでしょうか。タスクが人手から機械に移るのだから，人手は不要になるだろうと思われるかもしれませんが，そう単純な話ではありません。あるタスクが機械に代替されたとしても，機械が担えない別の新たなタスクが出現するかもしれないからです。そして，両者の効果があいまって，人々の仕事に影響することになるからです。溶接ロボットの例で言えば，溶接ロボットの導入で熟練溶接工の仕事はなくなったかもしれませんが，溶接ロボットを操作するオペレーターが必要になります。さらには，溶接ロボットの開発や製造，修理といった新しい仕事やタスクが生まれています。このように，技術革新による雇用への影響は，タスクの担い手が機械に代替されて人手が不要となる効果（**代替効果**）と，新しい仕事やタスクが生じて雇用を生むという効果（**創出効果**）に分けられることになります。

　では，新しいタスクが創出されて，人々の雇用はどの程度生まれるのでし

---

[4] タスクを人手で行うか機械で行うかは，簡単に言えば，その時々の技術要件やコスト要因が影響します。たとえば，自動車メーカーが熔接工程にロボットを導入したのは，生産性を向上させてコストダウンを図るためですが，複雑な溶接作業をこなすことができるロボットが出現したことも大きな要因です。さらに，新しい技術（ロボット導入）によって生産性が高まるとしても，その導入に膨大なコストがかかるようなら，熔接の機械化は実現しなかったかもしれません。

ょうか。これには，新技術導入でどれだけ生産量が増加するかという効果と，どれだけ多くのタスクが創出されるのかという効果が影響すると考えられます。熔接ロボットの場合には，同じ台数の自動車を熔接するために必要だった溶接工は不要になりますが，自動車の製造台数が増えれば，溶接ロボットのオペレーターもそれだけ必要となるでしょう。さらには，溶接ロボットの開発や製造，修理といったタスクが新たに生まれ，雇用が生まれることになるでしょう。歴史的には，技術革新による代替効果は雇用創出効果に比べて小さく，人々の雇用への影響はあまり大きくはないとされています。むしろ，技術革新によって人口増加や豊かさの向上が人類にはもたらされたと考えられます。

　しかし，だからといって，問題がないわけではありません。

　一つには，新しく生まれる職業に対して人々をスムーズに配置することができるかという問題です。これまでにはないタスクが出現することになるので，**新たな知識や技術**が求められるようになるはずで，それに適応できるリカレント教育が不可欠になります。

　もう一つには，**所得格差**に関する問題です。新しい技術に適応できる人々と適応できない人では，雇用や所得に差が生じると考えられます。とくに高度な技術には開発に莫大な費用がかかるため，開発者には相応の報酬が与えられると考えられます。一方，そうした技術が人手に取って代わって利用されると，仕事を失った人々は報酬を得られなくなります。所得格差がどの程度までなら許容できるのか，所得格差を拡大させないためにはどのような政策が必要なのかなど，これから考えなければならない人々の課題の一つです。

14.3 労働市場の変化

　労働供給と需要の変化だけでなく，労働市場の機能そのものにも変化の兆しがあります。労働市場は労働者と企業を結合するマッチングの場ですが，インターネットや人工知能（AI）の進展によってマッチングの技術が変化しているからです。

●労働市場変化の鍵①：進化するマッチング技術

　労働者と企業の結合は，現実には，学校や知人などといった縁者による紹介，ハローワークなどの職業あっせん，求人広告，店先に求人ポスターを貼るなどする直接募集，といった複数のルートで行われています。

　縁者による紹介は，労働者と求人それぞれの性格や特性をよく理解している縁者が仲立ちとなり，両者を結合します。最近では，社員が友人や知人を会社に紹介する，リファラル採用を採り入れる企業も増えているようです。こうした紹介は，両者をよく知る縁者が仲介することになるので，マッチングの結果も比較的良好のようです。

　ハローワークなどの職業あっせんは，労働者と企業それぞれの情報を用いて，あっせん者が適切に両者を選別して結合することになります。縁者の場合と違って，あっせん者の場合は必ずしも両者の特性を理解しているとは限りません。それゆえ，マッチングの出来不出来はあっせん者の力量によるところが多く，あっせん者が利益を得るために無謀なマッチングを行う可能性もあります。このため，職業あっせんは法的に厳しい制約を受けています。

　求人広告や直接募集は，広告などを見て気に入った求人に労働者自身が応募することになります。この場合，労働者自身が求人情報をどれだけ入手できるかという点と，企業が魅力的な広告をどれだけ作れるかという点が，両者のマッチングに影響します。また，客観的な目でマッチングが行われる縁者による紹介や職業あっせんと違い，労働者と企業それぞれがマッチング相

手を自身で決めることも特徴です。このため，マッチングに時間がかかったり，マッチングの結果にばらつきがあったりします。

　このようなルートによって労働市場のマッチングが行われていますが，たとえば主要駅などに置かれている無料求人広告を見れば分かるように，元来はアナログな情報を用いてマッチングを行ってきました。しかし，インターネットなどの情報通信技術が進展したことで，求人情報は**デジタル化**され，情報量も飛躍的に増えました。労働者は以前よりも広範囲の求人情報を入手可能となり，マッチングの幅も広がるようになりました。同時に，ソーシャルネットワーク（SNS）や各種データベースなどの利用が進むようになり，企業が労働者のデータを入手可能となり，労働者に直接声をかけるダイレクトリクルーティングといった新たなルートも増えています。さらに，どのルートであっても，応募先や応募者を選んだり，内定を決めたりする主体は，これまでは人間でした。しかし，人工知能（AI）の利用が進めば，職業あっせんの主体は機械にとって変わられるかもしれません。

　こうした**新しいマッチングの技術**によって，仕事や求職者を探すことがこれまでよりも容易になれば，労働市場の効率は高まるかもしれません。その一方で，労働者や企業の情報が適切に扱われるのかといった懸念も生じています。

●労働市場変化の鍵②：新しい働き方の登場

　新たなマッチングの技術は，新しい働き方を生む可能性があります。

　そもそも企業という組織が存在する理由の一つは，必要な労働者を確保し，囲い込むためです。たとえば食品などは，必要なときにスーパーマーケットに行って，必要な量を調達することは容易です。しかし，企業が必要な労働者をその都度雇用することは容易ではありません。とりわけ求める労働者の知識や技能が特殊であるほど，必要なときに必要な人数を労働市場から調達するのは難しくなります。

　しかし，情報通信技術の進展で，働きたい人の知識や技能に関する情報と

働いてもらいたい企業の仕事に関する情報を掲載して両者をマッチングする，クラウドソーシングといったサービスが生まれています。また，仕事や勉強の合間にできた隙間時間に働きたい人と，人手が不足する特定の時間帯や期間だけ働いてもらいたい企業をマッチングする，スポットマッチングというサービスも生まれています。

　こうしたマッチングサービスによって，労働者が特定の企業に雇用されなくても仕事をできるようになり，企業も特定の労働者を雇用しなくても経営ができるようになるかもしれません。現実に，Uber eats など不特定のレストランや食堂の料理を出前するサービスが急速に展開されていますが，出前を行っている労働者は雇用者ではなく，独立自営業者となっています。好きなときに，好きなだけ働きたい人にとって，こうした働き方は都合が良いかもしれません。しかし現時点では，こうした働き方が十分に保護されているわけではなく，働き方の公正さ，労働安全衛生上の問題，そして失業時の保障など，様々な課題があります。

●皆さんへのアドバイス

　これからの経済や労働市場がどのように変わっていくのかを正確に予測することはできません。しかし，上で見たように，男女の働き方が変わり，これまで以上に外国人と共に働いたり，今までにはなかった新しい働き方で働いたりする可能性は十分にあります。また，最初に就いた仕事が未来永劫存在するとは限らず，今までにはない仕事に転職する可能性もあります。

　こうしたことを考えると，皆さんには新しい状況に上手く適応する力が求められると思います。また，新しい状況に求められる知識や技術を身につけるため，リカレント教育を積極的に受けることも必要だと思います。大学を卒業したら勉強は終わりと考えている人もいるかもしれませんが，これからも勉強をし続けることが大事です。今必要なこと，今求められていることを達成しつつも，これから起こることに備えて準備を怠らないようにしてください。皆さんの未来が楽しみです。

■文献案内

　本書で取りあげたトピックに関連した文献を紹介します。以下であげた文献は，各トピックに関連する一部の本で，これ以外にも参考になる本はたくさんあります。もし以下で紹介する本を読んで，さらに参考文献を読みたくなったら，それぞれの本で紹介される文献にあたってみてください。

　第1章で扱った学校教育に関連しては，教育の効果を科学的根拠（エビデンス）をもとに評価している次の一冊を薦めます。

- ●中室牧子『「学力」の経済学』ディスカヴァー・トゥエンティワン，2015 年

　第2章と**第4章**では労働供給を扱いましたが，以下の 2 冊は今後の少子高齢社会の下で仕事と家庭生活の両立がどれだけ政策として重要かが書かれています。

- ●山口一男・樋口美雄編『論争　日本のワークライフバランス』日本経済新聞出版社，2008 年
- ●阿部正浩編『少子化は止められるか？──政策課題と今後のあり方』有斐閣，2016 年

　第3章は職探し理論を扱いましたが，次の 1 冊は労働市場だけでなく様々な市場にマッチング理論を応用できることを示す，興味深い本です。

- ●アルビン・E・ロス『Who Gets What──マッチメイキングとマーケットデザインの新しい経済学（櫻井祐子訳）』日本経済新聞出版社，2016

年（文庫版，2018 年）

第 5 章と第 6 章に関連しては，

- 大橋勇雄編著『労働需要の経済学（叢書・働くということ）』ミネルヴァ書房，2009 年
- 阿部正浩・菅万理・勇上和史編『職業の経済学』中央経済社，2017 年

があります。大橋編は本書の上級編と考えてもらえると良いと思いますが，専門的かもしれません。阿部・菅・勇上編のほうは，様々な職業を取りあげて，仕事内容や賃金について説明しています。

第 7 章は労働市場の需給調整について扱っていますが，

- 玄田有史編『人手不足なのになぜ賃金が上がらないのか』慶應義塾大学出版会，2017 年

が参考になると思います。この本は需要が超過しているのに賃金が低下しない背景について，様々な角度から説明しています。

第 8 章から第 10 章までは賃金決定のメカニズムについて扱いましたが，

- エンリコ・モレッティ『年収は「住むところ」で決まる——雇用とイノベーションの都市経済学（池村千秋訳）』プレジデント社，2014 年
- 大湾秀雄『日本の人事を科学する——因果推論に基づくデータ活用』日本経済新聞出版，2017 年

が参考になると思います。モレッティのほうは第 7 章とも関連しますが，居住地で賃金が異なる理由を説明します。一方，大湾のほうは企業内での賃金がどのように決まるのかを，人事データをもとに解明していきます。

第 11 章では日本的雇用慣行について扱いましたが，

- 小池和男『仕事の経済学［第 3 版］』東洋経済新報社，2005 年

を是非参考にしてください。日本的雇用慣行に合理性があるのかが分かると思いますし，その前提条件もあることが分かると思います。

第13章に関連する本として，

● 二宮誠『「オルグ」の鬼──労働組合は誰のためのものか』講談社，2017年

は，労働組合の現場が活き活きと描写されており，組合がどのような役割を果たしているのかが分かると思います。

最後に，これからの労働市場と労働経済学の役割を考えるために，かなり専門的ですが，

● 川口大司編『日本の労働市場──経済学者の視点』有斐閣，2017年

は参考になると思います。

■索　引

著者紹介

阿部　正浩 （あべ　まさひろ）

1966 年　福島県いわき市生まれ
1990 年　慶應義塾大学商学部卒
1995 年　慶應義塾大学大学院商学研究科単位取得中退
2003 年　慶應義塾大学博士（商学）取得
1995 年〜 1998 年　（財）電力中央研究所経済社会研究所主任研究員
1998 年〜 2000 年　一橋大学経済研究所助教授
2000 年〜 2013 年　獨協大学専任講師，准教授，教授
2013 年〜 現　在　中央大学経済学部教授

主要著書

『日本経済の環境変化と労働市場』東洋経済新報社，2005 年（日経経済図書文化賞および
　労働関係図書優秀賞）
『少子化は止められるか？──政策課題と今後のあり方』有斐閣，2016 年（編著）
『職業の経済学』中央経済社，2017 年（共編著）
『5 人のプロに聞いた！ 一生モノの学ぶ技術・働く技術』有斐閣，2017 年（共著）
『多様化する日本人の働き方──非正規・女性・高齢者の活躍の場を探る』慶應義塾大学
　出版会，2018 年（共編著）

ライブラリ 経済学基本講義—9

基本講義 労働経済学

2021 年 11 月 25 日©　　　　　初 版 発 行

著　者　阿部正浩　　　　発行者　森 平 敏 孝
　　　　　　　　　　　　印刷者　山 岡 影 光
　　　　　　　　　　　　製本者　小 西 惠 介

【発行】　　　株式会社　新世社
〒 151-0051　東京都渋谷区千駄ヶ谷 1 丁目 3 番 25 号
編集☎(03)5474-8818(代)　　　サイエンスビル

【発売】　　　株式会社　サイエンス社
〒 151-0051　東京都渋谷区千駄ヶ谷 1 丁目 3 番 25 号
営業☎(03)5474-8500(代)　　　振替 00170-7-2387
FAX☎(03)5474-8900

印刷　三美印刷　　　　　製本　ブックアート

ISBN978-4-88384-335-0
PRINTED IN JAPAN

サイエンス社・新世社のホームページのご案内
https://www.saiensu.co.jp
ご意見・ご要望は
shin@saiensu.co.jp まで